大思政
在希望的田野上

DA SI ZHENG

ZAI XIWANG DE TIANYE SHANG

史卫民　陈晓莉　白呈明　主　编
王宏选　翁迎港　辛柯蒙　副主编

中国财经出版传媒集团
中国财政经济出版社

图书在版编目（CIP）数据

大思政：在希望的田野上／史卫民，陈晓莉，白呈明主编． --北京：中国财政经济出版社，2023.3

ISBN 978-7-5223-1938-4

Ⅰ.①大…　Ⅱ.①史…②陈…③白…　Ⅲ.①高等学校-思想政治教育-调查报告-中国　Ⅳ.①G641

中国国家版本馆 CIP 数据核字（2023）第 033480 号

责任编辑：王　芳　　　　　　　　责任校对：徐艳丽
封面设计：思梵星尚　　　　　　　责任印制：党　辉

大思政：在希望的田野上
DASIZHENG：ZAI XIWANG DE TIANYE SHANG

中国财政经济出版社 出版

URL：http：//www.cfeph.cn
E-mail：cfeph@cfeph.cn

（版权所有　翻印必究）

社址：北京市海淀区阜成路甲 28 号　邮政编码：100142
营销中心电话：010-88191522
天猫网店：中国财政经济出版社旗舰店
网址：https：//zgczjjcbs.tmall.com
北京财经印刷厂印刷　各地新华书店经销
成品尺寸：170mm×240mm　16 开　15.5 印张　238 000 字
2023 年 3 月第 1 版　2023 年 3 月北京第 1 次印刷
定价：66.00 元
ISBN 978-7-5223-1938-4
（图书出现印装问题，本社负责调换，电话：010-88190548）
本社质量投诉电话：010-88190744
打击盗版举报热线：010-88191661　QQ：2242791300

前　言

习近平总书记在2021年全国"两会"上提出"'大思政课'我们要善用之，一定要跟现实结合起来"的重要论断。新时代，善用"大思政课"，把"大思政课"与社会大课堂相结合，就是要让学生走出教室、走出学校，走进社会大课堂，目睹时代大变迁，感受中国大发展。社会调查是高校运用最为广泛的实践教学形式，是全面推进"大思政课"建设、加强实践教学改革创新和强化实践教学育人实效的重要载体。通过社会调查让学生真切领悟和体会理论联系实际，贯通历史和现实，用事实说明道理，用感悟滋润情怀，用成就增强"四个自信"，用历史坚定理想信念的价值和意义。

近年来，西安财经大学以社会调查实践为载体，运用"三全育人"和协同育人理念，构建思政课社会调查和专业课社会调查同向同行、思政课程与课程思政协同育人的"社会调查＋思政教育"实践教学新模式，既是新时代全面加强"大思政课"建设、深化高校实践教学改革创新、完善大思政工作格局和推进课程思政建设战略部署的必然选择；也是在社会调查实践教学中实现政治导向、知识传授、能力培养和价值塑造四者有机统一，促进思政教育与专业能力教育相互支撑、相互补充、共享发展、协同育人的应然逻辑。让青年学生走出校园、走进田野，"用脚步丈量祖国大地，用眼睛发现中国精神，用耳朵倾听人民呼声，用内心感应时代脉搏"，是增强大学生担当民族复兴大任责任感与使命感的必由之路。

为深入学习宣传贯彻党的二十大精神，引导和帮助广大青年学生上好理论与现实相结合的大思政课，坚定信念听党话、跟党走，促进青年学生在社会课堂中受教育、长才干、作贡献，2022年6月27—30日，西安财经大学法学院"乡村振兴与农业农村法治研究团队"在白呈明教授和陈晓莉教授的带领下，32名师生前往S省S县开展2022年"三下乡"社会实践活动。依托白呈明教授团队承担的"农村土地第二轮承包到期后再延长30年试点评估"项目，对S县X镇的四个行政村28个村民小组1300户村民进行了为期4天的入户调研。"爬坡上坎找村干，走街串巷入户谈，炎炎夏日不畏难，党的政策细宣传"。调研中每两人一个小组，每天早上8点进村，晚上7点结束当天调研。每个小组在各村组长帮助下，能够有效利用调研时间，针对问卷的问题开展入户走访。晚上各小组对收集的问卷进行检查、核对、梳理、总结，并集中讨论当天调研过程中出现的问题。调研间隙，带队老师引导大家边调研边思考，号召同学们立足新时代新阶段，立足乡村全面振兴新形势，立足党的农村改革发展新举措，立足课程思政全方位育人新要求，将深入实际的真知灼见运用到课程学习和论文写作当中。眼皮接近地皮，贴近生活，近距离观察，独立思考，真情实感，将论文写在祖国大地上。

调研工作具有周期长、覆盖面大、专业性强、入户访谈量大、深度接触农民和农村社会等特点。法学院抓住这一契机，在确保高质量完成调研任务的同时，面向社会，实践育人，将专业学习、项目研究、社会实践和思想政治教育高度融合起来，让师生在真切的社会实践中感知、了解和熟悉农业、农村和农民；让师生通过与农民面对面的交谈，心对心的交流，真正理解农村和农民；让法学院的师生通过社会实践强化自己的使命担当和社会责任。

法学院研究生课程重在探究式教育和学习，以"三下乡"社会实践活动和评估调研为载体，积极探索"三全育人"和大思政育人模式，将专业课与社会调研育人深度融合，是落实立德树人根本任务和构建大思政工作格局的内在需要。调研团队将专业特色和社会实践特色相结合，通过倾听、观察、分析和思考，感受和把握党和国家"三农"政策法规的变迁、农村社会的发展、乡村振兴的脉动,切实增强青年学生社会实践能力和服务基层本领。

夏日炎炎,骄阳似火,法学院调研团队在接近40度的高温下走向田野,走进农村、深入农户。

一场润物细无声的大思政教育在希望的田野上展开⋯⋯

2022 年 12 月

目 录

1	关中叙事：传统与现代杂糅的村庄治理
13	土地延包政策下农村特殊人群土地权益的保障
26	乡村振兴语境下女性参与村庄治理的困境与出路
34	集体经济组织成员资格认定中妇女权益的法律保障
47	全面乡村振兴下乡村治理的价值逻辑与实践路径
56	农民土地观的历史变迁与优化路径
70	农村人地矛盾的挑战及其解决
81	乡村振兴背景下农村产业发展的路径优化
93	农村土地承包中的问题分析及桎梏破解
100	农村土地调整问题的调查与思考
111	城镇化建设中城乡人口流动的观察与思考
119	土地延包过程中无地少地农户的权益保障
129	农村无地少地农户权益保障问题探析
139	二轮承包到期后人地矛盾的处置路径和重心
149	检视与破局：农村土地经营权流转的路径探析
158	由农民土地情感看外嫁女土地权益的保障
168	承包地延包的政策意蕴和纠纷解决

179	农村土地延包纠纷及其化解
190	城镇化进程中农村外嫁女土地权益的保障探讨
198	乡村振兴衍生问题的法律思考与解决路径
205	乡村振兴背景下新乡贤参与乡村治理的思考
211	被遗忘的村落
218	土地二轮延包背景下农村土地问题探讨
232	调研掠影
236	后记

关中叙事：传统与现代杂糅的村庄治理

翁迎港[①]

摘　要：经济社会的高速发展将"小农"卷入了一个高度开放与流动的时代，对乡村治理而言既是机会又是挑战。关中农村作为西北传统农村的代表，其乡村治理具有显著的"乡土性"特征，在外来文化冲击下出现诸多不适应，最终表现为农村的失落与农民的失意两方面特征。在乡村振兴背景下，关中农村亟须重塑乡村治理格局，以回应发生剧变的农民需求，应对新的治理问题。为此，本文结合当前关中农村的治理资源禀赋与农民特征，提出以"需求识别"为核心的乡村治理新路径，以唤醒农民主体性回归，促进乡村全面振兴。

关键词：乡村振兴　乡村治理　关中农村　农民权利

一、引言

关中南倚秦岭山脉，渭河贯穿其中，自古以来依靠优越的资源条件，孕育了璀璨的中华文明。古时候的关中农村占据了皇城脚下的风水宝地，农民衣食无忧。而随着全球化时代的来临，地处西北腹地的关中地区因其地理位置，淡出国家经济发展中心，逐渐在滚滚而来的时代浪潮之中被排到了后方。尤其在改革开放后，全国劳动力市场逐渐成形，东南沿海地区依托其高速发展的经济，顺理成章成为劳动力市场的中心。出于对美好生活的追求，大量关中农村的劳动力跨越半个中国向南方大城市挺近，期待通过抓住进城务工

[①] 作者简介：翁迎港，男，浙江温州人，西安财经大学法学院2020级法学理论硕士研究生。

机会，改善家庭生活[1]。在此背景下，关中农村开始出现显著的变化。本次，我有幸跟随老师加入法学院调研队伍，走进了关中农村这片在时代浪潮中略显"失落"的土地，俯身细嗅泥土的芬芳，侧耳倾听农民的故事，提笔描绘切身的观察。关中乡村是交织着愁绪的，农民在快速的城市化中回眸凝望传统农耕文明，艰难地守护着尘封的记忆，在大时代中寻得一丝喘息。关中乡村又是充满希望的，日新月异的乡村面貌，逐步提升的生活水平，让关中乡村迸发出实现振兴与共同富裕的无限潜力。在全面乡村振兴背景下，农民所向往的生活究竟为何种模样？希望的实现又要依托于怎样的制度安排？这些问题关涉关中这一特定区域未来乡村发展走向，对其因地制宜地推进乡村振兴有特殊意义。为此，我们需要不断地行于乡间、思于乡土，挖掘最真实的关中乡土生活与农民情感，将论文写在大地上。本次调研就是一个绝佳的契机。

二、关中农村：由传统走向失序

关中农村不同于东南沿海地区的村庄，展现出浓厚的"乡土性"与"传统性"。其原因有二：首先，关中平原广袤，物产丰富，农村发展建立在传统农业之上，农民可自给自足，保持着生产的独立性；其次，外来人口少，每年村民大多分时段流出，而极少有外来人口流入农村，即便是婚嫁，也多以具有相同文化基因的农村异性为主，保持着文化的传承性。所以，关中农村是相对封闭传统的。但是，随着国家改革开放、农村税费制度改革、新型城镇化乃至现如今的乡村振兴战略的稳步推进，原本因地方性习俗与国家规范之间的张力而造成关中农村"缝隙社会"格局发生动摇[2]。国家通过资源下乡、基层政权建设等多种形式影响关中农村。与此同时，国家"乡政"功能由纵向的政权功能向兼具地域意义的治理功能扩展，"村治"从国家政权的外在基石转为内在于国家治理体系的组成部分，"乡政村治"朝"乡村治理"升级[3]。新背景下，传统与乡土的关中农村延续千年根深蒂固的治理格局被打破，自我调适的滞后性使其出现了乡村治理的失序，乡村发展陷入停滞。据笔者观察，关中农村的失序主要表现下以下几个现象之中。

（一）传统的产业结构与现代化的村庄面貌

关中农村最大的特征是"农味十足"。本次调研所涉及的四个村庄都为典型的农业型村庄,这与具有显著非农化倾向的江浙农村不同。关中农村所到之处都是高高的农作物,没见到有撂荒的土地,家家户户务农,多以种植粮食、蔬菜与果树为生。农民的生活与土地有着千丝万缕的联系,收成直接影响到关中农民的生活质量。

但是,即便关中传统农业型农村在产业结构上与江浙农村的差别较大,从乡村的风貌与基础设施建设的角度看,也很难说有很大差距,甚至在有些方面要比江浙农村看起来更完善。本次调研所到的村庄,人居环境是极好的,即便家家户户都养着猫狗,我们在走访调研的过程中也极少见到散落的动物排泄物,村庄中的主干道一尘不染。其中 J 村农房整齐排列,绿化标准划一,俨然一副城市高档小区排屋区的模样。每个村庄都建设了漂亮的村委会办公楼,党群服务中心宽敞气派,但是除了几个工作人员以外,再无他人,也并未见村民,大量空间闲置。

(二) 消失的村干部与积极的小组长

面对浩浩荡荡的高校调研队伍,我相信每个村干部都会重视,但是有趣的是,这次调研我们却没见过几个村干部,后得知村中主职干部都去镇上开会了,便委托村民小组长帮助我们协调调研工作,这也是我第一次关注到村民小组长这个群体。本次调研的村庄都偏大,每个村庄有不少于六个村民小组,且分布较为分散,在这样的情况下,村民小组长作为每个村组当中长期生活的村民,其对本组的人情与事务都更为熟悉,也更容易帮助村干部在村组内开展工作。在乡村治理的总格局之中,行政村与村组需要能够上下联动,实现高效的动员。本次调研,我便见识到了村民小组长高效的动员能力。几天中,各村民小组长自发开车接送我们,交代村民配合我们调研工作。在与他们相处过程中,我不禁思考,村民小组长在村庄治理之中的地位究竟是什么?一方面,村民小组长听命于村支书,村支书在开会之前将任务通知给每个组长,无论是为我们做向导还是完善组内相关资料,组长都是不二人选,且完成得很好。在这个层面,其更像是一个村干部。而另一方面,组长拿着极其微薄的补贴,他们做这么多事更多像是"为爱发电",看不到回报。同时,在与各小组长访谈的过程中发现,他们也大多并不认为自己是村干部,他们也要务农,而且可能因为要协助我们调研而耽误农活,他们对国家政策的态度与一般村民别无二致。坐下来,他们就是一个个普通的农民。所以其是作为村庄动员体系当中不可或缺的重要一环而被村干部所重视,本质上还是普通村民。但是,是什么让小组长如此积极?实际上大家都知道组长是一个吃力不讨好的角色,村上实在没人愿意担当,作为一批较为年轻的"守村人",出于对家乡的责任感,才选择做组长。也正是这份责任感,让他们在村里需要他们时更加积极,除此之外,或许享受了一些特有补助的村民因为吃低保或是接受村里的其他恩惠产生一种"回馈"的心理,当上小组长,J村二组的组长便是如此。

村民小组长在村中起到了联系群众的作用,其能够摸清各组的底子,身为村民的他们也更加清楚村民的真正需求是什么。一个行政村的村干部虽然是村庄建设的总指挥,但由于关中大量村组是由多个村子组合并而成,其对各个组当中的事务了解程度很可能并不如组长,组长才是那个为村民传递国家政策、调解村民矛盾、摸清村里底子的村内"要员"。而村干部做得更多的则是参与上面组织的各项会议,领悟上级的精神,绞尽脑汁地为村里争取资源,回到村里搞创建活动,做上级下派的各项事务或者应付监督下乡。这些工作往往和农民真实需求相脱离,甚至趋于形式化。

(三) 算不清的"土地账"

我国的乡土社会是熟人社会,是以人情关系为纽带的社会,很多事可以以人情协调来解决,这无疑提升了治理的效率,但同时,也容易出现诸多与基层治理法治化相悖的事件。事实上,有些人运用人情谋取私利,也有的人因缺少"关系"而受到不公平的对待。

关中农村土地是重要资源,是家家户户生产生活的命根子,农民对土地也更为敏感。土地的故事就是关中农村人情社会的缩影。虽然村村账面上的土地分配十分合理,有据可循,人地矛盾仍在合理的范围之内,但是当我们走下去后,人多地少或是人少地多的现象十分普遍,许多农民都在抱怨二轮土地承包以来,村庄土地的调整是不够的,滋生了一些新的矛盾。少地农民的怨气显然是最大的,有的农户八口人种着两口人的地,他们期待调整却屡屡失败,问及原因,往往归结于:村里没有地了,地动不得。关中有大量农村种植果树,果树是一种长投资的经济作物,分地容易但是当前地上附着的果树就不好处理了,总没有把树砍掉的道理。所以,许多农民对村内重分土地持消极态度。

无法重分土地，大家就把希望寄托在集体留存的机动地上。然而，村中的机动地留存情况却不容乐观，村庄内机动地的存量很少，其中很大一个原因就是村内机动地被视为私人财产，村干部将土地私自承包给外来企业的现象屡见不鲜，而企业一包就是数年，土地的流动就僵住了。但是往往这种违规行为却被部分人抓住各种机会"合法化""正式化"，如大量不清不楚的土地就在数年前的确权工作中被坐实。国家规则下乡在一定程度上促进了基层法治的发展，但是同时因国家无暇对每个村庄都做事无巨细的直接监督，导致大量原本能够通过"传统秩序"解决的土地问题，反而因为国家的"进场"而在各种各样的"虚报""瞒报"中披上合法外衣，难以解决了。

另外有趣的一点是，一部分的农户无地可种，而另一部分则地种不过来。在我们所调研的关中农村，多地户往往是土地上一轮延包分地时的多女户，当家中女子出嫁，其所分得的土地并未被收回集体，而是由本家继续耕种，有的农户两口人种近 20 亩地，老人无力耕种那么多地，只能让本家亲戚耕种。调研中发现，也有不少农户支持女子出嫁不把土地收回的，主要理由是有嫁出去的女娃就有娶进来的媳妇，所以地是平衡的，虽然说整体如此，但是从小家的视角出发，少地户往往是多子户，多地的往往是多女户，两类家庭又无法自主地进行土地的重新配置，于是就滋生了新的矛盾。

随着时间的推移，各地农村的土地问题逐渐显现，如关中农村一般，依赖土地发展的中西部农村数量庞大，其人地矛盾的问题极容易造成基层不稳定。若是土地账始终处于这样一个不清不楚的状态，那么部分农民的生计受到影响，社会公平也无法保障，所以算好土地账，是关中农村亟须解决的事情。

综上，关中农村是传统的，其治理过程中有讲规则、讲道德的一面，也真实存在着各种越轨行为和各类冲突的复杂一面。相比于中国其他地方的农村，关中农村不存在体制上的错配，仍然是出于乡土社会与传统乡村体制结合的理想状态。这样一个理想状态虽然实现了关中农村较为平稳的发展，但是随着时间的推移、现代文明的冲击，让以村规民约为主体的地方性规范难以有效地回应农民的时代需要，关中农村正在矛盾中走向失序，亟须重构一套更为完整的、有效的规范体系来帮助关中农村在法治的轨道上实现乡村振兴。

三、关中农民：麦田中的守望者

最早我对关中农民的印象来自小说《白鹿原》的描述，当时认为关中农民一定是传统、规矩、保守的。现实让我更加坚定了这些认识，走进关中农村，家家户户的门头都挂着"贵在自立""宁静致远""鸿福家园"等牌匾，表达着村民对美好生活的向往与对优秀传统文化的坚守。交流中也能发现，农耕文明滋养下的关中农民，对土地有着深厚的情感，其家庭发展策略选择也与南方农村家庭有着诸多差异。不难看出，关中农民背靠着物产丰饶的三秦大地，受西北最大城市西安的辐射滋养，他们对生活是充满期盼的。但是与此同时，又有一些苦恼正阻碍着他们美好愿景的实现。

（一）进城还是返乡？关中农民的两难选择

中坚农民指的是留守农村青壮年农民群体，虽然在整体农民当中占比不高，但是对乡村治理却有着重要的意义，尤其在农村空心化严重、老年农业为主要特征的中国农村之中更是如此[4]。调研过程中，明显发现关中农村当中，青壮年农民尤其是40—50岁农民的比例较东南沿海地区更高。对于人才凋零的农村，青年群体的增加对乡村治理而言是不折不扣的好事。但是，正是与这些中坚农民的对话中我们才发现，他们的返乡虽然让农村社会更加具有活力，但是对于他们小家而言，却是一个不得已的无奈之举。

在我的家乡浙江，农民进城务工，其大多是将进城作为最终目标的，但是关中农民更多是为了获取就业机会与收入，而非真正想要进城居住。在所调研的四个村庄，虽然说村庄当中有举家进城的农户，但是凤毛麟角，绝大部分农户都是纯农民，即便有进城的小辈，也多是进城务工与求学的，真正在城市扎根的非常少，这与浙江形成了鲜明的对比。几乎中国所有地区的农户都遵循着"代际分工为基础的半工半耕"的家庭策略来保障年轻那一辈进城。关中农村绝大部分的家庭都通过老一辈在农村耕作，同时打打短工，以此保持一个较低的消费水平，保障着小辈在城里的生活[5]。但是现在越来越多的青壮年回到农村，并非他们能够通过务农来获取比进城务工更多的收入，而是无法在城市扎根，难以负担城市高消费而被迫返乡。所以，进城生活难、扎根更难成为关中农村青壮年的一个缩影。

那么返乡青壮年农民的生存状态如何？这类人进城失败被迫返乡，所以谈不上幸福，至少其并没有实现追求的成就感。在村庄当中大多以老年人为伴，日出而作日落而息的生活消磨了他们的心气。有一位三十多岁在村中务农的年轻人引起了我的注意。他由于学历不足加之新冠病毒感染疫情影响，近两年找工作屡屡碰壁，才动了返乡的念头。但是，返乡对其而言也并非易事。首先，这些新农人的种植技术严重缺乏，进城失败后返乡务农难度不小；其次，农村青壮年上有老下有小，生活压力较大，即便在农村中保持着一个较低的消费水平，仍然面临着下一代教育的问题。当前若单纯务农，一年到头除了够吃够用，难以有所结余。所以，一方面返乡为农户带来更大的经济压力，另一方面对传统农业生计方式不适应——农村青壮年不会种田也不能只种田，两大因素交织下，注定青壮年返乡要付出更多成本。故言之，关中农民进城难，返乡也难。

（二）农民的组织化意愿较低

农民是农村的主人，乡村振兴要真正回应农民的需求，所以农民的参与尤其重要。而农民参与的有效性有赖于农民真正组织起来。通过对关中农民的观察，发现其组织化程度较低，村民像是一个个原子散落在村庄之中，对村里的事务漠不关心。本人认为，关中农民不关心村务的原因主要基于以下几点：首先，关中农村一般是大村，曾经由若干自然村合并而成，后这些自然村成为了大行政村的村组。因为组与组之间有地缘的区隔，村委会只会建立在其中一个较大的村组当中，一般而言，村民们只对从自己小组走出的村干部比较熟悉，而对其他小组成功当选的书记大多为点头之交，所以大部分的村民只关心自己的利益，最多知晓村组内发生的事，而对组外的事乃至整个行政村的事无暇关心，这在很大程度上影响了村民对村内事务的参与度，所以各个村组有可能仍然保持着相对独立的治理格局，出现了村上干部搞创建、村民小组管自己的景象。其次，关中农村缺少带领村民组织起来的力量。不同于浙江"富人"治村的逻辑，关中农村缺少精英，村务管理成为了"闲人"才干的工作，因而村干部动员能力是十分有限的。农民是乡村振兴的中坚力量，而农民数量较多的关中农村，其村民"原子化"的现象却更严重，主要原因是中坚农民没有在村中担任任何职务，其活动范围仍然在家庭之中。同时，关中农村存在着较为普遍的村内派系纷争，返乡青壮年在村庄的政治结构之中属于外来者,难以发挥其应有的作用。基于此,无论于内还是于外,关中农民的组织化意愿与可能性都较低。

(三) 重礼轻法的农民意识

正如费孝通老先生所说,我们传统的乡土社会是一个"无法"的社会,但是这种"无法"并没有影响到乡土社会的秩序,因为乡土还有另一套规则,即"礼治"[6]。关中许多农村是相对闭塞的,人口流动较为缓慢,围绕着血缘建立起一个个地缘明晰的村落,这使得即便是今日,许多传统的礼治思想仍然在乡村治理之中占据主流。

"随大流"是本次调研中我听到最多的三个字,蕴含着关中农民在村中生活的独特智慧。他们认为,凡事只要随大流,就不会错。这种明哲保身的策略很多时候,明显与现代法治相背离。我曾经偶然在高铁上认识一位前辈,在谈论到西北农村的时候,他直白地说,这里是"人治"的社会。虽然我知道他带着怨意,固然有失偏颇,但也不失真实。在调研中,我们发现有的农户因为在村中是"小姓",备受排挤,宅基地审批难上加难,土地被随意占用;还有大量农户在村干部的"忽悠"下,将土地承包给了外来的工商企业。这些企业拖欠多年土地租金,农民无地可种,内心有很多怨言,却没有一个农民勇敢地维权。关中农民缺乏权利意识,其对法的理解更多停留于明辨是非、以儆效尤等层面之上。对于自身权利的受损,即便他们切实感到不公平,却担心受到村内的排斥,只能忍气吞声。因为他们始终无法摆脱传统的礼治思想,其认定的权威并非国家制度而是地方的秩序,即便其了解国家制度,仍有可能对维权抱有消极态度。这种必然的结果是,农民们在权益受损时往往仅希望能在现有的资源下生存,不会想着运用法律的武器保护自己,进而产生厌诉情绪,从而形成农村的"无讼"。

有人会问,关中农村难道需要现代法治吗?我的答案是肯定的,当今中国,再偏僻的村庄都不应远离法治的轨道,那些所谓的法治无用论只是因为当前我国基层法治发展过于迅猛,难以避免地出现形式化或是与基层实际脱轨的现象。但是现代农村不是全封闭的部落,是国家治理当中的一个单元。在现代社会中,农村与国家不断互动,农民也流动于城乡之间,自此产生了诸多如上文所述的新问题。礼治的可能性建立在其能够有效地应对生活中出现的问题的基础上,当社会情态改变了,这些产生的新问题无法单纯通过礼治格局予以妥善解决时，就要依托法治。不得不说，根深蒂固的重礼轻法思想深刻地影响了关中农民应对新问题时的行动，"厌诉文化"塑造出一批批温良的农民，让农民忘记了愤怒。若农民的权益长此以往得不到救济，那么其对国家的认同很有可能面临着消解，这是很可怕的。

在瞬息万变的时代，关中农民是挣扎的，其一方面受到从古至今一以贯之传统观念的束缚，另一方面受到现代文明的冲击，使其在面临新问题并尝试解决的过程中选择了更为保守的方式，而最终丧失在乡村发展中的主动权。在历史的洪流之中踌躇不前，囿于小家之中。如何实现农民的期望，是当前关中乡村振兴的大问题，若乡村美了而农民却更挣扎了，无疑是本末倒置。

四、需求识别：乡村振兴要以农民为中心

乡村振兴的最终目标是实现党的十九大报告提出的"产业兴旺、生态宜居、乡风文明、治理有效、生活富裕"20字方针，这是一个时代的大工程，不能一蹴而就。目前基层政府对乡村振兴的理解趋于表面，请一批写作好手，挂一些牌子，建一些房子，建成美丽乡村好像乡村就能振兴。真正走下去才发现，农民作为乡村真正的主人却没有享受到乡村振兴的红利，令人唏嘘。关中物产丰饶，人杰地灵，出了不少知名的农村，国家也为这些"尖子生"注入了更多的资源，但是，乡村振兴需要雪中送炭而非锦上添花，广大关中农民当前的状态离幸福似乎还有距离，他们更需要国家的资源下乡，更需要将钱用到刀刃上，保障更多行走在贫困线边缘、极容易返贫的农户权益，以保质保量地推进乡村振兴。乡村要以农民为中心发展，对农民的需求进行准确地识别，才能实现真正意义上的振兴。

那么，如何对农民的需求进行识别？农民是温良隐忍的。一方面，他们很难在专门的协商会议上清晰地表达其需求；另一方面，也许其也从未想过真正的需求是什么，令其用短暂的时间表达，结果往往与现实有较大出入。所以要在农民的生活之中观察，尤其村组之间区隔较远的村庄，更需要如此。但是，村干部往往需要应付上级的各种任务，且与不同村组的农民也并不熟悉，让其扎根在农民群体当中，效果可能并不好。而村庄当中有一类人，既有时间又对村庄十分熟悉，那就是各村组的小组长。但是小组长不是村干部，没工资又吃力不讨好，没人愿意当。为此，我认为要充分运用好村民小组长

这一群体的力量,就要给予其相应的补偿,提升小组长的工作动力,吸引更多人来竞选小组长。同时建立机制,实现小组长对村务的有效参与与农民需求的准确传达。浙江宁波对村组的网格化格局进行了改造,在行政村大网格的基础之上,以原村组为单位开发出"微网格",每个微网格长都由村干部担任,但是微网格的负责人为小组长,通过微网格拉近村干部与小组长之间的关系,赋予小组长以新的"政治使命",有利于打破各村组各自为政的散状,识别不同村组农民的需求。其次,村庄当中相对年轻又具有稳定性的中坚农民,是实现需求识别可以倚仗的重要力量。所以,不仅村干部群体要积极吸纳中坚农民——党组织吸收其为党员,还要将每个村组当中的中坚农民纳入微网格—大网格的格局之中,以唤醒中坚农民的参与意识,赋予其重要的政治任务。总言之,借用"熟人社会"对农民进行需求识别符合农村现状。

我国幅员辽阔,不同地域的农村其发展的难点与痛点不尽相同,所以乡村振兴的推进需要具体问题具体分析。建设美丽乡村不必村村一个荷花池,不必将每个村庄都打造成城里人的"乡愁",这是一种基于城市需求的"伪乡村振兴"。结合我对关中农村与农民的观察,我认为关中农村的乡村振兴应当从以下几个方面出发。

第一,保障弱势农民发展的权利。当前我国正处在一个高速城镇化的特殊时期,城乡关系重组,农民既需要有发展,又需要有保障。我认为,当前乡村振兴不能急于求成。关中的绝大部分农村无法实现短期的产业兴旺、形成大量的就业岗位,从而吸引农民自觉返乡,其更像是一种为农民提供最后保障的家园。目前,关中农民大量出现进城失败,被迫返乡,虽然农村里可能会因人多而更有活力,但是这类农民都是被城市淘汰的失意者,是在经济上较为彻底的弱势群体。这些人家庭负担重,幸福感低,没有心思参与到乡村建设当中。我认为,乡村振兴应当更加关注这类没有能力进城的失意农民,保障其发展的权利。为此,要加强其职业培训,提升其就近打工的机会;要运用有限的下乡资源补贴农民的农业生产工作;要算好土地账,趁土地再延包政策的节点,积极调整村中土地,缓解人地矛盾,做到"耕者有其田",帮农民牢牢把住土地命脉。只有保障弱势农民的发展权利,才能度过乡村振兴的初级阶段,从而在人人得以发展的良好环境之下扎实迈向乡村振兴的高级阶段。

第二,推进乡村治理法治化。关中农村在新的市场背景下面临着诸多的新问题、新矛盾,传统的礼治格局难以应对这些新问题而滋生了社会的不公平,为此应当重塑关中乡村的法治体系,这对乡村振兴至关重要。首先,建立具有区域特征的政策与法律法规体系。关中农村以农业型农村为主,在这一区域内的农村具有一定的相似性,所面临的问题也具有普遍性,所以要完善关中农村发展的规则体系;其次,应加强对农村法律服务上的投入,落实律师进村坐班与联系群众制度;最后,培育农民的法治意识,加强村内法治宣传,提升农民的权利意识,帮助农民在权益受损时能够用法律的武器保护自己。

第三,优化调整资源下乡的用途。当前国家资源下乡多用于优化村庄面貌的创建活动,关中农村远离城市,其最紧迫的需求不是宽敞气派的村委会、荒废的活动广场与礼堂,而是对相对滞后的公共服务供给的补足。为此,地方应当在做好监督的基础上,给予关中农村建设更多的自主权,围绕农民的需求打造公共服务体系,如老龄化日趋严重的关中农村居家养老、互助养老场所与设施的建设与优化;村内卫生院的规范化与智能化;便利的交通等。把钱花在刀刃上,农民才能切实感受到乡村振兴所带来的好处,这也是对国家资源的合理使用。

【感 悟】

本次调研,时间虽短却收获颇深。一方面,作为调研小队的临时班长,我的组织能力得到了较好的锻炼,与老师同学们的配合也随着调研的深入而愈发默契;另一方面,此次渭北旱塬之行,我不仅走出校园、走出城市,还走出了我记忆中的乡村。其间,我领略了关中乡村的风貌,体会了关中农民的喜悲,对乡村治理有了新的思考。回首新时代的10年发展,我们的国家在惊涛骇浪与风险挑战中取得了历史性成就,发生了历史性变革。10年间,我们完成了脱贫攻坚、全面建成小康社会的历史任务,实现了第一个百年奋斗目标。我国农村的面貌与农民的生活发生了天翻地覆的变化,关中农村也不例外。这些瞩目的成就与可喜的变化都归根于我们深入贯彻以人民为中心的发展思想,坚定地站在人民立场上。但同时,我国仍有一些的乡村凋敝,乡村振兴任重道远,这需要我们不断巩固脱贫成果,促进乡村振兴与脱贫攻坚的有效衔接,扎实推进共同富裕。乡村振兴的核心在于"人",我坚信,只要始终捍卫农民的权益，重塑农民的主体性，乡村振兴指日可待，农民的幸福生活定踏歌而来。

参考文献

[1] 贺雪峰. 全国劳动力市场与农村发展政策的分析与展望 [J]. 求索, 2019（1）: 11-17.

[2] 陈军亚. 法治化、"缝隙社会"与国家建构 [J]. 理论与改革, 2022（3）: 120-129, 155.

[3] 陈军亚, 肖静. 从"乡政村治"到"乡村治理"：政权建设视角下的农村基层政治变迁——对"乡政村治"框架的再认识 [J]. 理论月刊, 2022（6）: 21-28.

[4] 贺雪峰. 论中坚农民 [J]. 南京农业大学学报（社会科学版）, 2015, 15（4）: 1-6, 131.

[5] 贺雪峰. 乡村治理现代化：村庄与体制 [J]. 求索, 2017（10）: 4-10.

[6] 费孝通. 乡土中国 [M]. 北京：中国青年出版社, 2022: 65-70.

土地延包政策下农村特殊人群土地权益的保障

辛柯蒙[①]

摘　要：当下第二轮土地承包即将到期，土地延包成为农村土地发展的必然趋势。为了在土地延包中使农民和土地的关系得到进一步稳定发展，需要妥善处理户口不在本村的农民、婚姻状况发生变更的农民以及适龄的无地小孩等农村特殊人群的土地分配。通过分析农村特殊人群土地保障不力的现状和问题，洞悉其背后的原因，可以采取分类施策的方式，维护好他们所享有的土地权益，进而推进农村土地延包工作的顺利开展。

关键词：土地延包　特殊人群　土地权益　法律保障

近年来，随着农业农村的不断发展和进步，农民从土地中获得的实际收益也在不断增长。承包地对于农民来说，是赖以生存的物质载体。长期稳定不变的土地承包政策保障了农民的基本权利。但是，在当下的农村，这一长久不变的政策需要根据实地情况进行合理有效的调整，尤其是对土地的分配。基于对 S 县 X 镇的实地调研，在二轮土地延包的过程中，尤其要关注农村不同人群的土地权益保障，积极听取民众的声音，在最大程度上满足他们的诉求。为此，需要将不同的群体做详细划分，揭示农村土地延包过程中存在的特殊人群土地权益受损问题，分析这些问题产生的深层次原因，提出相应的改善措施，以此保障农村特殊人群的土地权益。

---

① 作者简介：辛柯蒙，女，陕西富平人，西安财经大学法学院 2021 级法学理论硕士研究生。

一、问题的提出

二轮土地承包过程尽管已经完成,目前仍存在一些遗留问题。比如,二轮土地承包中村组干部工作不规范、土地流转过程中纠纷不断、村委会干部处理问题效率低下等,都是需要在接下来的土地延包中处理和解决的。本文在正确分析这些问题的基础上,探讨出解决问题的路径,及时摆脱困境,在一定程度上维护和保障广大农民的合法权益,从而促进农村的和谐与稳定,保障农村经济社会的发展。当下,如何在第二轮土地承包的基础上继续延包30年,需要各方共同努力、探讨、实地考察,做好长期规划,保障土地延包顺利推进。

在土地资源分到农民手中之后,他们如何利用、种植何种农作物不再是关注的重点,首先要解决的问题是将土地公平合理地分配到农民手中。二轮土地承包的长期稳定不变化,好似一把"双刃剑",一方面有利于农民进行周期较长的农作物种植;但另一方面,由于长期维持不变的政策,引发了无地、少地农民的土地资源承包保护问题。在农村土地二轮延包的趋势下,如果还是继续延续过去30年延包期限和增人不增地、减人不减地的政策,虽然会稳定住部分农民的心,促进农民生产力的提升,但是同时会面临在二轮土地分配之后较长的一段时间内,由于农村人口结构变化的影响,土地使用情况无法得到调整的问题[1]。

在此次对S县X镇关于"农村土地第二轮承包到期后再延长30年试点评估"调研时,主要涉及X镇的W村、J村、Y村以及N村,调研过程中,较为突出的也是对农村特殊人群的土地权益保护问题。那么,在二轮土地承包到期后,解决这一问题迫在眉睫。如若按照原先的路子继续保持不变,那这类人群在农村的处境会愈发困难,并且会引发农村的矛盾,打破农村的和谐,给农村治理造成一定的压力。并且在一定程度上会阻碍乡村振兴战略的推进,阻碍社会的和谐与稳定。所以,在土地延包中保障农村特殊人群的合法权益具有重要的意义。

二、农村特殊人群的划分

在践行长期不变的土地承包政策的过程中,农村人口随着时间的推移发生着变化，生老病死、婚丧嫁娶都会引起内部人口的变化，所以如今在农村土地上，人地矛盾是较为突出的问题。基于此，对于在二轮土地承包到期延包的过程中要解决的特殊人群主要包括以下几类。

（一）户口不在本村的农民

对于户口不在本村的情况主要包括由于在外地购房以及工作落实的影响，他们将户口从农村迁出。而入伍的军人、入狱的犯人、将户口迁至学校所在地的大学生等，这一类人的户口虽然不在农村，但是他们大多人终有一天会将户口迁回农村。

《中华人民共和国农村土地承包法》（以下简称《农村土地承包法》）第二十七条规定，"承包期内，发包方不得收回承包地。国家保护进城农户的土地承包经营权。不得以退出土地承包经营权作为农户进城落户的条件。承包期内，承包农户进城落户的，引导支持其按照自愿有偿原则依法在本集体经济组织内转让土地承包经营权或者将承包地交回发包方，也可以鼓励其流转土地经营权"。这一法律规定保障了进城落户农民的土地承包经营权。但是在承包期内，对于中途迁出户口的农民，也应当如此。不能收回他们的土地，要保障他们的土地承包经营权。

（二）婚姻状况变更的农民

在农村，涉及婚姻的变化主要包括结婚、离婚、丧偶，在这里需要关注的群体是外来的媳妇和赘婿。在这次的调研中不难发现，在这几个村子中，20世纪80年代之后结婚到本村的女性和男性都没有分到土地，并且在原来的居住地也没有相应的土地供其耕种。

《农村土地承包法》第三十一条规定，"承包期内，妇女结婚，在新居住地未取得承包地的，发包方不得收回其原承包地；妇女离婚或者丧偶，仍在原居住地生活或者不在原居住地生活但在新居住地未取得承包地的，发包方不得收回其原承包地"。这一规定虽然保障了妇女的权益，但是在实际落实中，村组织并未按此履行。相当一部分女性结婚后的土地一直得不到解决和落实，并且没有相应的人来负责此事。各级管理者也相互推诿，没有明确的部门可以解决问题。

(三) 近年农村新增的人口

在调研过程中，有相当一部分的农民表示，自己的孩子一直没有土地。加上结婚之后，家庭内部的人口一直在增加，但是耕种的土地无法支撑家庭的支出，所以他们只能选择外出务工。虽然外出务工的收入远远大于种植农作物的收入，但是身为农村的主要组成分子，没有得到相应的土地，农民的心理会不平衡，从而导致他们对国家的政策和措施不太信任。

除此之外，农村收养的子女也没有相应的土地。如今，在开放二胎、三胎政策下，近几年农村的新生儿数量在持续增长。若在接下来的延包过程中，不重视对农村新生儿土地权益的保护，这一情况在日后会成为后续农村发展的隐患。

三、造成特殊人群无地少地的原因

对于上述农村特殊人群无地少地的状况，剖析问题背后的原因，主要可以分为以下几个方面。

(一) 土地承包固有的问题

在第二轮土地承包过程中，存在的遗留问题一是村组干部工作不规范，在土地分配中，部分村组干部从中谋取私利，给自家或者与自己利益相关的人分好地，甚至多分地。所以在土地的分配方面，农民之间的纠纷不断，加上绝大多数村委会干部处理问题效率较低，就导致在很长一段时间内，本村的村民与村委会之间矛盾突出。二是存在农村土地权属不明晰的情况。对于农村的特殊人群来说，农民最大的资产就是土地，他们需要的是附着在土地之上的权利。但是因为权属关系不明确，农民作为土地的使用者却没有办法享受利益的最大化，其合法权益也无法得到保障。

(二) 城镇化进程的影响

城镇化是现代化应有之义，为工业化发展创造了适宜的条件[2]。为了解决城镇化过程中无地农民权益受损问题，应当坚持以人为本和因地制宜的原则。如果没有了土地，农民就直接失去了最基本的生活与生产资源以及以土地为载体的一系列政治权益、经济权益与社会权益，这也就意味着农民将面临诸多潜在的危机与隐患[3]。

随着城镇化的快速发展，农村土地由于道路规划、公共基础设施建设等诸多原因而被征收，这在一定程度上加剧了农村特殊人群对土地的需求。也正因为城镇化的加剧，使得农村家庭的剩余劳动力，即较为年轻一点的农民，同时也基本上是无地少地的特殊人群，相应地选择了外出务工而非留在农村。

年长的农民由于常年在乡间生活，加上所接受的教育程度低，自身学历较低。部分农民因年老体弱、劳动技巧较弱、接受新知识的能力弱、就业素质较低，在就业中竞争压力大，短时间内无法寻找到满意的工作，所以他们自然而然成为农村的主要劳动对象。

（三）约定俗成的村规民约

对于大多数农民而言，土地作为唯一也是最重要的生产资料，同时带有社会保障权利包括但不限于就业、生活、医疗、养老等各方面的保障和土地继承权。

对于去世的老人和婚姻状况变更的人群来说，村里约定俗成的规则是"增人不增地，减人不减地"。所以，对大批没有分到土地同时也没有老人的家庭，土地显得尤为重要。但是，这批没有土地可供耕种的农民诉诸无门。

四、保障特殊人群土地权益的策略

对于不断增长的农村人口，承包地的收益已经难以维持整个家庭的基本生计，若不加以重视并妥善处理和解决无地少地农户对土地的诉求问题，就会诱发农村内部比较激烈的人地矛盾冲突[4]。农村特殊人群关于土地的诉求主要可以分为以下两种情况。

（一）特殊人群无地的情况

上述三类特殊人群基本上是无地的状态。在后续的延包过程中，将土地打乱重新分配是一种办法，但是这一做法耗时费力，并且会浪费现有土地上的资源。那么对于无地的农民，要做的是按照村集体的土地所有情况，采取"有地分地，无地补利"举措进行分配。首先，要优先给予农民相应的土地。

因为无论何时，土地都是农民最大的支柱。综合考量，盘活农村土地存量、挖掘农村土地增量潜能[5]，实现农村土地重新分配是实现这一目标的有效途径。其次，在村集体没有足够土地资源的时候，可以对农民进行合理规范的经济补偿。除此之外，对于居住在本村内的外来户多年履行相应义务，经由本集体依法经民主议定程序讨论并通过，同意接纳其为本集体成员的，也可以取得分配承包地资格[6]。

要落实好这样的举措，就要塑造一个高素质的村组领导班子。当下"能人治村"已经突破了传统乡村治理形式，同时也是农村基层管理模式的创新。能人能力强、威望高，在群众中有广泛的号召力。同时，采取村民监督机制，让能人不能腐、不敢腐，真正治村为民，振兴乡村[7]。让这样一批有能力的负责人来处理农村问题，可以做到在高效处理村中事务的同时公平公正。

（二）特殊人群有地的情况

要保障离婚、丧偶女性应有的土地承包权以及那些虽然迁出户口但长期居住在农村的村民的土地承包权。只有农村土地的产权主体明确，才能切实保护农民从土地中获得相应的权益。依照现行的国家相关法律法规，农民拥有完整的土地收益物权，包括使用权、继承权、收益权、流转权、抵押权。要加大措施推动盘活农村土地市场，保障农民对土地的各项权益[8]。

要尊重农民土地主体地位，在制定和执行关于土地的相关规划时，要充分考虑农民的主体权利，在实际的操作过程中，要赋予农民对土地的相应权能。对涉及农业用地转建设用地的情况，应该根据相关政策要求到有关部门办理农用地转用的相关手续[9]。

在推动城镇化的过程中，农民不会阻挡，也无力阻挡，但是也应当充分考量和保障农民的利益。除此之外，要特别关注城市与乡村双向融合互动和体制机制创新，要重视城市与乡村的共建共享，推动形成城乡协调发展、共同繁荣、全面融合的新格局，从而推进实现农村现代化[10]。

五、结语

总之，长期不变的土地承包政策有其合理性与优势，如果在接下来的土地二轮延包进程中，能够采取措施保障农村特殊人群有地可种，无地享受相应的补助，对于缓解人地矛盾、维护农村稳定发展、促进农村经济进步将有一定的积极意义。在利益错综复杂的中国农村土地领域上进行这样的改变，是一项长期而艰巨的任务，有待于更深入的理论探索和改革实践。通过这次的调研，我深刻体会到"一方水土养育一方人"。农民离不开养育他们的土地，所以在具体实践中要切实保障他们的合法权益。相信在不久的将来，在党和政府的坚强领导下，无地少地农民的权益将得到极大的保障，社会也将不断稳步前进。

【感 悟】

费孝通在《乡土中国》中提到，"乡下人离不了泥土，因为在乡下住，种地是最普通的谋生办法"。此次调研，我深刻体会到土地对农民所具有的独特意义。在盛夏的午后，我目睹了农民在田地里辛勤劳作。那片土地孕育着一代代农民的希望。他们日复一日地劳作，用双脚丈量土地的"长度"，用双手托起土地的"厚度"，我们要学习的正是他们吃苦耐劳、顽强不息的精神。作为新时代的青年人，我们不只是从书本出发，靠影视作品去了解农业、农村和农民，而应走进农村，走近农民，去发现蕴藏在他们背后的故事。从我国的发展历史和社会主义的伟大实践出发，我们不难发现农民群众在新时代的建设与发展中所贡献出的力量。在党领导下的全面贯彻落实乡村振兴的道路上，我们也应当肩负起自己的使命，为农民谋出路、谋幸福进言献策。

附录：调研笔记

农民·农村·乡土情
——S县X镇调研杂记

我国作为传统的农业大国，土地是农民生活最基本的保障。土地是推动人类经济社会赖以生存、促进经济增长看得见的载体。土地资源是农业生产和发展最基础的资源，也是实现农村发展稳步发展的重要资源。农民对他们所生活的那片土地爱得深沉。

基于在X市S县X镇进行的关于"农村承包地延包试点评估"的调研，作了如下的笔记整理。

1. W村

一大早从西安出发,两个多小时的车程,出城——进城——盘山——进村,颠簸倒也算不上,但环山的时候着实让人觉得晕眩了。我们直接到达第一个调研的村子——W村。

通过调研不难发现,W村无论是乡村的整体规划,还是政策的宣传,都相对规整,有计划、有条理,可见村委班子的配备和工作能力是到位的。

我们按照之前已经分配好的两人一组,在村组长的带领下,入户调研。

W村的第一户给我留下深刻的印象。老人一个人住。我们敲门进去的时候,她正忙着分拣菜籽。在交谈中得知,老人的子女都在外地工作,不常回家。家里种的地也随着孩子们成家自行分了出去。如今留下的是自己和已经去世老伴的地。因为年龄已经很大,就将土地流转出去,不再自己耕种了。老人在生活上能够自理,所以靠流转的费用和养老金完全可以维持自己的生活。孩子们也算孝顺,会给一些生活费。

在后续的调研中,我们发现,这个村子独居的老人不在少数,他们有人还在坚持种地,因为不种地就没有收入来源。有人像那位老人一样将土地流转出去,流转的对象基本上是本村的村民。土地流转的价格和期限均按照一般约定。村民之间没有恶意拖欠对方流转费用的现象,也算是一件值得欣喜的事。

中午稍作休息,我们继续前往上午没有去过的村民家中,遇到了一位瘦小的村民。她患有疾病,常年靠药物缓解疼痛。当问到和土地相关的问题时,他们似乎有说不完的话:家里只分了一口人的地,她和孩子都没有分到地。她老公会在农忙结束之后去县城附近打工,以此来补贴家用。他们诉说着自己这些年来不太顺利的生活,我们为之动容,但又无能为力。在向他们解释了土地延包的新政策之后,他们还是那句"政策好是好,但落实到位需要一定的时间"。确实,好的政策要落实到位需要各方的努力。家庭脱贫只是第一步,致富的道路是漫长的。

第一天的调研匆忙结束,在晚上开会复盘时,我们决定第二天上午继续前往W村,完善未完成调研的部分。

2. J村

一早,我们先到W村几户昨天家中无人的农户家,简单了解了情况,再前往J村。

J村的村委会在主路的路口，我们小组要调研村组的一部分村民居住在新建的村子里，还有一部分村民住在新村子东北方偏远一点的地方。

与W村不同的是，J村村小组的负责人有一部分是年轻人，带我们认路的就是一位30来岁的年轻人，和他交流起来比较方便。除此之外，我还留意到，那天在村委负责工作的也是几位比较年轻的干部。村委会注入年轻的力量是一件好事，让农村治理在经验派和年轻派之间达成一种平衡是管理村庄的好办法。如今计算机设备的投入和使用，更需要年轻一点的干部来负责和处理，这样会使村庄的治理在有序和高效中顺利展开。

值得提起的是在村委会打扫卫生的一位大爷。好像是五保户，患有疾病，已经有六七十岁了，但身体倒还硬朗，说话不大清楚，家里只剩自己一人，手上戴着写有个人信息的手环。虽然他有时候脑子会糊涂，但是大体和常人一般，做着一些简单的工作。我们了解到，他在村委会帮忙打扫卫生，顺便在村委会吃饭。在我们吃饭的时候，他告诉我们要将垃圾扔在某个地方；在我们离开的时候，又叮咛我们一行人，不要落下随身携带的东西。村委干部将这样需要照顾的老人安排在村委会干活，一方面照看了老人，另一方面也改善了老人的生活。

调研的当天，下午四点钟左右，肆意的高温还没有退去。我们在路边偶遇去田地里干活的老人，她说果树地里还有一些农活要忙。我们在阴影处闲聊了几句，老人就离去，我们也继续敲门，调研。

在J村的调研中，我们发现这里依旧存在农民口中"人多地少"的问题。他们说，"农民就是靠地吃饭的，种了地就会有收成"。即便他们过着"面朝黄土背朝天"的生活，但每一份辛苦、每一滴汗水背后的收获都是甘甜的。

基于昨天调研的经验，我们今天的效率明显有所提高，在适应环境的同时也多了一份反思。新农村、年轻干部，使J村一步步朝着好的方向发展，但在实践中探索出适合本村的治理与发展之路，仍任重而道远。

3. Y村

第三天，我们前往Y村。

这个村子相比前两个村子离S县更远，所以我们在路上花费了比前两天更多的时间。

一早到达村委会的时候，映入眼帘的是正在修建中的村委会，内部设施还不齐全。我们小组负责的村组离村委还有一段距离，所以就麻烦负责的村组大叔骑摩托车载我们前去。

Y村比较偏远,村周围也不比W村、J村的环境好。因为村子里有部分养殖户养猪养羊,加上夏天高温的原因,会有刺鼻的味道。在农村,这样的情况是不可避免的。因为土地的收益满足不了家庭的生活,所以除了种地之外,那些无法外出打工的农民就选择了养殖,以此来补贴家用。

在Y村,我们也第一次遇到了质疑我们的人,有位村民态度不好,刚开始闭门不应,后来拒绝回答任何问题。在我们解释之后,他说话仍不客气。后来了解到他家土地种植收益不好,所以不愿意多说什么。我们也没有再继续追问,只是道谢之后离开。

由于当天是X镇的集会,有一部分人前去赶集,没有在家,所以有一些调研是在路途中完成的。这个村子的年轻人基本上外出学习、工作,村民大多是留守老人。我们调研的第一家是老两口,老人坐在轮椅上,口齿不清,老伴因为年龄大了,有点耳背,所以交流是在隔壁村民的帮助下进行的。他们年纪已经很大了,但还是自己种着土地,依旧重复着那句已经说了很多次的"不种地还能干什么"。土地似乎给了他们安全感,对他们来说,土地是他们安稳生活的依靠。不管年龄多大,只要还能劳作,他们都愿意将精力放在土地的种植上。

很惊喜的是遇到了和外婆很像的老人。在她家门口记录调研信息的时候,我多想再停留一会。

我们基于前两天的调研经验,分工明确,在最短的时间内,完成了Y村的调研。

4. N村

N村,是我们这次调研所到的最后一个村子,这个村子比较偏僻且村民人口众多。

我们小组所负责的是N村的H小组,村子里依旧是以老年人和小孩居多,年轻人基本上外出打工。老人说,之前在农忙的时候,年轻人都会回家帮忙,如今农作都是机械化,他们回家的次数也就少了。但是,对于H组的村民来说,果树的培育和种植也是需要人力的。

在我们调研期间,S县的一些小学已经放暑假。我们遇到一个读三年级的小男孩热心帮我们指路。他说自己由爷爷奶奶在照顾,父母外出打工,很长时间才会回来一次,自己平时也会帮着爷爷去田里干活。

这样已经显示出年龄两极分化的村庄是我国绝大多数农村的现状，如此，随着时间的推移，农村劳动力的减弱也是必然趋势。调研中，我们发现这个村子还有不少的空户。他们要么是举家搬迁到县城，要么是长期在外地打工，很少回家。听说这些长期不在村子生活的住户，有地的要么让自家亲戚耕种，要么将土地流转出去。虽然自己无法亲自耕种，但也没有让土地荒废。

在H组，给我留下深刻印象的是一位五十多岁的大妈，她家里只有自己和儿子。提起土地，她说除了承包地之外，还种了一部分村子里外出打工的村民或者一些种不动地的老年人的地，以约定的价格租种。在和她的交谈中，我能明显地感觉到她的真诚。她坚定的语气中充满着的自豪："我一个人靠双手将自己的生活过成今天的模样，已经很满足了。"她是知足的，是靠自己的双手在生养自己的土地上，将财富一点点累积下来。我们的身边，丝毫不缺如此有力量和气魄的女性。领我们认路的村组组长说，村子里凡是女性是户主的，都是已经丧偶的。她们做自己最强大的靠山，同时，也为自己的子女撑起了一片广阔的天地。

下午的高温还在持续，我们调研的热情持续高涨。前几天，小组中外省的同学还听不懂陕西方言，今天已经可以独立去调研，和当地的村民进行无障碍交流了。在调研的过程中，我们一边适应环境，一边自我突破、自我锻炼、自我提高。

至此，我们对S县X镇四个村子的实地调研，已经圆满完成。

5. 纸上得来终觉浅

7月初的太阳，着实狠毒。我们的调研也随着日头西落接近尾声。

列夫·托尔斯泰在作品《安娜·卡列尼娜》的开篇中提到"幸福的家庭总是相似的，不幸的家庭各有各的不幸"。

调研中我们遇到了太多人，打动我的是真诚的人，他们如实告知我们一切，没有过多的言语，没有怀疑，没有掩藏，说到动情处，会变得小声。有人提到土地二字时，会开始情绪激动。有人停下正在做饭的手，为我们翻找自己的土地确权证。有人住着新装修的房子，诉说自己的生活不如意。有人屋里昏暗，眼里却闪着光。

通过调研，我们了解到二轮土地承包到期要延包的消息并不是每个农民都知晓的，一些相应的措施也并不是人人都知道。在整合调研信息之后，我们总结归纳了这四个村子在土地分配上共有的特点以及所面临的问题。一是土地都是按照等级划分的,每家都会分到"良田",也会分到坡地,所以几乎每一家为数不多的土地都会被分成五六块甚至七八块,在耕种上很浪费时间和精力。二是人地矛盾较为突出。从农民的描述中,可以得知人多地少的情况很普遍,尤其是对于结婚的女性以及新生儿来说,几十年都没有分得应有的土地。三是种植果树的农户比较多。当提到是否愿意将现有的土地合为一块耕种时,这些农户几乎都不愿意,因为如果将土地打乱重分,抑或交换土地,就意味着会影响到果树的生长以及自己的实际收益。四是灌溉水源严重不足。这是农户普遍反映的在种植过程中的焦点问题,并且农药、化肥等农业生产必需品的价格也在持续上涨,所以农民从土地上得到的收益并不理想。

在这些问题中,归根结底发挥作用的都是具有主动性的个人。尤其是对农村特殊人群土地权益的保护,值得我们关注。

我知道,人本就是多元的。看到我们,有人避而不见,有人像是抓住了救命稻草,只因我们调研的内容和土地相关。

几乎每一位农民的嘴边都挂着一句话,他们平淡地说出"不种地,还能做什么"。他们充满热情,"你们吃饭了吗""留下来吃饭吧""吃西瓜吧""看到你们也想到我的孩子,和你们一样""坐下来休息一会吧"……

在我写下这些的时候,那些也许只是一面之缘的村民们的神情和当时的场景浮现在眼前。希望他们在自己的土地上致富,也希望他们能够得到公正的对待。

白居易笔下《观刈麦》中的那句"足蒸暑土气,但惜夏日长",是对农民最真实的写照。

土地上的一切,最终都将回归土地。

参考文献

[1] 郭振峰. 我国农村土地延包难点问题探析 [J]. 乡村科技, 2020, 11 (31): 24-25.

[2] 李克强. 协调推进城镇化是实现现代化的重大战略选择 [J]. 行政管理改革, 2012 (11): 4-10.

[3] 梁立宽. 我国失地农民权益法律保护制度研究 [D]. 南京: 南京农业大学, 2010: 22-27.

［4］杨宏力．新一轮农村土地确权存在的问题及政策优化：基于山东省五市七镇的经验研究［J］．山东大学学报（哲学社会科学版），2018（3）：110－121．

［5］牛淮田．新时代我国农村土地流转改革的法学思考［J］．河南农业，2022（12）：58－59，62．

［6］蔡诗奎．浅谈农村土地承包管理典型问题处理及政策依据［J］．新农业，2022（15）：94－95．

［7］高江．"能人治村"的利弊及优化路径［J］．乡村振兴，2022（6）：88－89．

［8］文维．新型城镇化进程中的失地农民权益保障机制探讨［J］．法学杂志，2014（2）：92．

［9］祖彤，喻琪琪．新型城镇化进程中失地农民权益保护问题研究［J］．理论观察，2021（4）：91－93．

［10］李晓华．农村土地整治助推城乡融合发展路径研究［J］．安顺学院学报，2022，24（2）：26－29，10．

乡村振兴语境下女性参与村庄治理的困境与出路

徐小婷[①]

摘　要：通过对S省S县X镇四个行政村的调研发现：乡村女性是乡村振兴发展的生力军，是村庄治理的重要力量。但受主客观因素影响，乡村女性参与村庄治理的主观能动性有待加强、参与路径有待优化、参与潜能有待激发。应发挥党建、乡村振兴战略以及妇联组织的引领作用，激发乡村女性意识觉醒，拓展乡村女性参与空间，给予乡村女性话语权，发挥乡村女性在协商议事中的主体地位，优化乡村治理网络，为乡村女性参与乡村治理提供更多的经验和范式。

关键词：乡村振兴　乡村治理　乡村女性

一、引言

人间六月天，西北的乡村是我不曾见到过的风景。

八百里秦川满是故事和细节，我想表达的太多了。与村民们坦诚地对话中，我感受到他们是如此的真实具体。我能够敏锐地捕捉他们内心的想法。我的情绪很复杂，面对他们不是同情而是共情，面对宏大叙事又是那么无力。

"哪有什么钱，钱都花完了，根本就挣不到钱，儿子打工的钱都给我治病了。""幸好割了还能活，我们村今年三个得了乳腺癌，我还好发现得及时，孩子带我去西安看病，因为疫情多待了半个月，回来的时候才知道村头那个

[①] 作者简介：徐小婷，女，安徽芜湖人，西安财经大学法学院2020级法学理论硕士研究生。

妹妹就死了，晚期哦，治病都来不及了，可怜哦，有个娃还没有开始说话。""没有医保，又报不了多少钱，以前的积蓄都花没了，儿子打工挣的钱也给我治病了。"听到这些话我不知道说什么，心里很难受。我问这位乡村患病女性村里有通知"两癌"筛查吗？她说不知道，我想说很多但是又不知道从何说起，因为我所在的社区"两癌"筛查是每年都进行的，是公益项目。我让她保重身体，放松心情。她说："像我们这个年纪的农村妇女，天天在地里干活，每天都累得不行，又要想着给儿子娶媳妇，挣不到钱，心里压着事，身体和心里都难受。"她与我分享了自己从确诊到决定切除乳房的过程，告诉我像她们这样的农村妇女承受着身体和心理双重的"累"。她希望国家可以重视乡村女性，希望村里可以宣传"两癌"防治知识。她希望把自己的心路历程和对于疾病的感受与思考回馈给其他人，既有叮咛，又有希望。

我们去的最后一家，家门口停着车，家里的装修也很好，与之前去的人家明显区别开来。他家是为数不多想要把土地流转出去的，也是第一个说自己家的收入在村里算得上富裕的，在交谈中才知道这户人家有两个女儿，陪同我们的村民一直感叹这户人家的"幸福"。是的，真的，生了儿子在某种程度上好像与贫穷、奋斗这些词汇挂了钩。我无法理解这种为下一代牺牲自己的奉献精神，但是我尊重这一"习俗"。我知道她们的思想不会因为我的几句话而改变，但我仍希望这些失落的女性能够活出自己的价值、活出自己生命的尊严。乡村女性应该有姓名，我们不能忘记她们。

当然，有"失落"的乡村女性，也会有乡村"她"的力量。在我访谈过程中有四户是女性远赴城市赚钱帮补家中生计，男性在家务农。"在西安当保姆呢，能挣点钱，我找不到工作，种地种不了多少钱。"农村男性进城务工的工作选择不算多，一般是在建筑工地里做工，或者从事快递员、外卖员等高体力劳动工作。外出务工的男人们步入四五十岁之后，工作空间会逐年因年龄被压缩，他们中大多人会选择返乡。而继续留在城市的男人一般从高体力付出、高回报的岗位退下来，从事保安、后厨洗碗工等类型的工作。相比于只能提供体力劳动的男性，务工女性更受城市的欢迎。这一变化，也提升着她们在乡村家庭里的地位和话语权。

我们接触的村干部、村民大多是男性，男性在村庄治理上好像具有天然的优势一样。村集体在决定怎么分土地的时候，一般是男性视角，不会分得那么细，不会想到家庭里女性的权利。这无形中忽略了女性集体。当决策集体里有女性之后，才会想到那些弱势的女性要怎么办。从访谈中可以看出女性关于土地二轮延包的政策有一定的了解，她们对村里谁家地多地少、人多人少的一些基本情况也是比较清楚的，最重要的是她们愿意将自己的想法直白地表达出来，这一点很难得。敢在村一级的会议上面说话，对于农村女性来说很难。在农村，村民自治，即村民代表大会决定了很多事情。今天几乎所有农村都面临着女儿有没有权利分房子和土地的问题。土地确权是到家庭还是个人？如果是确权到家庭，家庭内部又怎么分呢？这些问题都是由村民代表大会决定的，上级政府不管这些细节。所以，如果村民代表中有足够多的女性，那这个决策集体会在政策制定和执行中注意这些。

在村庄政治舞台上活跃的依旧是男性，然而农村常住人口却日益呈现出女性化特征。女性在政治参与上有一些特点，比如她们可能更公开直率，敢讲真话。有一个例子是一家三口承包地三亩不到，夫妻俩在家务农、女儿外出打工，问及对二轮延包政策的态度时，男主人含糊其辞说听村里的、听政府的，不愿多说什么。倒是女主人的态度就比较直接，公开表达打乱重分多退少补的意愿，而且女主人对其他家庭的基本情况也有所了解，知道自己家庭在村里属于人均承包地面积较少的那一拨。另外女性关注的议题范围也比较广，既有一些细微、家长里短的小事，也有村里要不要修路、要不要挖渠的大事，可以看出女性对村政事务的见解和观察角度与男性不一样的地方。

国外的一些基层自治，比如说社区自治，大部分也是靠女性来维护的。如一个社区做决定要不要在路上放一个汽车驶过要减速的标志，如果当地的居民业主协会里大部分是全职妈妈，则由她们来决策。在中东一些地方，各类运动动员依靠女性完成，她们擅长从事联络和基层组织这种工作。女性在这种基层政治参与里具有一定的优势，她们会天然地关心每个家庭的情况。而男性会觉得自己不能婆婆妈妈，不能太抠细节，打听别人家的情况。他们更倾向于不要得罪人，得过且过。

二、乡村女性参与村庄治理的困境

我原以为乡村女性治理困境仅存在于教育当中，后来发现女性力量所面临的治理困境不仅如此。其实大部分女性有意愿参与集体决策但奈何"心有余力不足"，且外嫁女这个身份好像天然地成为女性参与村庄治理的隐形障碍。为什么她们明明"心有余"却总认为自己"力不足"呢？为什么她们的争取与诉求难以得到重视甚至还会被泼冷水呢？每当我们问及村中事务，许多女性认为自己没有能力参与其中，或者表示自己并不了解，只有家里的男性才知情。明明村里的女性不在少数，但是她们为什么像"局外人"一般，没有参与到乡村治理之中呢？

（一）乡村女性参与村庄治理的自觉性有待提高

受传统"男尊女卑"观念影响，女性依附性较为明显，这也就意味着乡村女性在村庄治理的介入中一开始就带有被动卷入的色彩[1]。随着乡村男性劳动力流向城市，乡村女性逐渐从家庭私领域步入集体公领域，乡村女性的自我认知得以重构，参与村庄治理的主动性和能动性不断提高。但大部分参与的自觉性不高，参与的深度也远远不够，这些妇女在参与具体的公共事务之初对治理内容缺乏了解，参与本身也大都基于熟人的要求以及"给朋友个面子"或者"看着别人参与自己也参与"的从众心理[2]。

（二）乡村女性参与村庄治理的路径有待优化

虽然我国已经有了关于女性参与乡村治理的宏观政策规定，但在微观层面上，女性参与乡村建设的渠道还较为单一，监督保障体制尚未健全，基层妇女组织作用被弱化，这些都阻碍着乡村女性发挥治理能力。我们在填写问卷的间隙也曾问及她们，"当您想要向村委提一些关于村里事务的意见时，您认为会遇到什么困难呢？"有一个村民说："他们干什么我们都很少知道的，想提也不知道找谁提，就算我们提了，人家不听我们也没办法啊。"她的一番话让我陷入沉思，让乡村女性真正参与到乡村治理中仍然任重而道远。

（三）乡村女性参与乡村发展的潜能有待挖掘

由于不具备体能优势，大多数农村妇女在农业劳动中无法发挥主要作用，家庭经济地位低。在家庭决策过程中，相比于经济地位更高的男性，女性的话语权较弱。当这样的家庭面临着对外交涉时，女性话语权往往被男性话语权所替代，女性获悉村中事务和表达自身意见通常以男性为媒介，女性的政治参与感被削弱，乡村女性的主体能动性并未完全被激活，深度参与村庄治理的潜能与效能还没有被充分发挥和释放。

三、乡村女性参与村庄治理的出路

尽管乡村女性在融入公共权力中心时面临着诸多困难，但她们仍是乡村发展的重要推动者和建设者。党中央和全国妇联曾提出乡村振兴的"巾帼行动"，号召女性积极参与乡村治理，挖掘乡村女性才能。乡村女性管理者的性格优势能帮助乡村更好地实现有效治理，她们有着较强的情感协调能力，适合充当村庄内部利益纠纷的调节者。她们的共情能力强且洞察力敏锐，在公共决策时能够关注到农村边缘群体的处境，识别并回应乡村治理多方面的内在需求，有效组织和动员社会力量，从而激发乡村自治的活力。那么如何唤醒乡村治理中的女性力量呢？可以从以下路径推进。

（一）引领"她"力量

首先要突出党建引领。坚持党建带妇建，引领巾帼新篇章。要通过多种渠道和途径深入浅出开展中国特色社会主义、中国梦宣传教育，开展国家意识、法治意识、社会责任意识宣传教育，始终把学习贯彻相关会议精神和党史学习教育结合起来，团结带领广大妇女坚定不移听党话、跟党走。其次要突出方向引领。"乡村振兴二十字"是引领乡村女性参与乡村治理的总要求。要创造多种形式的宣传方式，让广大乡村女性学习领会乡村振兴战略。最后要发挥妇联组织在乡村女性参与中的引领作用，妇联组织既有国家属性又有一定的社会属性，一方面传达实施政府政策文件精神，另一方面引领培育社会组织，整合社会力量。妇联组织在系统内部或者通过牵头的社会组织支持、培育、推动乡村女性组织、志愿者队伍的形成，提高性别平等意识和个人综合素质，促进深度参与，从体制机制上推进有效的乡村治理。

（二）助力"她"力量

第一，提高农村女性的社会经济地位，增强女性话语权。村委会可以定期邀请专业人员为农村妇女提供职业培训，帮助她们获取先进的生产、销售知识与技能。妇女骨干积极引导农村女性居家灵活就业、创业，村委会制定和实施好配套的帮扶策略，支持她们成立专业合作社、姐妹工作坊，增强自身经济独立性。第二，加强性别平等教育，为女性施展才干营造良好社会环境。通过广播、公告栏、微信社群宣传等方式让村民了解到女性也有参与到乡村治理的权利和能力，积极宣传其他地区女性的优秀事迹和治理方法。注重培养村民性别平等、女性独立的观念，纠正"男主外女主内"等落后思想，支持农村女性勇于对村集体事务发表意见。第三，健全女性参与乡村治理的体制机制，增强女性主体意识。完善基层相关的规章制度，为女性参与乡村治理提供政策支持，并成立专门对女性参与情况进行检查的监督小组，增强执行效果[3]。加大对女性村官的培养和任用力度，支持本村妇女代表参与到村级事务的决策、执行和监督过程中。在村里成立巾帼志愿服务队，发挥农村妇女在纠纷调解、政策宣讲和村貌改善等方面的作用，鼓励她们为村集体做力所能及的贡献。加强村妇联和村妇代会的组织建设，实行代表联系制，贴近妇女生活，切实反映她们的意见和建议。

（三）激发"她"力量

充分发挥女性榜样的积极效应，组织面对面的交流互动，用看得见、记得住、听得懂、学得会的生动实践，激励广大乡村女性在乡村振兴中参与村庄治理，活出自我、活出精彩。鼓励在实践中学会参与，不断提高自身综合素养，在参与中学习，在学习中提高，在提高中促进，形成以实践促才干，以才干促实践的正向循环。女性帮助女性，要整合所有女性力量，形成共治共建共享的治理格局。

【感 悟】

她们不一样，她们都一样。

N 村里有一位外出打工又回到家乡的妇女，日常生活就是整理家务、照顾孩子、看看电视、刷刷抖音，她的脸上一直挂着笑容，从内到外透出的乐观和豁达非常动人。虽然只读到初中，但她并非什么也不懂，对于村里人情世故也知晓一二。她身上散发出岁月静好的气息。而 J 村的村民小组长是我见到过的第一个女村干部，她年轻，做事雷厉风行。她在接受我们访谈之前刚送完小孩上学，接待我们之后又赶着回家做饭。她做事有条理很干脆，懂得灵活处理村里人情往来。她俩一样处于人生最关键的时候，都在寻找实现生命意义的方式。年龄相仿，但选择不一样，不同的经历在她们之间置下分水岭。而切实已形成的社会分层又哪有什么好坏呢?

作为分享者,她们在与我们互动时极少会对我们的问题和她们的表达进行反思,我很难评价"有主见地争取自己的权益"和"随波逐流地生活"中哪一种能让她们的生活幸福感更高。为他人虚设一些莫须有的价值和人生抱负是否只是我们的一厢情愿,是否比不上眼前拥有的更加实在呢?走进乡村总是需要一个恰当的理由,这个理由不是用来说服研究对象,而是给自己的,是田野调查的初心、进行时的航向和进行后反思的标杆。虽然手里有任务,但我一直执着于发现所谓的"真问题"。然而,我的农村生活经历几乎为零,在过往的调研中,第一次见识到"熟人社会"和"土地相连"——村子里的人互相认识,我们只需报出一个名字,他们就可以准确指出家门位置;第一次坐在三轮车的后座被拉到村子里;第一次碰到几乎每家每户都养狗,一见到陌生人就要狂吠不止。这些都是城市里匮乏的体验。这种城乡生活方式、人际交往、待人处事上的巨大落差,让我觉得农村处处都闪着的光芒——这个有趣,那个也有趣。但随之而来的是进一步的思考,这真的有趣吗?是不是因为以前没有遇到过才觉得有趣?这真的值得研究吗?可能是因为经验的匮乏,第一次调研并没有让我发现甚至能够解决一个让人满意的问题,稀里糊涂地来了又走了,就像大雁掠过湖心,只留下一片影子。我们预设了一些似乎能逻辑自洽的东西,却忽略了农村情况的特殊性,这可以算是我下乡调研经历的一次半失败的起步。后来才知道我的问题其实是想得多、看得少,很多经验其实是可以通过阅读文献和与人交流来获得的。

在和大家焦头烂额地将一直坚持的调研方案和提纲推倒重来后,那种复杂的感觉真是记忆犹新。在乡村中,我们都是特殊的普通人,时代之下是如此渺小,却浑身充满力量。在互动中不断反诘,在回顾时不停重塑,既是下乡调研的过程,也是人生的体验。互动是田野调查中的中心环节,需要反复进行,只有不断与人沟通,获取到的实地信息才会丰满起来。回顾也必不可少,只有不停地反问自己,时刻记住自己要"在场",才能不忘记来时的路。看准要去的方向,脚踏实地地一步步走,才能走得又稳又远。

参考文献

[1] 海莉娟. 从经济精英到治理精英:农村妇女参与村庄治理的路径

[J]. 西北农林科技大学学报（社会科学版），2019，19（5）：48-56.

[2] 戚晓明. 乡村振兴背景下农村社区环境治理中的女性参与 [J]. 河海大学学报（哲学社会科学版），2019，21（3）：93-98，108.

[3] 杨亚利. 女性农民参与新农村文化建设的有效途径探析——以陕西为例 [J]. 西北大学学报（哲学社会科学版），2011，41（2）：26-29.

集体经济组织成员资格认定中妇女权益的法律保障

彭逸飞[①]

摘　要：我国经济快速发展，城市化进程不断加快，而土地被大量征迁中有关农村妇女权益受损是一个重要问题。解决这个问题的关键在于：妇女在农村集体经济组织中成员身份的认定。农民集体成员资格认定表面上是解决成员身份问题，而潜伏在成员身份问题背后的实质是基本社会保障与基本生存利益分配问题，这关系到农村社会的稳定。由于对农村妇女的成员资格认定缺乏明确法律规定，农村妇女权益受损往往得不到有效救济。应从构建农村集体经济组织成员身份认定的科学化规则，加强村民自治和村规民约的引导和规制，完善农村妇女集体经济组织成员身份认定的管理制度等方面保障妇女合法权益。

关键词：外嫁女　集体经济组织　成员资格　法律保障

在此次至 S 县进行农村土地第二轮承包到期后再延长 30 年试点评估调研过程中，我们从当地村民的叙述中感受到了保护外嫁女合法权益问题对实现乡村振兴、共同富裕的关键作用，并对此问题进行了深入研究。

在与 S 县四村村民的交谈中得知，目前各村的集体经济组织在确认集体经济组织成员身份时，存在不少将户籍仍在本村的外嫁女排除在外的现象。这种现象从农村土地承包制实施以来就一直存在，难以根治。但是在过去，学界将此问题单纯地看作是妇女的土地权益受侵犯，很少从集体成员资格的角度来认识问题，而现在则侧重于从集体成员资格的认定出发，根本性地解

---

① 作者简介：彭逸飞，男，陕西大荔人，西安财经大学法学院 2021 级民商法学硕士研究生。

决农村外嫁女的权益保护问题。

一、农村外嫁女集体经济组织成员资格认定的现实意义

（一）有利于解决涉及农村外嫁女有关的权益纠纷

针对目前大多数土地承包经营权纠纷等案件的争议焦点大多为集体经济组织成员资格认定的现状，且目前审判实践尚未形成统一的认定标准的事实，此种集体成员资格认定标准的确定，有利于解决此类纠纷，改善各地同案不同判的尴尬情形，维护司法权威。

（二）有利于维护农村外嫁女的权益

目前有关农村外嫁女成员资格认定标准纷繁复杂，尚未形成统一的裁判标准。此外，存在以村规民约的方式排除该类群体获得成员资格的情形，损害了外嫁女的合法权益，而此类群体成员资格认定标准的确定，有利于解决类似纠纷，维护农村外嫁女的合法权益。

（三）有利于缓解有关土地赔偿款发放的利益冲突

做好该认定工作有利于避免产生土地补偿、拆迁补偿等纠纷。同时，对于做好"三农"工作、实现脱贫攻坚与乡村振兴战略的有机衔接都具有一定的积极意义。

二、集体经济组织成员资格认定中外嫁女权益保障现状

（一）权益受侵害的主体

一是嫁到其他农村集体的外嫁女。多数地方以户口迁入他村为由，直接取消该外嫁女在本村中的成员身份，进行退地或者不再向该妇女分配集体财产利益，可能导致外嫁女丧失基础生活保障。二是嫁到非农村集体的外嫁女。嫁给非农户籍的男子后，村集体常常默认该妇女已经享有城镇生活基本保障，采取各种办法间接甚至强行地否定该妇女原来享有的本村集体权益。三是结

婚后仍留在本村居住生活的女子。农村存在出嫁后"女随夫居"的传统思想，因此在实践中村集体可能不会把财产利益分配给出嫁但不把户口迁出本村的农村妇女及其子女。四是招赘女婿的女方。虽这种情形受到法律规定的明确保护，但是入赘男在农村地区仍受到歧视，有的农村只允许无子户的某一个女儿的配偶落户到本村集体并分配到集体的财产权益。五是未婚的农村女子。在相对落后和闭塞的农村地区仍存在性别歧视，有些村集体分配给未婚女子的财产利益，明显少于男子的，或者分给女子的质量较差。六是丧偶或者离婚的农村女子。有些村集体经济组织在妇女丧偶或离婚后强行将她们的土地收回[1]。

（二）权益受侵害表现

一是土地承包经营权被侵害。土地是农村集体的固定不动产，在农村中大多以"户"为单位分配到各个家庭，然而从家庭中把这部分权益独立出来是比较困难的，对于农村的离婚妇女或者外嫁妇女，可能本应享有的土地权益就留在了前夫家庭或者娘家家庭当中，自身不能再拥有这部分集体权益。二是宅基地使用权无法得到落实。有些农村集体认为女子到适婚年龄以后就应出嫁，于是在分配宅基地时，按照男婚女嫁的传统观念，向本村的成婚男子或者成年男子批给宅基地并可单独成户，这样的分配制度本身就是不平等的。三是农村妇女的征地补偿款等集体财产利益无法得到保障。在城市化中，农村的土地被大量征收、征用，国家给予相应的拆迁安置或者土地补偿金等，当村集体分配这些财产利益时，少分或不分给外嫁女、离婚妇女等。不公平公正地分配，严重侵害了农村妇女的合法权益[2]。

（三）部分地区的解决方式

1. 浙江省丽水市

浙江省丽水市中级人民法院于2006年3月通过了《关于审理农村土地承包纠纷案件有关问题的指导意见》（以下简称《意见》），① 规定执行"政府调

---

① 该《意见》规定，农村妇女认为农村集体经济组织侵害了自己权益的，可以向乡（镇）人民政府或县（市、区）人民政府农业行政主管部门申请行政处理（仅限于调解）。行政调解未果或对其不服的，才能向人民法院提起民事诉讼。同时，如外嫁女提起的民事诉讼涉及成员资格的确认，应先申请乡（镇）人民政府或县（市、区）人民政府农业行政主管部门确认，之后才能提起民事诉讼。

解—民事诉讼"或者"资格行政确认—民事诉讼"的程序。《意见》中规定了农村集体成员身份的确认标准，即以户籍所在地和户籍性质为基本的单一认定标准。该处理办法结合了行政途径和诉讼途径，经过资格行政确认，就取得农村集体经济组织成员资格，即能依法享有一系列农村集体成员权益，在当地实行后取得良好的社会效果。

2. 广东省

广东省高级人民法院于2007年11月13日发出粤高法〔2007〕303号通知，[①] 主要通过行政救济的途径，采取"政府处理—行政复议—行政诉讼"的方式，来确保农村妇女的合法权益得到救济。此办法在广东省一经实行，在短期内农村妇女的村集体权益得到了很好的保护。但是仍在两个方面存在不妥之处，其一，该处理办法与行政法基本原理相违背；其二，该处理办法可能导致行政案件大量增加和堆积，导致办案效率下降，长此以往会造成涉诉信访，同时也太过依赖法院裁判的个案化处理，致使判决结果不均衡。

3. 海南省

海南省高级人民法院先后制订了两个参考意见，分别是2008年《关于处理"外嫁女"请求分配农村集体经济组织征地补偿款纠纷案件若干问题的意见》和2012年《海南省高级人民法院关于审理农村集体经济组织土地补偿费分配纠纷案件若干问题的意见（试行）》。[②] 首先，该处理办法中关于农村集体组织成员身份的认定标准更为科学，不单以户籍为认定条件，增加了"长期固定的生产生活"的考量因素，但是由于"综合考虑"也不好把握，所以存在一定的自由裁量空间。其次，海南省高院的两个参考意见是不具有法律效力的，在法官裁判案件时只作为内部参考规则，所以在执行中各法院的做法也不尽相同。

[①] 该通知确定了广东省内农村妇女权益纠纷案件的处理规则：农村集体组织侵害剥夺农村妇女权益的，农村妇女可以向镇政府（街道办）申请行政处理；对处理决定不服的，可以向区政府提起行政复议；对复议结果不服的，可以向法院提起行政诉讼。

[②] 主要规定了：第一，关于案件的受理。当事人以农村集体经济组织成员权益受到侵害为由起诉农村集体经济组织，请求分配集体经济组织土地补偿费，符合《民事诉讼法》第一百零八条所规定的起诉条件的，法院予以受理；当事人就农村集体经济组织收到的土地补偿费应否分配以及用于分配的土地补偿费数额提起民事诉讼的，人民法院不予受理。第二，关于农村集体经济组织成员资格的认定标准。确定了以"土地"（是否以本集体土地作为基本生活保障）为基本依据，综合考虑"户籍""土地"和"生产生活关系"（是否与本集体经济组织建立固定的生产、生活关系）等三个要素进行判断。

(四) 法院审理情况

审理侵害农村妇女村集体权益纠纷案件的关键是审查该农村妇女是否具有农村集体经济组织成员身份，这些案件本质上是农村集体成员身份纠纷。法律法规、司法解释等规范性文件中并没有对认定农村集体经济组织成员身份所需要满足的条件作出规定。针对农村妇女的集体经济组织成员身份认定问题，各地高级人民法院进行了探索并形成了各自的裁判标准。如海南省高院《关于处理"外嫁女"请求分配集体经济组织征地补偿纠纷案件若干问题的意见》，又如《安徽省高级人民法院关于处理农村土地纠纷案件的指导意见》。由于当前我国没有对此问题制定相关条文，这些地方出台本辖区的法院裁判指导意见，有利于辖区内各级法院公正裁判，有了相对统一的裁判尺度，办案效率也得到提高，对维护农村妇女享有的合法村集体权益起到了积极作用。如上述海南高院出台的指导意见，认定农村妇女的集体经济组织成员身份需要考查三个条件是否满足，法官应当综合三个方面加以衡量考虑，这可能会导致法官的自由裁量空间不同，不同的法官有不同的理解，在审判中仍然不好把握妇女农村集体成员身份的认定标准，导致出现同案不同判的情况。有的法官在审理案件时，认为只要满足一个条件就可以认定该妇女的农村集体成员身份，有的法官则认为同时满足三个条件才能够认定该妇女具有农村集体组织的成员身份。由于没有法定的农村集体成员身份认定标准，法官在裁判农村妇女村集体权益被侵害案件时，对于认定标准的不同理解和把握，使得妇女的农村集体经济组织成员身份的认定问题成为不可规避的审理难点，司法实践中，亟须解决农村妇女集体经济组织成员身份的认定难题。

三、村规民约与农村妇女集体经济组织成员身份的认定

(一) 村规民约对农村妇女集体经济组织成员身份认定的影响

1. 选择村规民约为农村妇女成员身份取得依据

拥有农村集体成员身份对于农村妇女来说是一种非常重要的社会基本保障，特别是在法治化的中国当代，应该在立法中对农村集体经济组织成员身份的取得予以特别关注。然而情况并非如此，关于集体成员身份认定的相关

法律规定是缺失的。目前，利用村规民约对农村妇女的村集体成员身份进行认定更为常见，因此，在村民自治的法律与政策规定下，村规民约对农村妇女的集体成员身份认定以及相关集体成员权益具有很大的意义。相对来说，现实中可能被侵害权益的农村妇女在本村村民中是少数存在的，在村人口总数上所占的比例较小，所以选择村规民约作为村集体成员身份取得依据的村民占大多数。因此大多数村民们会选择利用村民委员会或村民代表大会的渠道来决定农村妇女是否属于本村集体内的一员，是否应该享受村集体内部的政策性补偿和福利等相关待遇。

2. 村规民约认定农村妇女成员身份的原因

首要原因是现行法的缺失。农村内部形成村民的小共同体，村民群众在此小共同体内依法进行村民自治。国家只是指出了村民自治这一大方向，但是国家制定法律时并没有向这个小共同体提供具体的秩序性规则。农村集体经济组织成员身份认定问题事关广大中国农民的基本权益保障，对社会发展和社会稳定来说同样具有重大意义，如此关键的问题应当由法律作出规定，才更具有公平性、权威性、稳妥性。但是现行立法中没有对农村集体经济组织成员身份认定的相关规定，因此，在实践中解决这一类问题，只能偏向于选择在村民自治制度下的村民自治章程、村规民约为集体成员身份认定依据。城镇化迅速发展，农村土地大量被征用，随之而来的征地补偿、集体福利等需要在村庄内部进行顺利的分配，亟待解决的现实问题便是村集体成员身份的认定问题，在无相关制定法的情况下，集体经济组织只能制定村规民约、村自治章程，作为分配利益的依据。

次要原因是，在现实生活中，法律、文化、社会等因素的共同作用导致了农村的"自行调整"仍在持续，尤其是经济利益的影响。因为每一个新加入者的增加都会分薄个人蛋糕，减少其原来成员所能享受的利益。利益的村集体所有和利益分配到各家庭两者之间的矛盾，农村小家庭内部的利益分配矛盾，都催生了农村妇女权益纠纷，这在本质上是一种经济利益之争。在此背景下，村集体组织当然希望能平等地进行利益内部分配，村民也希望能获得更多的经济利益，显然，农村妇女作为弱势群体，她们的在村集体中享有的权益更容易被排斥，因此农村这个小共同体内的集体成员便倾向于以村规民约的形式否定农村妇女的集体成员身份，使得农村妇女的合法权益遭受侵害。

(二) 村规民约认定农村妇女成员身份的缺陷

1. 国家法同习惯法之间的矛盾

农村妇女村集体成员身份的取得是农村妇女享有村集体利益的前提，事关农村妇女社会生活与生存的基本保障，与宪法所规定的平等权这一基本权利相照应，这一重要事项应该由更高位阶的国家制定法加以规定，不应该以村规民约这样所谓的"民间法"为认定依据，因为村规民约在内容上常存在侵害农村妇女权益的违法条款。制定法与习惯法都是人们社会生活中应遵守的行为规范，两者共同作用于我国的法治化发展，村规民约可以用来补充调整国家法律法规没有调整到的社会关系。

2. 易被滥用及缺乏监督机制

村民自治存在很大的操作空间，在实践中，出现不少变相利用村规民约来侵害农村妇女权益的现象。有的农村制定出的村规民约甚至规定"出嫁至本村外的出嫁女，不论其户口是否迁出，均不视为本村村民"。村规民约更倾向于保护村集体内部多数人的权益，使得少数人的权益受到剥夺。多数村民会赞成对村内妇女集体成员身份予以否定，这恰好满足了多数村民的对更多利益的期待。在表面看似乎是民主的多数表决，却没有尊重和保护少数农村妇女个人的合法权利，由此形成"多数人的暴政"，是对民主精神的违背。

3. 不利于法官顺利裁判及彻底解决纠纷

实践中，法官在处理农村妇女征地补偿等有关村集体成员身份认定的案件时，由于现行立法无此方面的规定，法官常要对法律规则进行解释，或者法官拥有弥补法律漏洞的自由裁量空间。这对法官来说是一个考验，也给法官审理裁判这类案件带来不便。司法是社会公正最后一道防线，如果法官以现行法未规定为理由拒绝裁判，则农村妇女的权益得不到基本有效的救济；如果法官通过对法律规则的解释否定或认可村规民约，当事人可能会提起上诉或者到政府部门上访。总而言之，都不利于侵害农村妇女权益的纠纷得以彻底解决。

四、农村集体经济组织成员身份认定中妇女权益保障的完善

（一）构建农村集体经济组织成员身份认定的科学化规则

一直以来，对最高人民法院应就农村集体经济组织成员身份的确认标准出台相应的司法解释、对成员身份的认定标准进行明确的呼声很高。但最高人民法院认为该问题属于《中华人民共和国立法法》（以下简称《立法法》）第四十二条第一款规定的情形，应由全国人大常委会对其进行解释，不宜通过司法解释进行规定。所以，建议全国人大常委会作出立法解释或者相关规定[3]。司法实践中，比如天津市、S省高级人民法院以会议纪要或者裁判意见的形式明确了各自辖区内的农村集体经济组织成员资格的认定标准①，这为本地区的各层法院审理相关案件统一了裁判尺度，提高了法院的办案效率，对我国其他地方也具有相当的借鉴意义。因此，虽然目前我国还没有制定立法解释或者相关法律条款予以详细规定，但是在司法实践中，各地方的高级人民法院应当参照相关的法律条文、地方法规、政府政策规定、审判实践中的共识等，出台相应的裁判规则，避免本辖区内出现同案不同判情形。

1. 嫁给农村男子的农村妇女集体成员身份的认定

农村户口女子嫁入另一农村集体经济组织的，一般该妇女会将户口迁入丈夫所在的农村集体组织，同时成为夫家所在的农村集体组织的一员，这是现实中的多数做法，也能够得到承认。有一种特殊的情况是，当相对富裕的村集体的妇女嫁入相对贫困落后的村集体时，因为经济利益分配的落差，该农村妇女可能不会把户口迁往丈夫所在村集体组织，这种情况下要看该妇女是否与丈夫所在村集体组织发生真正的权利义务关系，若实际在夫家所在的村集体组织内生产生活，应当认定该妇女具有丈夫所在村集体组织的成员身份，同时应认定该妇女丧失娘家的集体成员身份。

2. 嫁给非农村男子的农村妇女集体成员身份的认定

一般在这种情况下出嫁女子会把自己的户口迁往丈夫的户籍所在地，不

---

① 天津市高级人民法院2007年发布了《关于农村集体经济组织成员资格确认问题的意见》，S省高级人民法院2006年发布了《关于审理农村集体经济组织收益分配纠纷案件讨论会纪要》，重庆市高级人民法院2009年发布了《关于农村集体经济组织成员资格认定问题的会议纪要》。

会把户口留在出嫁地的农村集体经济组织。如果出嫁女子因政策或者自身其他原因没有把户口迁走，应当肯定出嫁女子在娘家村集体的成员身份，除非该妇女已经取得配偶户籍所在地的户口并且被纳入配偶所在地的城镇社会保障体系。

3. 丈夫死亡或者因婚姻造成户籍变动的农村妇女的集体成员身份的认定

嫁入农村的妇女，如果丈夫在婚后死亡或者与丈夫离婚，判断该妇女是否具有丈夫所在的农村集体成员身份时，应当考量该妇女是否具有丈夫所在村集体的户籍以及是否仍然在丈夫所在村集体进行生产生活。首先，嫁入的妇女如果在丈夫死亡后仍然留在该农村集体居住生活的，也具有本村集体户籍的，应当认定该妇女具有本村集体成员身份。其次，若该妇女与丈夫结婚时并没有将自己的户籍迁入嫁入的农村集体，应当考量该妇女是否离开该农村集体组织另在他处工作生活，妇女去别的集体组织工作生活又享有其他集体组织提供的基础生活保障的，应当认为该妇女丧失原居住地村集体的成员身份。最后，丧偶或者与丈夫离婚的农村妇女，若离开原居住地村集体组织，并且分配现居地集体组织的经济利益不享有其集体权益，也仍应当认定该妇女拥有原居住地农村集体成员身份。

4. 入赘女婿

对于婚姻男方将其户口迁入婚姻女方的娘家所在村集体经济组织的村集体经济组织成员身份认定问题，该婚姻男子应当认定为婚姻女方村集体经济组织的成员[4]。这种情况与我国常见的婚姻不同——大多数男女在双方结婚后，女子会成为男方家庭中的成员，女子跟随男方共同居住生活，户口也迁入男方的户籍所在地。而在农村地区，对于招赘的上门女婿，普遍存在着歧视的传统心理。因此可能会导致入赘女婿的入赘地农村集体成员身份被否定，不能享有该村集体的成员权益，无法分配到该集体组织的财产利益。依据《中华人民共和国民法典》（以下简称《民法典》）第一千零五十条规定："登记结婚后，根据男女双方约定，女方可以成为男方家庭的成员，男方可以成为女方家庭的成员"，应当反对歧视入赘婿的现象。在法治社会中，应对这一群体予以平等公正的对待，理当尊重入赘女婿，保障他们合法享有的农村集体成员权益。

同时，关于丧失农村集体经济组织成员身份的认定标准上，应当坚持为农村妇女提供最基本的生活生存保障的基本原则。不能让本就弱势的群体没有任何生存保障,应当由农村集体组织提供保障,或者使其享有城镇居民基本保障,如果农村妇女没有其他集体组织提供社会保障,一般情况下不应当否定其农村集体组织成员身份,应维护妇女在村集体内享有的基本权益。如果满足了以上这个大前提,对于以下几种情形,可以认为相关人员的户口已经迁出本村集体经济组织或者已被注销,可以认定该人员丧失本村集体成员身份,包括:已经取得设区城市的非农业户口的;已经取得其他集体经济组织成员身份的;已经取得非设区市的非农业户口而且已经被纳入城镇社会保障体系或者国家公务员编制的;已经死亡等其他情形。

(二) 加强村民自治和村规民约的引导和规制

1. 在依法治村下规范村民自治

村规民约是以《中华人民共和国村民委员会组织法》(以下简称《村民委员会组织法》)为依据制定的,是村集体内部成员自己制定并自愿遵守的行为准则和自治规范,是农村自治最基本的表现形式。村规民约的法律规范,在《村民委员会组织法》第二十七条中有所涉及。相对于国家制定法而言,在农村当地,村规民约对农民更具有权威性、遵从性,村民们还是更信任和依赖村规民约。

目前来看,尤其是地处偏远一些的农村地区,由于经济不够发达,信息比较闭塞,使得男尊女卑的守旧思想根深蒂固,国家规定的村民自治的民主平等精神并没有被这些地方的村规民约所吸收,导致这些地方的村规民约呈现偏离现代法律精神的状况。村规民约的权力过大,有些还与依法治国的基本规定相抵触,导致村委会等农村内部管理组织权力集中、膨胀,甚至滥用法律赋予的自治空间和权利,直接导致了农村妇女这一弱势群体的合法权益被侵害剥夺。要想纠正此类违法行为,首先需要根据国家法律规定的村民自治的指导思想,在遵循法律法规的基本原则和具体规定前提下制定村规民约,保证其合法性。

2. 加强对村领导干部及村委会成员的法治教育

处于同一个小型共同体内的村民彼此间信任程度更高,互相帮助的机会和主动性也会更高,当出现矛盾时,可以降低很多不必要的经济成本和时间成本。村委会是农村村民自治的管理组织,村干部是村委会的主要人员,村集体的共同意志往往体现在村干部身上。村干部对村民集体的领导主要由村委会成员辅助完成[5]。因此，如果想保护农村中占比较少的妇女的权益，使村领导干部在处理农村妇女相关纠纷中不偏不倚，按照法律精神公正处理，就必须要加强对村干部和村委会成员的法治教育。

3. 确定对村规民约的司法审查制度，设立专门的监管机关

现实中存在大量利用村规民约认定农村妇女成员身份的情况，若认定不公，则会对农村妇女带来巨大的损失，因此要针对村规民约进行有效的监督。建立审查制度以及设立专门的监管部门就是一条很好的监督村规民约条款的途径。

一方面，在有关村集体成员身份认定的规定中，要把村规民约中的违法条款清理出去，并且要增加保护农村妇女成员权益的具体条款，在执行中落实到位。在认定妇女村集体成员身份的问题上，村规民约有的只有笼统的规定，更像是在空喊口号；有的根本没有相关规定，对此避而不谈；还有的否定村集体内妇女成员身份，直接把农村妇女的权益排斥在外[6]。这与我国宪法及法律、国家政策的规定背道而驰，偏离了法治轨道，不符合我国法律对农村妇女保护的平等正义精神。因此，要通过监督审查的措施来去其糟粕、留其精华，协调好法律规定与村民自治两者之间的关系，既能保护农村自治权，也能够积极公正地认定农村妇女的集体成员身份。比如可以规定：村民自治章程等农村自治规定制定完成并经过村委会、村民代表大会等集体组织讨论通过后，必须报有关部门审查，对农村妇女集体成员身份的有关条款要着重审查，经审查合格以后才能够正式生效适用。若发现有侵害农村妇女权益的违宪违法规定，审查部门不能予以通过，应退回到制定组织重新修订，完善后才能再次审查，直至审查合格。[7]为防止拖沓无效率，对妇女认定村集体成员身份进程缓慢，变相侵害农村妇女的权益，对审查次数也应予以限制，真正落实保障农村妇女这一弱势群体的合法权益，促进社会进步。

另一方面，应该扩大对农村妇女的普法教育，加强对国家法律和村规民约的宣传力度，提高农村妇女的法治意识和自身文化素质。在村民内部要加强对村集体成员身份认定有关条款的宣传，尤其是让集体内农村妇女们知晓，形成集体成员身份认定规则共识，避免因农村内部信息不通畅而引起矛盾，减少农村妇女权益纠纷的发生。

（三）完善农村妇女集体经济组织成员身份认定的管理制度

应当配套相应的行政救济作为农村妇女合法权利的保护手段。《福建省实

施〈中华人民共和国妇女权益保障法〉办法》第三十一条的规定，赋予农村妇女寻求行政救济的权利。与司法救济相比，行政救济具有快捷、便利、廉价的特点。此外，《广州市妇女权益保障规定》对行政救济作出了全面而具体的规定，如其第十七条规定，镇人民政府或者街道办事处应当依法对农村集体经济组织章程的制定和修改进行指导、监督，发现有侵害妇女合法权益内容的，应当责令农村集体经济组织改正。[8]第十八条规定，区、县级市农业行政管理部门在向农村集体经济组织核发或者变更农村集体经济组织证明书前，应当检查农村集体经济组织章程中涉及妇女权益的内容，发现有侵害妇女合法权益内容的，应当要求农村集体经济组织改正。第二十一条规定，农村集体经济组织在改制为公司的过程中不得侵害农村集体经济组织中女性成员的合法权益。区、县级市农业行政管理部门应当对农村集体经济组织改制的行为进行指导、监督，保障和维护农村集体经济组织中女性成员的合法权益。这些规定明确了乡镇人民政府、农业行政部门等相关政府管理部门应当维护和保障农村妇女合法权利的具体职责，同时为农村妇女寻求行政救济提供了法律依据。此外，政府信访部门也应高度重视涉及农村妇女土地权益的问题，并且采取相应措施予以及时解决。村民自治不是不受约束的自治，违反法律的村民自治必须受到司法权和行政权的纠正，当地政府在此过程中应当有所作为。

【感悟】

提起农民，我们必然想到土地，农民与土地在华夏文明悠久的历史长河中密不可分，紧紧相连。土地是农民的根与魂，也是农民赖以生存的关键。自中华人民共和国成立70多年来，我国一直结合实际情况，不断对农村土地政策进行适时调整，以有效确保农村土地承包关系的长期稳定。此次在关于"农村土地二轮承包到期后再延长30年试点评估"的调研中，不仅让同学们有机会走入乡村，在与农民群众的交流中，切实感受农民的苦与乐、喜与悲，还让同学们懂得仅仅依靠典藏云集的图书馆，不可能获得真正的学术成就。必须深入基层，从劳动人民的实践中去发现问题、提出问题、分析问题、解决问题，将学术研究作为解决实践问题的理论保障，用知识的火焰照亮乡村振兴的伟大路途！

参考文献

[1] 张芙蓉,贾蕊,兰西梅.论离婚妇女的土地承包经营权保护[J].安徽警官职业学院学报,2017,16(2):13-16.

[2] 陈小君.农村土地法律制度研究——田野调查解读[M].北京:中国政法大学出版社,2004.

[3] 黄松有.最高人民法院农村土地承包纠纷案件司法解释理解与适用[M].北京:人民法院出版社,2005.

[4] "农村妇女土地权益问题研究"课题组.破解农村妇女土地权益问题的对策研究[J].大连干部学刊,2015,31(6):58-60.

[5] 高名姿,张雷,陈东平.差序治理、熟人社会与农地确权矛盾化解——基于江苏省695份调查问卷和典型案例的分析[J].中国农村观察,2015(6):60-69.

[6] 马翠萍,邰亮亮.农村集体经济组织成员资格认定的理论与实践——以全国首批29个农村集体资产股份权能改革试点为例[J].中国农村观察,2019,147(3):25-38.

[7] 江晓华.农村集体经济组织成员资格的司法认定——基于372份裁判文书的整理与研究[J].中国农村观察,2017(6):14-27.

[8] 李慧英.乡村社会治理与性别分层加剧研究[M].北京:中国社会科学出版社,2019.

全面乡村振兴下乡村治理的价值逻辑与实践路径

刘淑娟[①]

摘 要：伴随着经济社会的高速发展和转型升级，中国乡村社会的基本样态由简单向复杂转变。全面乡村振兴需要振兴广阔的乡村地域，实现农业农村现代化、创造城乡融合新格局，而传统的基层治理模式已经无法有效回应乡村社会的发展趋势和需求。深入分析乡村社会的变迁样态以及乡村治理的现有逻辑，基于"城乡协同、人地协同、产业协同"的协同治理思路，以"优先发展农业农村、优化乡村社会结构、改善乡村民生"为实践方向和要点，探索具有中国特色的乡村治理道路，回应全面乡村振兴的基层治理困局。

关键词：全面乡村振兴 乡村治理 农业农村现代化

一、引言

党的十九大报告首次提出"实施乡村振兴战略"，指出"农业农村农民问题是关系国计民生的根本性问题""创新乡村治理体系是实现乡村振兴的重要途径"，要在农村基本经济制度、集体产权制度、乡村治理体系等多个方面进行完善与改革，推进乡村治理体系和治理能力现代化建设。当前中国之转型发展，从内地到沿海、从城镇到乡村、从山区到平原，日新月异。中国社会的深刻变化，需要回望中国乡村的巨变、乡村社会的兴衰更替。顺应时代变迁的发展方向，城市化进程的快速扩张，自然村落的被动消失，使得乡村社

[①] 作者简介：刘淑娟，女，陕西榆林人，西安财经大学法学院2020级经济法学硕士研究生。

会从封闭向开放转变、从满足生存需要向寻求内外发展转型。中国乡村作为重要的社会空间，是中国社会的重要构成部分，是中国现代化的稳定器和蓄水池。但是，当下的中国乡村，大量的乡村人口仍扎根于村落之中，聚集或分散的村落广泛地存在和延续着，分散的土地和地块难以满足农业农村现代化发展的需要。因此，在中国乡村面临巨变的时刻，以全面乡村振兴背景和农业农村全面现代化为宏观目标，准确回答好农业农村现代化进程中的时代之问，在中国特色社会主义道路上寻找解决乡村振兴的"三农"问题的中国方案，既是乡村发展的历史契机和必然要求，也是继续推动乡村变迁、治理乡村社会的内在动力和基本方向。

二、乡村治理的价值逻辑与困境显现

（一）人地关系：乡村治理稳定性之基础

"从基层上看去，中国社会是乡土性的"。在对于乡村社区的经验考察基础之上，费孝通作出了"乡土社会"的理论概括，实际上是为了回答"中国乡村社会的基本性质是什么"这一本质问题[1]。因此，在乡土中国的宏观背景下，中国基层乡村社会的基本性质是乡土性的。乡土社会的主体——农民，他们的命运从未与土地分开，依赖于土地，同时又受制于土地。在推进乡村振兴战略的相关会议中，在中国乡村的田间地头，习近平总书记多次强调，要扎实推进第二轮土地承包到期后再延长30年的工作，保持农村土地承包关系稳定并且长久不变。2019年2月，农业农村部发布了《关于做好2019年农业农村政策与改革相关重点工作的通知》，首次提出研究制定落实二轮土地承包到期后再延长30年的配套政策措施，选择20个左右的县级单位先行试点。2019年11月，中共中央国务院发布了《关于保持土地承包关系稳定并长久不变的意见》，具体内容进一步明确要求稳定土地承包关系，主要内容涉及三大方面：第二轮土地承包到期后再延长30年，使农村土地承包关系从第一轮承包开始保持稳定长达75年；促进形成农村土地"三权"分置格局，稳定承包权，维护广大农户的承包权益，放活经营权；以承包地确权登记颁证为基础，已颁发的土地承包权利证书在新的承包期继续有效，充分保障农民土地承包权益，进一步完善农村土地承包经营制度，推进实施乡村振兴战略，保持农村土地承包关系稳定并长久不变[2]。

农村承包地确权登记颁证作为一项历史性、群众性、基础性工作,为乡村社会的长远发展以及维护亿万农民的切身利益奠定了坚实基础。通过开展农村承包地确权登记颁证,让土地承包农户吃上"定心丸"。目前,我国的农村承包地确权登记颁证超过96%,2亿户农民领到了土地承包经营权证,标志着我国农村承包地确权登记颁证工作基本完成,农户可以更好地行使占有、使用、收益等各项土地承包权益,可以放心地流转土地经营权,促进农村土地资源、农村劳动力资源的优化配置;新型农业经营主体也可以适时增加投入,改良农地土壤,完善农田基础设施,投入农业农村现代化发展[3]。同时,确权成果已经在农业补贴、农业保险以及乡村产业规划编制等具体领域得到了初步应用,为促进乡村全面振兴、实现农业农村现代化提供了有力支撑。土地承包关系的逐渐稳定,为丰富农村土地集体所有权、农户承包权、土地经营权的有效实现形式等创造了有利条件,夯实了新一轮土地延包30年的政策基础。

全面建立承包土地确权登记颁证制度,巩固了农村基本经营制度;农村土地确权证的颁发,有效保护了农民财产、乡村利益,赋予村民对于土地承包经营权进行土地流转、股份合作的权利。现如今,农村土地二轮承包陆续到期,但土地分配、土地使用、土地承包等普遍性问题亟须解决[4]。在农村地区,存在许多新增人口无法分配到土地、因婚姻关系在本组生活的外地户口人员希望在居住地获得土地承包等诉求问题及因婚姻关系户口迁出本组、在新居住无土地确权的现实困境;部分村组还存在原承包户户口迁移、销户等需要协调处理等问题[5]。以村民户口为评价标准,农村土地是本集体成员可以合理使用、承包流转的,但随着村组中外出务工人数增加,多村存在户在人无的情况。进城务工或是进城落户,是否能够继续拥有土地经营权、分配或者流转土地,是否应该退出土地使用权、土地承包经营权等实际问题在"土地承包到期后再延长30年"的具体实践中不容忽视[6]。

(二)城乡差别:乡村治理均衡性之要素

在全面乡村振兴的道路上,缩小城乡居民的基本收入和生活质量差距既是重点,也是难点。长期的城乡二元体制和农产品收益差别等因素以及工业化和城镇化进程中乡村总体生产效率相对较低,是导致城乡居民收入差距和我国总体收入差距扩大的主要因素之一。此外，在现代化、市场化发展的大背景下，驱动着乡村劳动力不断向城市迁移和流动，农业生产者由农村的中青年转变成老年人群，大部分留守农民依靠土地获取微薄的经济收入，乡村社会普遍面临着内生发展乏力的困境。为了激活乡村发展的内在活力，全面盘活乡村土地等资源，一方面要保障农民的土地权益、提高土地的使用效率和价值，让村民实现财产性收入[7]。制定规范的土地承包流程，确定农村土地分配方案，进一步明确和细化土地承包及流转经营的准确期限，从政策和制度上缩小因土地资产利益而产生的内在差异，切实地保障农村农民的权益和利益。另一方面，"乡村振兴"需要振兴广泛的乡村地带，创造出城乡融合的新格局，其着力点在于最大限度地关注"乡村主体"，实现城乡基本公共服务均等化，是推进农业农村现代化、带动乡村特色资源开发、缩小与城市发展差异、创造城乡融合发展契机的必要举措[8]。

当前，在我国经济社会发展进程中重视农业农村建设与乡村协调发展，在一定程度上缓解了城乡发展差距扩大的趋势，但城乡发展不均衡以及乡村发展相对滞后依然是较为突出的问题。乡村发展仍旧存在较多薄弱环节，容易引发城乡居民发展机会不均等、发展质量不协调等诸多潜在问题，主要体现在社会保障、人居环境、医疗卫生等具体方面[9]。在社会保障方面，长期以来的城乡最低生活保障制度区别化、社区基本服务建设差异化致使城乡社会保障服务存有较大差距。针对乡村中的弱势群体以及老年群体，其享有的社会综合服务以及社会救助落后于城市。农村低保平均标准有所增长但是与城市低保平均标准相比仍存在绝对差距，对于乡村地区养老服务、弱势群体救助力度、乡村宜居建设等短板需要持续推进。在医疗卫生服务方面，高水平医疗人才、高科技检验机器、完备的信息资源等主要集中于城市，乡村以及偏远地区的公共医疗卫生机构和医疗资源处于相对匮乏状态。受制于医疗资源、人力资源的供给不均，乡村居民尚未真正实现"大病不出县"，满足乡村基层群众的健康需求，实现城乡医疗的公平共享成为亟待解决的问题[10]。在人居环境建设方面，农民是乡村人居环境治理的主体，乡村人居环境治理的重要目标在于满足农民对于绿色、美好生活的客观需要。在当前推进乡村人居环境改善的进程中，乡村地区重点开展生态农业发展、生态环境治理行动等建设工作，逐渐强化乡村主体的环境治理主体性，打破乡村群众"参与淡漠"的旁观者心理[11]。

(三) 农业结构：乡村治理可持续性之关键

历经长久发展，国家与乡村之间、国家与农民之间的关系发生了本质性转变，从索取型关系逐渐转变为普惠型和扶持型的关联关系。诸多惠农助农政策的制定与实施，呈现出国家对乡村和农民的普惠性发展支撑，以宏观政策支持和引导农业农村的高质量发展。当前乡村社会发展的基本问题并不局限于"底线型"的基本利益需求问题，广大农民同样存有"增长型"或"发展型"的长远需求，同一乡村中存在的乡村差距、村民个体之间的贫富差异，反映出乡村社会主体需要寻找持续性的发展出路，除了"生存保障"之外，还需要赋予其"公平发展"的同等机会[12]。

促进农业产业与现代技术的有效衔接，加快农业现代化进程是实现农业可持续发展的客观要求。在乡村产业振兴发展过程中，大数据、物联网等新技术和新成果尚未广泛融入传统农业产业发展，应当有效发挥新型信息技术以及加工技术用于改造传统农业生产方式、经营模式，助力农业生产力水平，适应农业现代化生产方式，推动农业产业走向绿色化、智能化、稳定化的高质量发展趋势[13]。此外，产业振兴作为乡村振兴的第一要务，是乡村经济社会发展的重要支撑。当前，我国乡村一系列重大改革扎实稳妥推进，产业振兴不应再局限于农业发展，而是需要涉及产业融合、协同创新、技术支撑等多个方面，以实现现代化乡村产业兴旺与发展。要在农业优先发展的基础上，打破原有的发展格局，通过催生新产业、新业态、新模式改变乡村产业的固有形态，优化生产要素配置，带动乡村居民实现多元途径增收，促进城乡产业的互动发展[14]。

三、乡村治理的实践路径与制度回应

(一) 优先发展农业农村，驱动城乡融合发展

坚持农业农村优先发展是党和国家实施乡村振兴战略的总方针，通过构建农业农村优先发展的体制机制，优化乡村振兴的长效工作机制，实现脱贫攻坚和乡村振兴的有机链接。坚持农业农村优先发展首先要从政策理念上激发发展活力，深化农村土地制度改革，激活土地资源的利用优势；推动农村

承包土地的合理流转,发展多元形式的土地经营管理和利用[15]。此外,加快农业农村现代化作为关系现代化大局的主要问题,应当破除城乡之间的发展区隔,互融互补、协同发展,以逐步缩小城乡发展的客观差距。乡镇与村落的持续建设是城乡融合的重要内容,让广大乡村主体平等参与到现代化建设进程中,共建共享现代化的实质成果,必须加快形成城乡互补、城乡融合、工农互促的新型治理机制,着力突破土地、资本、人才等资源要素在城乡之间的双向流动和有效衔接[16]。

(二) 建立多方协同机制,提升乡村民生质效

乡村治理成效与经济社会发展、乡村现代化水平呈现出高度融合的关系,民生问题作为现代化社会建设的基本问题,同样也深刻影响着乡村治理的效能。一方面,乡村治理的实践和发展能够切实反映乡村群众的基本生存状态与生活水平,要积极回馈民生保障的诉求。另一方面,民生水平和质量构成乡村治理成效的重要基础,民生质量的稳固提升能够平衡乡村群众的心理预期,相对缓解人才外溢的发展趋势[17]。治理有效是全面乡村振兴的重要保障,完成乡村基础保障、乡村民生质量、乡村环境建设的高质量发展目标,需要创新治理形式,推动多元主体参与治理,形成推进乡村治理工作的多元主体结构,建立完善协同推动乡村治理的目标责任体系,广泛调动多元主体共同参与乡村建设和发展,最终形成乡村善治的良好局面。

(三) 优化乡村产业结构,保障乡村发展活力

乡村振兴,产业先行。乡村产业欠缺现代化潜力和建设,乡村振兴就缺乏充分的物质资源基础。促进乡村产业兴旺,基本着力点是资源要素的优化配置和协同利用,关键是切实打破资源要素流动的障碍,为乡村提供更加充分、平等、公平的发展机会。立足于土地这一根本因素,以农业为依托的乡村产业振兴要以农业可持续发展和特色资源开发为基础,实现传统农业向现代农业的转型升级;围绕乡村第一、第二、第三产业的融合发展,构建乡村产业体系,实现产业兴旺。引导和促进资源要素向乡村流动,鼓励人才返乡、引导工商资本下乡、改革农村土地产权制度,以此为基础实现城乡要素对接,为乡村经济发展注入动力,逐步形成现代化的乡村产业发展链条,为乡村主体创造更加公平的发展机会,实现经营性收入和财产性收入的共同提升[18]。

总而言之，国家力量对乡村社会的日常事务以及发展提供宏观支持和帮助，促使乡村治理具备良好的外部支撑，外部力量的协同介入突破了乡村固有的封闭模式和自我发展，探索着解决乡村社会的"土地问题、治理问题、发展问题"的根本出路。广阔的中国乡村，基于地理条件的客观差别与区域经济发展的进度差异，各个乡村地域具有明显的地方性和差异性特色，任何一条固定的转型道路、任何一种固化的发展模式都难以普遍适应所有的乡村社会。在百年乡村社会转型进程中，土地问题、乡村现代化问题、农业农村发展问题、乡村治理模式问题依然是中国乡村的突出矛盾，在全面乡村振兴推进中，激励"乡村主体"主动成为乡村问题的挖掘者、乡村变化的观察者，不断地发掘和回应如何清除中国乡村的"病根"，才能持续维护乡村社会这一永恒的乡愁根系。

【感 悟】

为深入了解农村土地延包工作的现实情况和真实的农民期望，切实感悟"农民问题""土地问题"，我们组成实践调研队伍出发前往 S 县 X 镇，在理论知识之外学习"三农"政策法规的沿革与变迁、农村农业农民的发展和变化；以 X 镇 W 村、J 村、Y 村等作为乡村社会的缩影、以乡村村民为主人公，勾勒这片"土地"上的时代印记和乡野情怀。

踏入乡野田间，回归平凡世界。在乡土中国的宏观背景下，乡土社会的主体——农民，他们的命运从未与土地分开，依赖于土地，同时又受制于土地。张叔，我们在 X 镇 W 村遇到的第一位村民，和中国乡村中千千万万个张叔一样，宽阔的肩膀、略显黝黑的皮肤，相比较我们"初来乍到"的窘迫和无措，张叔朴实的笑容在暖阳的映衬下更加亲和，幽默的方言口音和悠悠蝉鸣一同回荡在乡间小路上。张叔作为村组负责人，带领着我们走入村组的每户每家，敲开那些于我们而言陌生的大门。我们带着一沓沓问卷，行走在宁静的村组里。借助问卷的内容和问题，我们和村组村民们开始交谈，像是回答提问、又像是倾听故事。

"那地那人那狗，埋藏脱贫寄托"。常说落叶归根，生于斯，长于斯，最后也将归于斯。在中国乡村社会，"土地"是农民的根。在 J 村的这一天，我们继续出发，在砖缝齐整、方方正正的小院子里遇到了留守乡村的老两口——"平安"老人。他们系着粗布围裙、穿着塑胶靴子,缓缓忙碌着今日的油盐柴米、田地农活。斑驳的围墙、角落里趴着的大黄狗、屋后的块块土地,承载着老人们的岁月印记。像"平安"老人一样留守在乡村里的老人们,"出门一把锁,回家一盏灯"是他们真实的写照。他们望着天、望着地,还想在田地里坚持着直起腰背。"春雨惊春清谷天,夏满芒夏暑相连",他们是土地的士兵,从春到夏坚守着屋后的土地和庄稼。

"风吹夏日五里,四季守望麦田。"在农活干不完的时节里,"力尽不知热,但惜夏日长"是村民们的日常生活,挥动的每一下锄头、留下的每滴汗珠都是生活的希望。调研即将结束的下午,我们再次走过乡间小路、路过麦田林地。在田间地头挥洒着汗水的村民们,可以被称为中国乡村的"麦田守望者"。"蚕老一食,麦熟一晌",田地里的世界是村民们日复一日的平常生活,每一粒麦子都有它沉甸甸的重量。站在历史的肩膀上眺望悠长的岁月,我们民族的生生不息依赖于土地的恩赐,一切来自土地的都将回归土地。

参考文献

[1] 王小章."乡土中国"及其终结:费孝通"乡土中国"理论再认识——兼谈整体社会形态视野下的新型城镇化[J]. 山东社会科学,2015(2):5-12.

[2] 张浩. 农地再延包三十年:政策衔接是关键[J]. 江苏社会科学,2021(5):47-54.

[3] 王彬. 二轮延包到期后土地承包关系长久不变的路径探析——以辽宁省农村土地承包情况为例[J]. 农业经济,2022(6):110-111.

[4] 蒋甲樱,李中,李祎萌,丁燕,唐小平. 农村承包地确权对土地流转影响的实证分析[J]. 经济地理,2022,42(7):195-203.

[5] 姚志. 二轮承包到期后农地调整的理论逻辑与社会影响[J]. 现代经济探讨,2021(1):104-112.

[6] 纪月清,杨宗耀,方晨亮,王亚楠. 从预期到落地:承包地确权如何影响农户土地转出决策[J]. 中国农村经济,2021(7):24-43.

[7] 黄承伟. 共同富裕视野下乡村振兴理论研究前沿问题及发展方向[J]. 华中农业大学学报(社会科学版),2022(5):1-10.

［8］梁杰，高强，隋云龙. 农村金融、土地流转与城乡居民收入差距［J］. 统计与决策，2022，38（16）：46-51.

［9］张小允，许世卫. 我国农业农村现代化评价指标体系研究［J/OL］. 农业现代化研究，2022（5）：1-10.

［10］丁辉侠，张绍飞. 从分割到融合：建国以来我国城乡基本医疗保险制度的变迁过程［J］. 中国卫生政策研究，2020，13（4）：1-9.

［11］李济时. 乡村振兴与人的现代化：基于比较历史的考察［J］. 东岳论丛，2022，43（3）：16-23，191.

［12］张伟坤. 协同共生：基层社会治理理念的传承逻辑与时代趋向［J］. 华南师范大学学报（社会科学版），2022（4）：123-134，207.

［13］孙超群. 基层治理的复合转向：一种面向复杂社会样态的治理逻辑［J］. 湖北社会科学，2022（3）：44-51.

［14］赵培，郭俊华. 产业振兴促进农民农村共同富裕：时代挑战、内在机理与实现路径［J］. 经济问题探索，2022（9）：1-11.

［15］刘灵辉，向雨瑄. 第二轮土地延包中无地少地农户的权益保障策略研究［J］. 贵州师范大学学报（社会科学版），2022（2）：90-98.

［16］高端阳，李睿. 乡村治理的变迁、问题与解决路径［J］. 农业经济，2021（6）：31-33.

［17］冯兆蕙. 乡村振兴法治化的时代价值、基本框架与实现机制［J/OL］. 法律科学（西北政法大学学报），2022（6）：1-10.

［18］向德平，向凯. 从"脱贫"到"振兴"：构建发展型乡村振兴社会政策［J］. 社会发展研究，2022，9（3）：33-47.

农民土地观的历史变迁与优化路径

孟 瑶[①]

摘 要：乡村振兴背景下，农民的传统土地观受到冲击。农民的土地观一方面影响着农民的土地利用方式，另一方面关系到整个农村社会发展。通过参与农村调研社会实践，认识到农民土地观是由平均主义与市场产权交织而成的复杂土地观。分析受土地观影响的土地承包现状，能够发现X镇农民因复杂土地观诱发的人地矛盾问题及进城落户人口土地收回难、"两头空"损害妇女权益、土地细碎化难以形成规模经营等问题。为此，需要坚持"大稳定小调整"政策、构建组织化退出路径、构筑妇女权益保护机制、构建土地细碎化县域治理，在考虑和尊重农民土地观的基础上，更好地维护农民合法权益。

关键词：乡村振兴 土地承包经营 土地观 土地权益

一、引言

我国实行农村集体所有、农民家庭承包经营的农村土地制度，自20世纪90年代开始的第二轮30年土地承包将陆续到期。2017年党的十九大报告提出第二轮土地承包到期后再延长30年；2018年"中央一号"文件首次明确提出衔接落实好第二轮土地承包到期后再延长30年的政策；2018年新修改的《农村土地承包法》从法律上将"三权分置"制度和"长久不变"的政策予以明确；2019年中央发布《中共中央 国务院关于保持土地承包关系稳定并长

[①] 作者简介：孟瑶，女，陕西宝鸡人，西安财经大学法学院2021级经济法学硕士研究生。

久不变的意见》进一步明确了长久不变的内涵和重要内容；2021年"中央一号"文件强调，有序开展第二轮土地承包到期后再延长30年试点。

2022年S县全面启动二轮土地承包到期延包试点工作。本次调研，我们选取了S县X镇试点进行问卷调研。为确保问卷调研的科学性，在设计调研问题之前召开了专题讨论会"吃透"相关政策，对受访村小组基本概况进行一定了解，确保调研工作科学有效开展。为确保每一个村民都能反映出真实意愿，我们小组人员不作问题答案的参与者，只做问题的引导者。我们选择用S县方言进行沟通，并且做好问卷问题的解答。

一直以来，理论界对于农地问题的研究主要采取形式主义视角和实体主义视角[1]。形式主义视角认为在现有的农地制度安排中，产权具有残缺性，产权不清势必会导致土地资源配置效率低下，农民相关的土地权益也会受到侵害，因而主张弱化集体所有权，赋予农民更为完整的土地权利；另一种是实体主义视角，认为维系集体的实质性权利是统分结合的双层经营体制下的必然要求，不仅是村庄公共物品供给、公益事业发展、乡村治理与农民社会保障的基石，更是保持中国社会发展的稳定器与蓄水池。尽管两者的研究视角不同，却都是从特定的学术立场出发，站在制度设计的角度为农地制度的改革寻求路径，但对农民自身持有什么样的土地观念以及由农民土地观念引发的问题却鲜有研究。

二、农民土地观及其时代变迁

农民土地观念指农民对土地配置的基本认知、判断与评价。农民的土地观念深刻地影响着农地制度及一系列农地问题。一方面农民对土地制度的认知与行为之间存在一定程度上的形塑关系并影响着农地制度改革及其路径；另一方面土地配置的变革又不断塑造乃至推动着农民土地观的变动。

（一）传统社会的农民土地观

泥里长成，土里成就，从小到大见过太多农村人的苦难与艰辛。农村人流不尽的汗水、忙不完的农活，终其一生，都将热忱无私地奉献给了这片广袤的土地！在传统社会，土地是农民的命根子，为了维护生命、灌溉生命、养活生命，农民把自己的生命交给土地，以土地为生，最终又埋葬于土地！

相对稳定的私有土地产权制度形成了几千年绵延不息的农耕文明,中国农民具有相对均衡的经济条件与相对稳定的土地经济观。自20世纪20—30年代以来,在中国共产党带领下,农村土地制度变革经历了土地改革、集体化改造等多种形式;到改革开放之前,中国农民的土地思想已趋同。随着社会的变迁,其对土地的情感也逐渐向多元化方向发展。农民对土地怀有深深的眷恋与依赖情感,不肯轻易地背井离乡。此时期的农民认为依靠其他方式增长财富积累十分困难,形成了资源有限观念,而土地资源有限观念直接导致了"小农"意识中所谓的"均平观念"等。所以传统社会农民的土地情概括起来就是"乡土情深""安土重迁""土地资源有限"等[2]。

(二) 改革开放前的农民土地观

1. 土地改革背景下的农民土地观

土地改革从革命根据地时期开始,到1953年春,除部分少数民族地区外,我国大陆普遍完成了土地改革。之后,工业化起步,农村社会呈现出中农化趋势。农民中的手工业者逐渐增多,农民珍爱土地的传统观并未因土地改革而发生改变,这一时期土地依然是农民的命根子。土地改革对中国农民所固有的土地情感产生了一定的影响:一是土地的反复重置使农民陷入了"怕要土地、不愿尽力耕种"的"反发展伦理"困境之中;二是土地改革分田打乱了农民固有的清晰的产权观念,将农民的土地产权观陷入文化与道德上的困境之中。

2. 集体化时代的农民土地观

土地改革历史任务完成后,农村社会逐步进入集体化时期。这一时期以平均主义全面改造农民,农村的所有社会成员都成为了公社社员,是社会主义的集体农民。在长期的"三级所有、队为基础"的劳动与分配制度下,农民的土地观发展成了:在不同土地上采取不同的劳动态度,形成了"两种土地、两种经营意识"。经过土地改革和集体化运动的双重影响后,农民对土地形成了很深的"集体土地成员权"观,农民对土地的所有权归属出现了公有化倾向的情感意识。

(三) 改革开放后的农民土地观

这一时期主要指1978年至2004年。十一届三中全会后,1979年中国开始了以家庭联产承包责任制为主要内容的经济体制改革,当时有一句顺口溜:"大包干,大包干,直来直去不拐弯,交够国家的,留够集体的,剩下都是自己的",生动地反映了当时的情况。1985年以后,家庭联产承包责任制的弊端逐渐暴露出来,农业生产增速开始停滞和徘徊,农民的农业收入增长速度放缓。一方面,"按人分配"的政策带来人口增减的不确定性,进而使得土地调整频繁,导致产权存在不确定性,农民逐渐减少对土地的长期投资。另一方面,党的十四大以后,开始实行社会主义市场经济体制,在政策的支持下,乡镇企业迅猛发展,使得农业劳动力开始向乡镇企业等非农业产业转移。

改革开放的发展机遇不完全在于土地之上,这一时期农村剩余劳动力有了更多进城工作的机会,农民逐渐摆脱土地的束缚。传统的"以土为本""故土难离"的土地观受到冲击,农民在感情上开始慢慢疏远和轻视土地,兼业农民成为主流,纯粹从事农耕的农民少之又少。这种情况影响了年轻一代,"80后"和"90后"从事农耕的意愿不再强烈,农民土地观开始发生重大变化。不过,多数农民出于担心政策的反复,仍旧倾向于保有土地,对土地的生产功能也仍旧重视,但开始更多地关注土地的保障功能。

(四) 新时代背景下的农民土地观

这一时期主要指进入21世纪以后。2004年国务院颁布《关于深化改革严格土地管理的决定》,提出允许土地使用权合法流转。土地流转开始在农村如火如荼地进行;随着城镇化的建设,高速公路、铁路建设等需要占用大量的土地,农民开始意识到土地的资产价值。这一时期,农民对农村土地进行私自流转、租借、售卖等现象屡见不鲜。农民的土地产权意识和权利意识开始强化,但土地流转意识缺乏规范化。2006年国家取消了农业税,并实施了一系列如种粮补贴、提高粮食价格、购置农机补贴等惠农政策,目的是增加农民收入,确保农民得到更多的实惠,促进农村社会的发展。但仍存在许多农民领着粮食补贴却不种粮的现象。

随着社会的不断向前发展,农民对土地的生存依赖情感下降,更多地追求其收益价值。党的十八大以后,新一轮的农村土地制度改革实行土地所有权、承包权、经营权"三权"分置并行。党的十九大,创新性地提出了要实施乡村振兴战略,加强乡村振兴用地保障,使得农民的土地产权意识和权利意识强化。这一阶段,农民意识到了土地的重要性但仍不够重视土地,闲置抛荒土地现象依旧严重。

三、X 镇农民土地观现状

农村土地第二轮承包到期后再延长 30 年试点评估调研之行，是我与农村的再一次亲密接触。儿时，乡间的小路是我的天堂，乡村的每一棵树木，每一片土地，都萦绕在我的心间！多少次梦回农村，今天得偿所愿！不管理想多遥远，近乡情更切的滋味总是近在眼前！本次调研我们主要集中在 S 县四个村进行，分别是 W 村、J 村、Y 村和 N 村。

（一）X 镇农民土地观

平均主义的土地观主导着集体化时期农民的行动，人们对过往土地制度习惯性地认为应当对土地进行平均公平地占有，也正是因为集体所有制的延续，农民的平均主义土地观及其现实"调整土地"的诉求有了合法依据。在集体所有制下，拥有集体成员资格的人均有平等获取土地承包经营权的权利，这也为平均主义土地观延续生存提供了更有力的法律依据。现实中，农民家中一旦有人没分到地，就觉得是不公平的，村集体欠了自家的地。因为土地占有不均引发的不满情绪和种种对立普遍存在，已经成为诱发村中矛盾的重要因素，构成对村庄秩序稳定的威胁，一段时间甚至使得村庄治理问题陷入了困境。由此可见，平均主义土地观在 X 镇农民的心目中仍然具有主导地位。

改革开放以来，我国在农村实行了家庭联产承包责任制，其核心在于将土地所有权和承包经营权分开，建立起以家庭承包经营为基础、统分结合的双层经营体制。这一制度向产权明晰的方向迈进了一步，个体农户拥有了承包权及相应的权益。包括后来土地确权的开展、三权分置政策的实施等一系列农村产权制度的改革，都反映出了市场化的改革路径。在市场化改革的路径之中，农民对于土地的权属观念已然觉醒，并且十分看重国家所赋予的土地权利。这是除长久以来平均土地观下的又一观念。两者混杂在 X 镇农民的土地观中，相互交织，构成新时代农民土地观。

虽然现阶段二轮延包工作已经开始，农民将享有更为长久稳定的承包经营权，但这并不意味着农民土地权属观有了质的飞跃。X 镇调研实践表明，农民的土地观是由平均主义与市场产权观二者共同交织的复杂结构。具体表现为：一方面，新制度的实施导致村庄不再因人口的增减调整土地，村庄成员不再享有绝对平均的土地承包经营权；另一方面，随着农村土地制度改革的深入推进，农民的土地权属意识开始增强，农民寄希望于土地承包的稳定以及土地确权为其带来长久而稳定的土地权利。但关键是两者不可兼得、相互矛盾。土地承包稳定的隐含结果就是土地一般不再予以调整，从而导致新增人口无地可包。而要想享有平均的土地又必定造成地权的不稳与波动，因此两者之间存在着难以调和的内在悖论。这种具有悖论的现象折射出了农民在土地观念上的复杂心态。

（二）农民土地观的制度根据

混杂的土地观分别有其不同的制度性根据。第一，平均主义土地观是集体化时期塑造出的，农村土地集体所有是其制度依据。第二，"市场产权"土地观是现有农地制度新举措下的必然产物。随着市场化取向改革的深入，地权已然较为稳定，稳定而长久的地权则为农民土地的市场和产权观念提供了较为坚实的制度基础，加上税制改革后国家又实施了诸多新的惠农政策，使得土地的附加值大大增加，农民的土地观发生了重大变化。

（三）X镇土地承包的现实状况

1. X镇二轮土地承包整体状况

X镇第二轮承包大多起始于1994年，于2024年到期。各级党委政府高度重视二轮延包工作，土地承包到期后再延长30年不变，绝大多数农户原有的承包土地要继续保持稳定，不能将原来的承包地打乱重新发包。经过入户调研，每一户都于2016年拿到了土地确权证。土地确权登记发放工作在S县入户调研的村集体内做到了一户不漏、一户不遗。

通过调研发现：一是基层严格执行国家政策，并未频繁调整土地，符合《农村土地承包法》规定的在承包期内不得调整土地。村集体自行默认了"增人不增地，减人就减地"的政策，但这打破了原有土地均衡的格局，出现了有些家庭人多地少，有些家庭人少地多的土地分配不均现象，引发了农民在观念和利益上的冲突，其结果在村民看来就是人多地少户"吃了亏"，人少地多户"捡了便宜"。二是村民对预留机动地分配普遍存有一定的意见。究其根本是村内人口增长速度快，预留机动地面积难以满足现有人口。三是农民对承包期限非常敏感，考虑的是自己的承包地能种多久，会不会被收走的问题。四是村与村之间的耕地资源状况存在着一定的差异，且耕种情况差异较大，撂荒现象比较严重。

2. X 镇土地承包具体情况

因农村大多数年轻人外出务工，我们调研的村民对象年龄大多在 50 岁以上。

第一，W 村四组。大部分村民家中有人，调研到的村民对象年龄普遍为 50 岁以上，文化程度普遍在初中及以上，家中子女大多在 S 县内务工，每家人口数差异较大。二轮承包地时，每户承包亩数普遍在 10 亩以上，且地大多数为"水地"（在平原上，有利于耕种），土地确权时与二轮承包时土地亩数没有变，基本没有调整。部分村民对自己的耕地进行了流转，流转对象多为本村村民，流转亩数为 3—7 亩，平均以 200 元每亩进行不定期限流转，未流转的，自己用于种植小麦。

第二，J 村五组。相较于 W 村，此村家中大多无人，大多数村民都外出打工，或是在县城和西安长期定居，但并未退出农村户口。此村每户承包地较 W 村少，基本上每户的承包地为 8 亩左右，且土地资源大多数为沟坡地。村民多进行栽种树木，用于耕种粮食的土地较少，且本村流转他人耕地的较多。

第三，Y 村。较之于前两个村组，此村于地理位置上距离县城更远，不在家的人数更多。但与前两村不同的是，此村村民将耕地用作果园的更多，每户基本上有地 8 亩左右，超过 8 亩的户数较少。土地转出和流入的情况几乎没有，都用于自己耕种。

第四，N 村一组、六组。较之于 Y 村，此村大多数村民在家，但距离县城更远。通过观察，此村有很多的养殖户，耕地大多也用作果园经营。土地流转出和流转入的情况几乎不存在。每户基本上有地 8 亩左右。

四、农民土地观诱发的土地问题

（一）人地矛盾问题突出

自 1984 年第一次土地确权固化以来，累积近 40 年的人地关系已经变得十分复杂,"死人有地种、活人无地耕、转移人口有地荒、新增人口无地望"的现象大量存在。可以说现阶段人地矛盾问题突出但暂时未激化[3]。这有三个关键原因:一是农民在市场产权土地观的影响下,意识到土地带来的经济利益有限甚至不能完全支撑一个家庭的生活,使得农民不再以地为生。二是虽然人地矛盾在村组内部表现得更为激烈,但基于亲情人情的私下流转在一定程度上缓解了农村人地矛盾,非正规农地流转市场缓和了矛盾的激化。三是中国农村土地承包期内稳定制度的结果。

在现有的中国土地承包制度下,农村人地不匹配矛盾在大多数地区和承包时期内成为"常态",人地矛盾问题伴随着人地关系问题始终。贵州湄潭的"增人不增地、减人不减地"虽然是承包制度的核心要求,是延包方案的中心思想,然而从 X 镇调研实践看,人地矛盾问题已经突出,一个村组内部每家都存在人口数量与地亩数不相匹配的情况,后期这一政策的是否进行微调值得商榷。

承包地带有社会保障的性质,得不到承包地或人均承包地较少的农户认为自己的权益受损,极易引发村集体内部的矛盾。《农村土地承包法》规定村集体的机动地可以用于解决人地矛盾,但国家一直限制机动地的规模。随着人口增长,原有的机动地基本上消耗殆尽,无法再解决人地矛盾。

(二)进城落户人口的土地收回难

在 X 镇调研时发现,"整户消亡"或全家进城落户的户数较多,耕地撂荒或者由其亲属长期耕管情况普遍存在。针对这些现象,村组的处理意见是将土地收回集体管理。在调研过程中,绝大多数村民也赞同将这些"绝户"或者进城落户村民的耕地收回集体,通过民主决策程序,做好解释工作,化解矛盾,盘活闲置耕地,避免耕地撂荒浪费问题。但由于一方面村组和当地派出所间的信息共享不及时问题,导致农村集体经济组织成员身份认定困难,尚不能明确具体人数,土地收回难;另一方面,在农民平均土地观和市场产权土地观的交织影响下,这些"绝户"和全家进城落户的人家不愿将耕地交回集体,若村集体强制收回会引发这部分农民的强烈不满,引发一系列的社会矛盾。顾及日后土地所带来的经济利益和社会保障权益,农民认为即使不耕种,这也是自家的地,政府和村集体不能随便收回。对于这种普遍存在的现象,所有的村组只能表示默认,土地收回问题陷入困局,无法依照实际情况去妥善解决并落实到实践层面。

(三)"两头空"侵害妇女权益

"两头空"的窘境指在"娘家"村集体经济组织分配获得的承包地带不走、不能用，甚至被收回调剂给无地、少地农民或者失地农民，在婆家村集体经济组织又错过土地发包的时间节点，承包期内地权稳定程度提高而很难再分到承包地的现象[4]。按照历史传统，"嫁出去的女儿泼出去的水"的观念根深蒂固，自从女儿出嫁后，其在娘家的权益自然不再享有，因其已成为婆家的一分子；然而，婆家虽然将儿媳妇娶进门，却始终认为她是外人。这种封建思想就导致了有些外嫁女权益"两头空"的情况。"两头空"的情况较之于"两头占"的情况更为普遍。除了户籍判断认定标准外，主要是村中无地可给这些人分，这种情况和思想在农村集体组织中普遍存在，且根深蒂固，严重地侵害着妇女权益。随着城镇化扩张、集体产权制度改革等，由征占地补偿、集体股权等所产生的巨大利益分配导致的纠纷与日俱增。

(四)土地细碎化，难以形成规模经营

土地细碎化主要表现为地块多、分散化和不规则化[5]。从农村土地质量状况方面看，土地质量差异较大。村集体在分配土地时，在平均土地观的主导下，为追求绝对的公平，按照土地肥瘦、生产条件、距离村庄远近等因素把土地分为三六九等，分别承包到户。这样就造成了每户的承包地块都很零散，有的家庭甚至有几十块地，但每块不到半亩。从朴素的平均土地观出发，虽然按等级分地对农民来说较为公平，但在农业现代化的背景下，土地细碎化对农业生产造成了负面影响，零散的土地不利于大型机械设备的使用，不仅增加了农业经营成本，更阻碍了土地集中利用和现代农业发展。

在综合农民朴素的平均土地观和农业现代化要求下，如何在农民平均土地观之下有效解决土地细碎化问题并实现土地连片经营，为农民节省土地耕作成本，带来更大土地经济效益，是乡村振兴和农业农村现代化背景下的重要问题。

五、农民土地观诱发问题的解决路径

(一) 实施"大稳定小调整"政策

在农民平均土地观之下,土地承包期内"不得调地"政策与部分农民的真实意愿不匹配——缺地农户在二轮承包到期时点的调地意愿十分强烈。从S县X镇的调研结果来看,农民对"大稳定小调整"延包的方案较为认同,原因是"小调整"不仅能在保障公平的情况下平衡缺地人口的心理、避免农地纠纷与减小村委工作量,而且能在一定时段内保持相对稳定;而"大调整"涉及所有农户的利益、牵涉农地已经非农化、非法占用耕地修建房屋等群体利益,问题复杂,调解与补偿难度大。因此,二轮承包到期延包"坚持大稳定小调整"的政策具有缓解人地矛盾、保障起点公平、保证承包期内稳定、成本低、难度小、矛盾少等优势,无须大幅度调整现有土地制度与政策,可能是延包时点到来时适合全国大部分地区的最佳方案。

具体可以通过"调利不调地"的方式解决,可以指导集体经济组织采取以下方式:一是通过其他收入方式弥补无地人口,可以将确权中多出的承包地面积取得的发包收入或集体其他方式发包收入分给无地人员作为弥补;二是有偿收回现有整户消亡的农户承包地——收回符合《农村土地承包法》规定的"整户消亡"条件的农户承包地,用于解决新增人口无地问题[6];三是鼓励自愿交回承包地。经济条件好的村集体可以采取经济补偿的方式鼓励农民自愿交回承包地,用于解决无地人口问题;四是在产权制度改革中赋予新增人口特殊股份。村集体可以在产权制度改革中适当赋予无地的新增人口更多的股份,用于弥补无地的问题。通过调整利益而不是调整土地的方式,可以很好地实现并完善农村土地承包经营制度,保障农民土地承包权益,有利于促进土地流转,发展适度规模经营,实现农业现代化和农村的"长治久安"。

(二) 构建组织化退出路径

2018年新修订的《农村土地承包法》提出"承包期内,承包农户进城落户的,引导支持其按照自愿有偿原则依法在本集体经济组织内转让土地承包经营权或者将承包地交回发包方",这在法律层面将承包地有偿退出制度正式化，确立了承包地市场化退出路径[7]。对于进城落户农民而言，虽然土地不再具有社会保障功能，也不再具有生产价值，但是土地仍然具有财产价值、社会文化价值和政策价值等。然而有偿退出机制目前并不够完善，在实践中因退地意愿较弱与价格机制失灵，很难有效地将进城落户农民的承包地收回。

因而，我们将退出路径的方向转移到组织化退出路径上来。家庭承包制初期，国家限制农地自由交易，农村采取承包地无偿退出制度，村集体在土地调整过程中将进城落户农民的土地重新无偿、均等地分配给其他农民使用，便形成了组织化退出路径。这是村集体根据农村人口变动重新配置土地资源的行为，组织化路径遵循公平原则，并没有触及集体土地制度的产权性质及其地权配置逻辑。这一策略一方面与农民的土地平均观不谋而合，另一方面，无偿退出降低了农业生产成本，也避免了富裕的进城落户农民向尚不富裕的种地农民收取补偿金造成的不公平问题。

（三）构筑妇女权益保护机制

在城镇化扩张、集体产权制度改革、征占地补偿、集体股权等时期，对妇女权益的保护尤为重要，这不仅仅是一个民事主体权益问题，更重要的是要做好农村法治文明进步。

首先，在第二轮土地剩余承包期内，主要是依据土地承包经营权属于物权这一特性出发考虑对农村土地妇女权益的保护，这种物权特性不以户口的改变、职业的变化、经常居住地的变更、婚嫁与否、有无城市社保而丧失。因此，集体经济组织不能通过"抽走"出嫁农村妇女的承包地再交给集体内人口有增量的农户，来解决土地资源在农户间的配置问题。对于出嫁后在"婆家"未分得承包地的农村妇女，对其出嫁前在"娘家"已经分得的承包地，集体经济组织应保留其在原"娘家"农户内。农村妇女至少应在第二轮土地承包期的剩余年限内仍然享有对已承包土地的相关权利。

其次，在第二轮土地承包期届满时，由于土地承包关系采取"大稳定，小调整"的政策，除法定事由外，农民在第二轮承包以后承包经营的耕地（包括面积和具体地块）的权利和义务长久不变，所承包的地块仅进行小范围的调整。根据二轮土地承包到期后再延长30年的政策，在未来土地承包期内，如果农村妇女在"婆家"仍未分得承包地，她们出嫁前在"娘家"的承包地应仍然保留在户内不被收回；若已经被收回，则应当根据上述组织化退出路径所退出的土地向其分配土地或者进行经济补偿。

最后，应解决农村妇女对"娘家"分得承包地的经营权流转收益归属问题，而这应当排除"两头占"的情况，无论"娘家"或者"婆家"只能占有一处。按照传统，农村妇女分得土地的经营权流转收益顺其自然地归"娘家人"所有，这造成农村妇女对土地的权利从出嫁时丧失占有权、使用权扩大到丧失占有权、使用权、收益权和处置权，等于间接失去了土地。因此，村集体可以让妇女对留在"娘家"的那份土地采取"保留承包权，流转经营权"的策略，依据合同按年度赚取相应的土地经营权流转收益。该流转收益通过直接支付的方式打到农村妇女的个人账户，而非自然地不分土地权利归属地全部打到农村妇女"娘家"的账户。

（四）构建土地细碎化县域治理路径

关于土地细碎化治理，学界形成了三种治理路径。一是市场化治理路径。主张市场化治理路径的学者认为，应当由"看不见的手"自发配置土地资源，推动市场化土地流转从而实现细碎土地整合。二是行政化治理路径。认为政府应推动土地细碎化治理，实行土地整治和规模化流转。三是自主治理路径。如安徽省首创的"一户一块田"、丘陵地区"土地托管"模式、湖北"沙洋"模式。但是土地细碎化治理过程较为复杂，涉及土地产权、土地整理、土地流转等一系列问题，这些问题相互关联、相互影响。在农民平均土地观下，任何一个环节出现问题，土地细碎化治理便难以推进。

土地细碎化治理是一项整体性、系统性和区域性工程，依靠单一的治理方式难以应对。因而，缩小治理范围在县域之内以农民自主治理为主导，以村社集体统筹为组织机制，实现农民的自我组织，避免分散农户与政府、市场主体对接所产生的高交易成本问题。在村社集体统筹的基础上，农民在土地细碎化治理过程中真正实现自我组织、自我管理和自我服务。村庄能够围绕土地细碎化治理形成高度统合的公共利益和强有力的村庄集体行动。同时以地域社会为治理单元，动员多元社会主体参与，壮大治理力量，完善治理机制，形成土地细碎化治理合力。

总而言之，新时代推进农村土地制度改革，要坚持把依法维护农民权益作为出发点和落脚点，坚持农村土地农民集体所有制不动摇，坚持家庭承包经营基础性地位不动摇。要运用农村承包地确权登记颁证成果，扎实推进第二轮土地承包到期后再延长30年工作，保持农村土地承包关系稳定并长久不变。S县二轮土地承包到期再延长30年试点第一阶段评估的调研之行，让我真切地感受到法律政策与实际情况的紧密结合，实际感受到农村村民对土地的质朴感情，充分理解了国家对于二轮土地延包到期再延长30年"大稳定小调整，不打乱重分"政策。农民离不开土地，更需要稳定基础上的公平公正。应认真落实第二轮土地承包到期后再延长30年政策，在结合农民平均主义和市场产权土地观的情况下，尊重农民真实意愿，合法合理有序地维护好农民合法权益，保障农民土地承包经营权。

【感 悟】

参与到"S县农村土地第二轮承包到期后再延长30年试点评估"调研活动是我与农村的再一次亲密接触。多少次梦回农村，今天得偿所愿！我曾立下"孩儿立志出乡关，学不成名誓不还"的铮铮誓言！虽离开了土地，但我们依旧是农民的儿子，依旧对这片土地怀有最深沉、最朴素的情感。如今，随着中国城镇化进程的加快，农村正处在历史上最好又最关键的时期，我们应该用发展的眼光看待整个农村的转型。这是新时代赋予我们的历史使命。中国经济要腾飞，中华民族伟大复兴的中国梦要实现，农村必须要富起来，赶上中国现代化的进程，一个都不能少！

农村是我们的精神家园，我们如今虽然远离故土，但我们永远是飘零的人儿。我们不停地寻找，寻找风吹起的方向，从哪里起，从哪里落！

参考文献

[1] 黄家亮，郑邵杰. 集体产权下农民的土地观念及形成机制——基于定县米村的个案考察 [J]. 开放时代，2020（3）：80-89.

[2] 曲敏. 乡村振兴战略背景下农民土地意识问题研究——以山西省定襄县河边镇为例 [D]. 山西农业大学，2019：10-14.

[3] 姚志. 中国农村人地矛盾：未现之谜与二轮延包处置思路 [J]. 经济体制改革，2021（6）：77-82.

[4] 刘灵辉. "三权分置"法律政策下农村妇女土地权益保护研究 [J].

兰州学刊，2020（5）：151-161.

　　[5] 梁伟. 土地细碎化县域治理：体系构建与实践机制 [J]. 西北农林科技大学学报（社会科学版），2022（2）：37-44.

　　[6] 王彬. 二轮延包到期后土地承包关系长久不变的路径探析——以辽宁省农村土地承包情况为例 [J]. 农业经济，2022（6）：110-111.

　　[7] 王海娟. 农村承包地退出的路径嬗变、实践困境及其制度变革反思 [J]. 南京大学学报（社会科学版），2022（2）：126-133.

农村人地矛盾的挑战及其解决

杨 雪[①]

摘 要：第二轮土地承包到期后再延长30年政策对于巩固农村基本经营制度、促进现代农业发展、推动乡村振兴战略实施、保持农村社会的和谐稳定等意义重大。自二轮承包以来，人地不匹配程度更甚，人地矛盾尤为突出。虽然现阶段农民不再以地为生、以农为业，却依然依靠土地生活，因此人地矛盾问题在土地延包过程中亟须解决。延包中应坚持维持土地大盘的整体稳定，对人地矛盾进行针对性调整，做好土地延包的前期基础工作，确保村民能共享改革开放和经济发展红利。

关键词：乡村振兴　土地延包　人地矛盾　机动地

一、人地矛盾：制约我国农村发展的顽疾

"纸上得来终觉浅，绝知此事要躬行。"很荣幸在7月初得到了一次关于土地延包30年政策的集体调研机会，前前后后走访了4个村子。在走访交谈的过程中知道土地延包政策的实施状况，了解了农民心中真正所想、所要、所需。土地是农民的命根子，土地政策任何的风吹草动都会影响到农民的切身生活，在调研过程中与每一位村民的交流访谈都让我深刻地体会到这句话的含义。6月末、7月初的烈日似火，但大家调研的热情似乎比暑热更盛。由于村民会趁着相对凉快的时候去地里干农活，所以我们只能在烈日炎炎的时候去村民家里访谈。

[①] 作者简介：杨雪，女，陕西西安人，西安财经大学法学院2020级民商法学硕士研究生。

劳动者是全世界最质朴、最真诚、最善良的人，有位村民本来要去干农活，但是得知我们是学生就开心地邀请我们去她家调研。原来她的孩子在外地上学，看到我们就想到自己的孩子也在外面做这样的实践学习。有些村民本来要去做农活，但是在村组得知我们一行人要去调研，他们不仅放下手中的农活来配合我们的工作，还热情挽留，给我们送水送吃的，他们热情好客、诚以待人，他们辛勤劳作，这样的高洁品质让我们动容。

在农村，土地是农民生活的根本，是发展和壮大农业经济必不可少的资源。我国农村土地家庭承包经营责任制在过去40余年已经进行了两轮。第二轮承包期将于近年结束，因此二轮土地延包工作的推进刻不容缓。当前农村土地存在多种形式并存的局面，如机动地、自留地、宅基地、村留地等。以上这些土地类型都属于合法土地，有一定的法律依据，但在使用和经营过程中由于缺乏土地承包合法程序的问题，导致农村土地承包纠纷频发。研究农村土地延包难点问题对于进一步确定合理、规范的农村土地承包流程和解决二轮延包后土地承包纠纷问题有着重要的意义。在调研过程中我们发现，各村几乎已没有机动地可供调整，分地完成之后所剩的空地都被村干部收入囊中。这也导致土地分配不均的问题愈演愈烈，村民对此积怨已久，但是国家政策奠定的土地稳定不变基调又使得人地矛盾一时难以解决。在村中还有一则见闻令我感到震惊、痛心，全村大部分村民都与一公司签订了承包地合同，但事实情况是地被占了钱却没拿到手，村民想要回自己的地自行耕种，反被公司威胁说要将其告上法庭。白纸黑字的合同写得清清楚楚竟会有如此荒唐之事，追问之下得知是由村委会牵线促成，相互踢皮球导致村民切身利益受损。我们虽然深感愤怒痛心，却无法做出任何有效举措，一度感到羞愧难当。

耕者有其田是法律赋予农民的土地权利，保护农民土地使有权与其生产资料所有权，稳定农民土地权益，是农民最为基本的保障，是亿万农民之福。但是推行家庭联产承包责任制以来，农村土地变迁了很多，因征地、拆迁、撂荒、拓荒、复耕，农村耕地变得越来越少。根据最新国土数据，我国目前的耕地面积仅有19亿亩多一些，这一数值还在下降之中，如果放任自流的话，跌破18亿亩的红线将成为必然。由于乡村地势各异，分到农民手中大部分的地是不适于耕种的坡地、洼地等，而村干部手里的地却多是易耕种的连片地，因为他们善于"自行调整"。

有的农户人多地少，有的农户人少地多，这样的差异不仅影响到了农民的生计，更影响到农村社会的公平秩序。若最基本的公平无法保障，农民最重要的土地问题得不到妥善的解决，那么会触及农民的底线，农村谈何发展？只有家家户户安居乐业，耕者有其田，才能共谋发展大计。

二、我国农村人地矛盾突出的原因

我国农村问题是复杂的，每个村庄甚至每个村组都有着自己的独特性，相互分离的村组可能各自为政，各自算各自的土地账。由于相对封闭，我国许多村组还保留着一套相对完整且颇具影响力的治理格局，这种旧秩序也对当前各村的土地分配产生了或多或少的影响。每个村组土地存量、农民结构、村干部构成、产业布局都各不相同，故产生人地矛盾的原因也各不相同。但从整体来看，当前我国农村人地矛盾突出的主要原因包含以下几点。

一是农村土地延包政策未落实。我国法律虽然明确规定了农村土地延包期限，但是实际上部分村组未落实明确的土地延包期限，导致农村土地承包期限不稳定，给农民造成一定的困扰[1]。当前部分村集体采用5年以内的土地调整制度，这种频繁的调整不利于农民长远规划、利用土地。这种情况一方面不利于农业经济效益的提升，另一方面还会导致调整过程中土地使用权纠纷增多。而也有部分村集体自二轮土地延包开始便从未调整过土地，数十年间每家每户家庭成员变化较大，当时按人头分的地已经与家庭中现有的人口数量出现差异，比如多子户娶媳妇带来的人口增加，和多女户女孩嫁出去导致的家庭人口减少。在这种情况下，就出现了农村土地配置不均的问题。政策提倡"增人不增地，减人不减地"。"增人不增地、减人不减地"是我国农村继包产到户之后的一项重要政策安排。该制度由贵州省湄潭县于1987年首创，旨在解决因人口变动导致承包制不稳定所带来的诸多问题，如农民缺乏稳定的土地投资预期；土地生产率下降；土地细碎化越来越严重；调地成本太高；不利于控制人口增长等。该政策将人口与土地承包的关系进行固化，在承包期内不再根据人口的变动重新调整承包地，从制度上割断了新增人口与土地的联系，减少了调地成本与麻烦，给农民吃了"定心丸"。这样就造成了"死人有田、生人无地"的困局。目前很多三四十岁的农民连一块地都没有，自我解嘲说，当了一辈子"假农民"。甚至有的家庭一户十口人却仅有二亩地，有的家庭两口人却有十亩地，此种差距极大的人地矛盾十分常见。

二是农村土地流转合同不规范。在法治社会,土地流转合同就是治理农村土地纠纷的主要依据。过去土地承包中许多村集体在分配土地或土地流转时未签订合同,多以口头的形式确定,在频繁的村委会人员更换情况下,导致土地纠纷遗留问题增多且长期无法得到解决。这些遗留问题导致当下各个乡村的"土地账"算不清楚,我们在调研过程中就发现过去村集体将土地租给农户耕种,但是确权时把这类土地给农户确进去的情形,这使得整个农村土地的占有情况变得更加混乱,许多农户稀里糊涂地多了或少了土地,诱发了人地矛盾。

三是机动地的流失问题严重。机动地是村集体的重要资产,在人地矛盾过于突出时的确能够起到很好的辅助调整作用。但是当前我国农村大量机动地流失,其中很大原因是人为地挪用。调研中发现,不少村庄都存在原村干部私自将村机动地承包给外来农户或者企业的情形,也有的偷偷将机动地分给自家亲戚耕种,这种做法在乡村社会已经不是秘密,受到村民的普遍排斥。甚至有的农户直言,当前农村土地最大的问题就是机动地问题,机动地的流失让农村土地僵化了,没有调整的空间,只能保持原状。

四是农村部分土地承包缺乏一书一证。农村土地承包是一项长期的政策,在有效的承包期内承包家庭成员对土地具有使用权和继承权。在过去的农村土地延包中,部分村未及时颁发土地承包的一书一证,导致土地关系不明或土地被他人占用后无法得到及时的补偿,无法保护自己的合法利益。

三、新一轮土地延包:解决人地矛盾的机遇与挑战

当前我国农村已经接近第二轮土地承包的收尾阶段,即将面临第三轮土地承包的推进。土地延包政策是我国为了稳定土地生产、让农民放心投入而制定的政策[2]。我国农村从第一次分地之后,耕地就一直没有再重新分过。中央再次谈到二次承包到期后还要延长30年承包期,这意味着在2027年前后土地仍不会重分。虽然不进行重分,但是这毕竟是一个重要的时间节点,所以上文提到的人地矛盾问题应当借此机会得以更为妥善地解决。

新一轮延包的到来让农村调整土地、解决现有的人地矛盾有了一个很好的切入口,也导致少地农民对此次延包有更多的期待,希望借此机会为自家争取到更多的土地。如处理不好农民之间的关系,必将带来一系列的新问题,

影响到农村的稳定。为此，新一轮土地延包，面临着以下几个核心问题，也是工作的重点与难点。

一是如何稳定承包关系。稳定农民对土地的承包关系是鼓励农民充分利用土地发展农业经济的前提。国家虽明确规定了土地延包30年不变的政策，但实际各村庄土地承包期限的不统一严重影响着农民长期承包土地的稳定性。这也是农村土地第三轮承包是否应调整承包期限的重点问题。如果调整，应如何调整，才能最大限度地保护农民群体的根本利益值得思考。

二是如何调整延包政策。当前，随着我国城镇化进程加快，农村土地的实际使用率大幅降低，特别是耕地的弃荒率持续走高。在农村土地在第三轮承包时，如果继续延续过去的30年延包期限和减人不减地的政策，虽然会稳定部分农业的心，促进农业生产力的提升，但是同时面临在土地分配后较长一段时间内，农村人口结构变化情况下土地使用情况无法得到调整的问题。所以，新的土地延包政策必须有效地回应新时代的需要，结合新型城镇化、农村空心化、农业老年化等现实背景，顺应乡村振兴战略的部署，积极推动以规模化农业，培养职业化农民为方向的土地延包新政[3]。

三是如何平衡农民间的利益。目前，许多村庄存在人地分配不均的问题，该问题也是土地延包面临的一个大问题。如果单纯以人口为依据，则会忽略人口生产力的问题，导致土地资源浪费。如果不以人口为主，又该如何实现公平的土地分配这一问题值得思考。另外，对于多地农户与少地农户的占有土地调整，在村集体缺少机动地的背景下，要充分实现公平，让土地与人口相匹配，保证农民的生计，应把多地农户的地匀给少地农户。但是这是十分困难的，若地上种植了果树等需要收取持续收益的作物，调整土地的可能性大大降低，也必然会受到多地农户强烈的抵抗，影响村庄治理秩序。所以，如何制定一村一策的村内土地调整规范，是极具有挑战性的工作。

四、新一轮我国农村土地延包推进策略

2019年11月，党中央国务院发布了《中共中央 国务院关于保持土地承包关系稳定并长久不变的意见》（以下简称《意见》）。按照该意见，第二轮土地承包期限再延长30年，这说明第二轮土地延包的期限不变。在此基础上，适度调整农村土地流转经营管理的相关政策及管理办法。《意见》指出，

各地区在开展农村土地延包工作时，要因地制宜地制定政策及管理办法，具体问题具体分析，分类发布治理政策。土地延包依旧要检查农村土地国家所有、村集体使用的基本权利和义务。按照我国农村土地承包经营权流转管理办法，第二轮延包方案参考如下：（1）检查"三权分置"；（2）完善相关权利人的权利与义务规定；（3）补充特殊情况延长和收回土地使用权的管理制度；（4）完善农村土地承包的流程及法律规定；（5）在村民自愿的基础上依法重新分配土地。我国农村土地资源和人口资源差异化较大，农村土地延包需要因地制宜地实施政策。农村土地继续延续"三权分置"，有助于增加土地延包和经营管理的灵活性，避免土地延包一刀切导致的顽固性问题。过去土地延包的矛盾问题多表现出特殊问题与一般农村土地管理办法之间的矛盾，增加特殊的管理办法同样是为了增加农村土地流转经营管理的灵活性，有效通过仲裁解决农村土地纠纷案件。

根据上述我国的政策设计，能够解读出国家希望借第二轮土地延包工作要将农村土地这笔糊涂账给算清，进一步明确相关权利人的权利边界与相互之间的关系，落实中央有关农村土地的制度安排，同时在资源的基础上进行农村土地的调整。所以，本次延包并不是单纯的期限延长，而是实实在在有调整要求的。而如何依托此次新一轮延包工作解决当前我国农村现存的土地问题并维持大局的稳定需要谨慎考虑，兼顾到各方利益。为此，我认为应当从以下几个方面出发。

第一，需要维持土地大盘的整体稳定。现代社会不同于传统社会所依托的礼治格局与长老之治。法治社会信奉"有恒产者有恒心"，依赖完整规范的制度明晰产权，维护市场秩序与社会公平。可以说现代物权正是建立在坚不可摧的制度上得以保障与实现的[4]。自1978年以来，我国土地承包经营制度经历了40余年的风风雨雨，为我国农村中最广大的农民带来了制度保障。作为一项我国特有的土地制度，其制定者深谙"有恒产者有恒心"这一朴素的道理，所以一直将"稳定"作为土地承包经营制度的根本方向。为贯彻稳定这一原则，我国经历了诸多的探索。1984年，我国首次确定了第一轮的承包年限，中央将其定为15年，并遵循"大稳定，小调整"的基本原则予以实施。在一轮承包即将到期之时，基于已取得的良好效果，1993年，中央决定延长年限，将耕地承包期再延长30年，并做出了"增人不增地、减人不减地"的制度设计。这一设计在2002年的《农村土地承包法》中予以确认。

1997年，中共中央办公厅、国务院办公厅下发《关于进一步稳定和完善农村土地承包关系的通知》，强调了"集体土地实行家庭承包经营，是一项长期不变的政策"；2008年十七届三中全会的决定进一步赋予了农民更加充分而有保障的土地承包经营权，现有土地承包关系要保持稳定并长久不变。回顾我国农村承包地政策的发展历程，我们不难发现，"不变"是主旋律，且这样的不变不但表现于时间的延长，还表现于法律地位的提升。这样的政策设计清晰地表现了中央对稳定农村土地承包关系的良苦用心，在长期的政策加持之下，我国农村农民的土地产权愈发明晰，农民对在自家土地上耕种发展的信心也更加充足了[5]。所以，中央关于"稳定农村土地承包关系并保持长久不变"的方向在新时代也不能被改变，若是在即将到来的第二轮延包之际大动干戈，会损害农民对土地政策的信任，伤害农民的情感。这一不变的设计，与现代产权制度和农业现代化的要求紧密贴合，是我国长期土地政策实践的经验，应当被继承。基于此，我们对第二轮延包工作也有了初步的方向，即将维持总体上的稳定作为根本价值遵循，不能完完全全地打乱重分，这既是对农民的负责，也是对国家的负责，不稳定的土地政策将会带来更多的人地矛盾。

第二，需要对人地矛盾进行针对性调整。虽然保持农村土地承包关系整体的稳定有助于农村的发展与保障农民的积极性，但是不调整承包地只是原则上的，当前农村土地长期不调整所出现的人地矛盾必须要通过调整解决。在不影响全局稳定的前提之下开展土地的调整，就需要进行针对性的农户识别，围绕有迫切需求的农户进行小范围的具体微调。所以，应继续维持原有承包关系稳定的同时妥善平衡好各种利益关系，在效率优先的基础上兼顾"无地"或"少地"农户的公平诉求。如果在本次二轮土地延包届满之后，只是单纯地继续保持原状30年，就会带来巨大的挑战。无论延包是否设定承包期限、期限多长，都会形成人地关系彻底固化的局面，因为即便下一轮延包设定期限，承包户也可以合理期待新一轮承包期满后仍然在不调整地块的基础上原地延包，那么延包是否设定承包期也就意义不大了，农户的土地承包经营权也就事实上实现了真正的"长久不变"。而后，随着时间的推移，农村将会继续二轮土地延包时的分地格局继续生产生活，势必会造成更大的人地矛盾，不公平或许会贯穿村民两代甚至三代人之多。

应当如何微调，我认为可以从以下几个步骤出发。首先，需要识别需要调整的农户。时过境迁，农户家庭人口一般发生了较大变化，保持人口平衡的家庭只占一部分。因此实际操作起来涉及面也是非常广的，特别是工业化、城镇化进度快的地区，实施的难度更大，土地确权资料也要大面积修改。所以，在新一轮延包过程当中，为保持土地整体的稳定，不能对所有多地农户和少地农户进行调整，只能设立一个范围，对矛盾尤其突出的农户进行调整。由于每个村组的土地资源与人口数量不同，所以人均土地占有量各不相同，我认为应当以组内人均土地占有量作为基准，通过统计户内人均土地占有量，对少于或多于本组人均承包地一半及以上的农户进行调整，将其列为调整清单，并对清单上的农户进行土地资源的初步重新配置，尽量做到少动地。其次，宣传与说理。需要动用村干部与村民小组长等力量，对清单上的农户进行初步的政策宣讲与说理，尤其是对于多地农户。应当在多地农户与少地农户之间充当桥梁作用，争取做到两类农户一对一的精准对接，采取一对一选择的解决方式，由三方协商解决。承包面积差额部分，可通过货币（土地承包调解金）的方式来进行调整。这样能最大程度地体现土地承包制度的公平性，因为货币调整比土地调整简便易行，并维护了土地确权的成果。但难点在于：一是每年土地承包调节金的收取和分配工作量比较大；二是如果有农户拒绝缴纳，将面临强制执行的难题，这些难题也需要在实践中重点考虑。最后，经由村委会投票，通过村内各组土地的调整名单与调整方案。通过村内的民主决策，能够让土地微调得到群众的理解与支持，提升调整行为在群众心中的合法性与合理性。对于说理过程中难以说动的钉子户，也应利用好群众舆论起到监督作用，确保土地调整的顺利实现。

第三，做好土地延包的前期基础工作。土地是农民的命根子，我们在调研的过程当中，发现农民十分关注新一轮的延包。大量农民对调整土地的需求强烈，但是我们也从他们口中得知，就算大量村民有调整土地的意愿，也并不是一件易事。在推进新一轮延包工作之前，农村还有许多需要提前完成的前期基础工作，以保障后续延包的顺利进行。

首先，是完善核实土地确权工作。土地确权是摸清村组土地存量的关键举措。但是当我们走下去发现，家家户户的确权证做得很漂亮，实际情况和确权证出入很大——农民实际耕种的面积较确权证上的普遍较少。同时确权证往往是以二轮土地承包时的分地格局进行记录的，与当前村内人口有较大差异。所以新的一轮土地延包要以土地确权为基础。下一轮延包时，要以二轮土地延包某一个时点为基准计算该组人均承包基数，核算该组每一户农民的承包总面积，利用土地确权为下一轮延包提供依据。对于在确权中出现明显错误的，应当及时更正，以减轻下一轮土地承包的工作量。想要分配公平，底子一定要摸清。

其次，要严格规范农村土地经营流转。当前农村土地太多因为出于私利的流转出现了大量的流失，使得村组的机动地固化而难以加入土地调整的过程中，为土地调整带来了诸多的困难。同时，过去农村土地承包由于缺乏规范合同、办理证件的法律程序等，导致农村土地承包者、经营者权利及利益不明确，使得农民群众的土地合法权益难以得到保障。二轮土地延包政策实施时将农村土地承包、流转经营、占地补偿等相关的内容法律化、制度化，将为农村土地管理提供法律依据，为解决相关的土地纠纷提供法律依据。这对于更加规范地开展土地延包和保护农民土地意义重大。每一位农民都应享受农村土地延包的利益，这是二轮土地延包前期与过程中需要重视和解决的问题。因此，想要从根本上保障农民的权益，就要促进土地延包流程的规范化，细化明晰有关土地延包的期限、要求，精准识别农民的土地需求，尽可能地保障弱势农民的权益，维护社会公平。

最后，要解决历史遗留问题，利用好确权新增地源。一直以来，农村土地问题都是农民群众反映关注的热点、难点问题，很多农民群众想借此次三轮土地承包工作解决自家问题。要利用好确权工作产生的新增地源，首先要明确哪些耕地为新增地源。农户新开垦的耕地、未在二轮土地承包台账中体现的、超出5%部分的机动地，都可以作为新增地源纳入三轮土地承包中。但是长期耕作中形成的磨牛地、农田道路用地，则不能作为新增地源收回或者收费。对于新增地源的发包应该慎重处理，要严格按照村民自治的原则，通过村民大会或者村民代表大会投票的方式来进行分配。坚持执行"增人不增地，减人不减地"政策不变。但对于新产生的无地人口来说，在承包期内无法再通过调地来获得土地，《意见》中指出，为避免承包地的频繁变动，防止耕地经营规模不断细分，进入新的承包期后，因承包方家庭人口增加、缺地少地导致生活困难的，要帮助其提高就业技能，提供就业服务，做好社会保障工作。因家庭成员全部死亡而导致承包方消亡的，发包方应当依法收回承包地，另行发包。通过家庭承包取得土地承包权的，承包方对应得的承包收益，依照继承法的规定继承。

农村土地制度的稳定事关农民权利和农村社会的稳定，坚持"增人不增地、减人不减地"的制度不动摇，有利于保持承包关系的长久不变，更有利于推进农业生产现代化的进程。同时应有序推进土地流转，积极探索有偿退出机制。在土地承包工作中，要积极推进土地流转，倡导农村土地适度规模经营，加大对农民合作社、家庭农场等新型经营主体的支持力度，以新型经营主体为依托，大幅提升农业现代化水平，保证农民稳定持续增收。此外，农村土地经营权流转应尊重农民意愿，任何组织和个人不能强迫农民流转，也不能阻碍农民的流转。各地各级政府部门应结合本地实际，探索切实可行的有偿退出机制。针对社保体系相对薄弱的实际，对退出农户给予更多的补助和就业出路。巩固扶贫工作成果，加大无地少地补偿力度。进一步巩固当前的扶贫工作成果，不能因为耕地延包政策的偏差造成新的贫困人群的出现。总之，要结合本地实际提出切实可行的实施方案，对无地、少地农户进行相应补偿，确保每一位村集体成员都能享受到村民应有的权利和收益，共享改革开放和经济发展红利。

【感 悟】

本次农村土地第二轮承包到期后再延长 30 年试点评估调研让我重新认识了农村，认识了土地。我在关中农村成长，从小到大我对身边的一切习以为常，从来未曾思考其中蕴藏如此多的矛盾，这让如今身为法学生的我倍感惭愧。经历了实地观察与亲身走访后，我深刻认识到，知识的学习不止于在学校内，广大的田野也是我们的课堂。作为新时代的法学生，我们更应当积极地下基层，亲身感悟国家发展的变化与人民的期盼，将研究做在土地上，将知识建立在实践中，切实为实现国家富强而贡献青春力量。本次实践，我对人地矛盾这一困扰农村发展与农民幸福感生产的大问题有了更多的思考。我认为，本次二轮土地延包工作是解决该问题的重要机遇，但同时其也面临着诸多的挑战。为此，各村组应当在此之前做好充分的准备，深入农村摸清各个村组土地的基本情况，算清土地账，识别具有重大人地矛盾的农户，遵循国家"大稳定，小调整，不能打乱重分"的原则，为当前我国农村突出的人地矛盾问题，提供更为稳妥的解决路径。

参考文献

[1] 姚志. 中国农村人地矛盾：未现之谜与二轮延包处置思路 [J]. 经济体制改革, 2021 (6): 77-83.

[2] 王征兵. 陕西省礼泉县土地延包现状调查与评析 [J]. 中国土地科学, 2001 (6): 38-41.

[3] 刘灵辉, 向雨瑄. 第二轮土地延包中无地少地农户的权益保障策略研究 [J]. 贵州师范大学学报（社会科学版）, 2022 (2): 90-98.

[4] 朱冬亮. 农民眼中的土地延包"30年不变"——基于信访材料的分析 [J]. 中国农村经济, 2001 (2): 27-32.

[5] 魏一卓. 感知公平对农户土地调整方式选择影响研究 [D]. 西北农林科技大学, 2022.

乡村振兴背景下农村产业发展的路径优化
——基于对 S 县部分农村的实地调研

王 红[①]

摘 要：产业发展是全面乡村振兴的基础条件。深入关中农村调研，发现农村在产业发展中存在四点突出问题：即本土实用专业人才培养紧缺，农村资源变资产的渠道尚未接通，农业科技创新能力不强，村旅等农村产业新业态的发展统筹规划欠缺。从乡村振兴视域下出发，提出了推进可持续发展的四点建议：培养本土实用专业人才、乡村内外深度融合发展、引进先进农业技术、乡村文化聚集 IP 效应，形成特色价值印记。

关键词：乡村振兴　产业兴旺　融合发展　乡村文化

一、引言

我曾为央视半边天栏目一则采访视频《我叫刘小样》中主人公那句"我宁可痛苦，我不要麻木，我不要我什么都不知道，然后我就很满足"所触动，这个世界都与我有关，这个世界都与我无关，这份深切的无力感让人深有感触。不安于生活的现状，但也无力突出重围，我们借助一个狭窄的窗口观望外面的世界，满是好奇，渴望做出改变，却只能在细节处留下挣扎的痕迹，生活又很快恢复为一潭平静的湖水，仿佛心底的涟漪不曾泛起。退出那则采访视频的界面，看到学院组织社会实践活动的招募信息，我毫不迟疑地报名参加，成为调研团队的一份子。当时并不知道此行的调研地是刘小样的家乡，

[①] 作者简介：王红，女，山西晋中人，西安财经大学法学院 2020 级诉讼法学研究生。

只希望去看看那里的人，去经历、去感知那些自己不曾了解的人与事。

此行调研活动的目的旨在收集 S 县部分村落的村民对于即将施行的三轮土地延包政策的意愿与建议。骄阳当空，我们抱着打印好的问卷挨家挨户敲开村民的家门，与他们坐下攀谈，听取他们的想法与建议。走访村落，感触颇丰，该地区的土地二轮延包政策的施行时间与我的出生年份是同一年，经历了 30 年的发展变化，村民们对即将开始的二轮延包政策的认识和期待各异。那些问卷上我认为理所应当的回答，在亲历二轮土地延包政策的村民们口中，会得到令人大为震惊的答案。这次调研让我学到了从多维度去发现问题、思考问题，可谓不虚此行。只有站在田间地头、站在农民的角度去深入思考，研究才有意义。真实的力量远胜完美，沧海一粟的一种趣味释义是我们只是大海中的一粒小杂粮。当看着村里留守的老人、孩童充满真挚好奇的眼神，会真切地想为这片土地做些什么。

调研地 S 县北部"旱腰带"地区因气候干旱，农村产业欠发达，因此以前也被称为"穷腰带"。"旱腰带"如何变成"绿腰带""金腰带"，是引发我们深入思考的问题。面对"旱腰带"地区浇地不便等制约因素，农民无奈地抬手指了指天，说道："我们都是靠天吃饭。土地浇水不好解决，如果需要浇地，夏季高温，我们只能夜里三点到地里去。"针对问卷中提到的土地三轮延包政策的理解，留守村落的受访者普遍答道，我已经年逾半百，孩子们在城里打工，只有农忙时回来一下，我还能活三十年吗，而且旱地收成不好，苹果结蒂了如果不浇水就会掉落在地上，农药化肥价格涨幅也过大。说罢掰起手指为我们细数从打药、施肥、浇地、收成所要花去的各种费用。村民们坦言本村土地种植的农作物多为粮食地，能够维持自家温饱就行，经济作物很少。大多农户种植上耐旱的花椒等植物就进城务工去了，土地不撂荒就行了，对于三轮土地延包政策积极性不高。

乡村振兴战略目标的实现，关键在于农民主体性的有效激活，而激活农民主体性的作用机理还需着眼产业发展与农民的双向互动[1]，需要政策扶持产业发展、精准识别帮扶农户和农村产业可持续发展的路径遵循，实现农户深度参与、产业链深度融合的合作共赢局面。

二、当前农业产业可持续发展的突出问题

务农之本，国之大纲，实施乡村振兴战略是党中央的重大决策部署。

习近平总书记提出要全面建设社会主义现代化国家，实现中华民族伟大复兴，最艰巨最繁重的任务依然在农村，最广泛最深厚的基础依然在农村的论断。针对当前农业产业可持续发展受阻，我总结出以下四点突出问题。

（一）本土实用专业人才培养紧缺

脱贫奔康缺智力，乡村振兴少人才，是广大贫困地区和老少边远农村普遍存在的"通病"。S县当地农村大批青壮年通过升学、就业等选择流向外地，留守人大多年老体弱、文化水平偏低，村里陷入推动产业发展能力不足的现实困境。"农民为土地所累"，这句话从一位老伯的口中说出使我大为吃惊——原本认为农民是肯定拥护土地延包政策的。他表示，当年分地不多的想办法谋其他出路赚钱了，而分地多的农户将全部精力都投入在土地上。由于旱地种粮浇地不便，缺少人手，收成不好，谷贱伤农，农民收入勉强够温饱。站在田间小路旁，我抬眼看着比自己还高的野草不禁陷入了沉思。

农业产业化需要本钱，也需要工业化链接，更需要本土实用专业人才的指导。抓好短缺技术培养工作具有十分重要的现实意义：一是满足农业耕种需要人力的迫切需要；二是稳定农村产业发展信心；三是促进普工技能提升；四是聚集文化IP效应。打造一支回得来、留得住、不愿走的本土实用专业人才队伍，让县外就业的一些具有专业技能、管理技能的的"雁归"人员返乡创业，吸引和聚集发达地区干部和各类专业人才加入美丽乡村的建设中，为乡村振兴事业提供强有力的人才储备，这就要求当地政府在未来引导和鼓励返乡青年创业的过程中，不但要从政策制度上予以帮助扶持，加大对高技能人才的资助力度，更要将本土产业需求与返乡青年内隐需求紧密结合，通过返乡创业助推乡村振兴，达成合作共赢的局面。

（二）资源变资产的渠道尚未接通

农村产业可持续发展的深层次问题可归纳为以下三点。其一，工业基础问题，大多初级农产品无力二次深加工。其二，流通问题，物流和信息流的基础建设因乡村分散如毛细血管，产出利润薄弱，无法承担交通基础设施和信息平台的使用成本而发展缓慢。其三，选择传统种养殖。农民是朴实的，一直按照种、养、收、卖、运的思路运转，运出之后几经中间商和多级工厂的流转，才到消费者手里，链条太长。个体农民只希望自己的地尽量多地种，尽量多地产,行情交给政府和市场波动。我们蹲坐在路沿石小憩的时候,看到这样一幅场景,农户见有农用车前来收羊奶,返回院内提着沉甸甸的奶桶出来、上称,收奶的商贩支付给农户计算好的款额,整个过程简单、利索。短视频、直播新农人等X业态助农助销、增收创利方式还没有走入这个传统的村落,当地农民尚无能力进入销售环节,无力拓展资源变资产的通道。

焕发农村新活力应该学习"贵州经验"——以农民为主体,以产业为平台、股权为纽带、企业为龙头、小康为目标,激活农村自然资源,让土地、劳动力、村史馆、红色基地、自然风景等要素鲜活起来,促进农村产业提质增效、农民增收,扶持组成经济发展合作社发展农村产业链,支持农民用资源、资产、资金入股,使农民跃升为股民,从而实现增加农民财产性收入的目标。设立激励措施,对运行良好、带动农民群众增强致富能力、增加经济收入的合作社予以表彰,对其加大贷款贴息力度,提供专业性的信贷支持和服务。不论是提升人居环境、转变乡村治理思路,还是提升公共服务和明晰收益分配,这些都是实现乡村振兴的新路径。

(三) 农业科技创新能力不强

通过问询村民土地种植情况得知,农民的土地大多比较零散,少则分为四五块,多则分为七八块土地,村民面对土地二轮延包政策整块土地分包的设想,大多坦言"肯定愿意嘛,但是施行起来有困难"。土地由于地理位置、远近程度不同,在农民的眼中有好坏之分,整块土地分包众口难调、施行困难。在过去的几十年里,当地一直都呈现着靠天吃饭的结局,农民想要拥有更高的收入,就得风调雨顺才行。当地土地流转出由他人承包的占比很少,多数是由自家种粮,经济作物少之又少。多数示范村的集中化经营,承包公司也多陷入资金困难、诉讼缠身的窘境,对农民分红的承诺已逾两年没有兑现,被承包土地的农户则是悔不当初。

"旱腰带"的问题一直困扰着以种植为主业的村民,传统的农业生产模式解决自家温饱尚可,难以实现奔赴小康的目标。我国农业科技创新存在农业科技资金投入严重不足、农业科技成果转化率不高、农业科技创新产出能力不强等现实突出问题[2]。当前,为调动农民对土地二轮延包政策的积极性,亟待从加大政府农业基础设施研究投入、完善农业科技创新评价机制和加大创新型企业的培育力度等方面着手施行惠农行动。农作物播种、浇水、施肥的时间不等人，应帮助农民学习各地农田灌溉经验，积极引进先进灌溉技术，急农户当前所急，确保农作物瓜熟蒂落。

（四）产业新业态的发展统筹规划欠妥

S县作为渭北革命老区，是一方具有悠久历史和光荣传统的红色土地。渭北革命根据地是我党在西北地区创建的第一个革命根据地，留下了党带领人民英勇奋斗的光辉足迹。我们途径S县X镇柏社地窑教育基地，循着地下通道追寻红色记忆，重温党的光辉历程。村里独具特色的下沉式地窑更是留下了习仲勋等老一辈无产阶级革命家工作和生活的印记。通过查询相关资料，我们得知柏社村因广植柏树而得名。作为中国传统村落，我国下沉式地窑集中保护区——柏社村地窑有着"中国生土建筑博物馆"之美誉。该村始建于晋代，已有1600多年历史。古时，柏社村处于重要地理位置，秦汉以后乃兵家必争之地，革命战争年代，是关中通往马兰、照金、延安的地下交通站。柏社传统村落现存地坑院225院，无论是从数量、密集程度还是保护的完整性及典型性而言都具有比较突出的优势，加之窑院类型的丰富性，具有重大的历史研究价值。

可是紧邻党史教育基地的有佛堂、有摆满佛像的隧道，并设有台案。台案上摆有蜡烛、佛香，下放蒲团，供游人跪拜扫码布施。诚然，我国宪法规定公民有宗教信仰自由，但是紧邻党史教育基地，这种布局安排是否妥当值得商榷。听工作人员介绍，受新冠病毒感染疫情、资金流等多种因素影响，该基地尚未建造完毕。我们抬眼看上去，坡上仿古建筑尚处于停工状态。距离笔者查阅到X镇党委、镇政府此前宣传的欲借助柏社村的红色旅游资源及独特的民居文化，全力打造一个具有党史教育、观光游览、避暑度假、科普人文等综合功能的文化观光型和民俗体验型的古村落旅游区还存在一定的距离。

三、农村产业可持续发展的逻辑分析

（一）推行动力：政策扶持产业发展

为深入贯彻落实党中央、国务院巩固拓展脱贫攻坚成果，全面实施乡村振兴战略和推进农业农村现代的重大决策部署，S县作出强化产业帮扶，紧盯果业质效攻关、畜牧业转型升级、特色产业全产业链以及加快培育招引新型经营主体等重点工作，为不断巩固拓展脱贫攻坚成果，助力乡村振兴战略蓄力助航。农村产业发展规划负责人需要获悉乡村建设补贴资金、美丽乡村建设的标准、农村人居环境整治策略、乡村民宿、数字乡村、共享农庄文化村落如何深入开展等工作部署。

2022年实施的大规模留抵退税政策，为乡村振兴加速度奠定了一点基础。税收优惠政策的主要内容为：持续改善脱贫地区基础设施条件，税收支持交通、水利等民生工程建设和运营，促进完善生产性、生活性、生态环境基础设施建设，优化农村经济社会发展环境。其中，在支持农村基础设施建设方面，就有基础设施建设税收优惠、农田水利建设税收优惠、农民住宅建设税收优惠、农村引水工程税收优惠；在推动乡村特色产业发展方面，包含优化土地资源配置税收优惠、促进农业生产税收优惠、支持新型农业经营主体发展税收优惠、促进农产品流通税收优惠、促进农业资源综合利用税收优惠；在激发乡村创业就业活力方面，有小微企业税费优惠、重点群体创业就业税收优惠；在推动普惠金融发展方面，有银行类金融机构贷款税收优惠、小额贷款公司贷款税收优惠、融资担保再担保业务税收优惠、农牧保险业务税收优惠；在促进区域协调发展方面，有扶持欠发达地区和革命老区发展税收优惠、支持少数民族地区发展税收优惠、异地扶贫搬迁税收优惠；在鼓励社会力量加大乡村振兴捐赠方面也有一些免征增值税的优惠政策。以上六大方面共计109项针对乡村振兴的税费优惠政策，可见党中央、国务院扶持力度之大，农村产业发展负责人可以悉数比照文件的享受主体、优惠内容、享受条件、政策依据，将惠及农业农村建设的政策落实到位。

(二) 重要因素：精准识别帮扶农户

从扶贫攻坚到乡村振兴，是我党在新时代经过艰苦探索得到的我国农业农村的发展规律。精准识别帮扶农户主要有两个现实难题，分别是家庭人口统计以及国家与地方农村贫困标准差异。由于农户收入有大量自给自足经济成分，农户收入很难精准统计。国家住户收支调查统计的农村家庭人口是农村家庭常住人口，地方在识别帮扶农户时，将外出打工、家里有国家公职人员、外出经商、父母虽然与子女分家分户但如果子女家庭条件好的都不算作贫困户。扶持资源不多时，谁当贫困户无所谓，农户普遍不予过多关注。而如今，国家通过多项举措、筹集很多资源来进行专项扶持，精准识别帮扶农户就显得尤为重要了。

通过统计人口的范围不同，收入和消费的计算方法也不同，可以尝试使用农户自述和民主评议相结合的核查路径。核查人员应通过农户自述家庭收支情况、在农耕上花销最多最为头疼的支出痛点，悉数记录农户所反映的困难情况；核查工作责任人员以现场监督、现场提问的方式，深入剖析问题成因、商议切实可行的帮扶计划，同时注意清退误评为贫困户的非贫困户。这样的核查识别方式给了农户现场发言的机会，能将困扰已久的农业生产痛点一一指出，方便政府制定切实可行的帮扶计划。还应根据贫困户具体情况因人因户施策，面对没有劳动能力的要加大救助力度，体现人文情怀。让基层工作开展不受制于指标分配、不依赖硬性指标考量。切实保障真正贫困的人获得救助，不过度拔高扶贫标准要求，重要的是授人以渔而非授人以鱼，生活质量的提升不仅需要政府扶持更要依靠其自身努力，确保贫困户长期获得收入。

（三）目标达成：农村产业可持续发展

2021年8月24日，习近平总书记在河北考察时讲到"产业振兴是乡村振兴的重中之重，要坚持精准发力，立足特色资源，关注市场需求，发展优势产业，促进一二三产业融合发展，更多更好惠及农村农民"。中国长期施行"城乡二元体制"的发展策略，产业结构上前期偏向于重工业发展，生产分配制度上也趋向城市居民，从而在一定程度上制约了中国经济的整体发展，形成了城市繁荣、乡村落后、农村空心化、农村内生产力动力不足、农业农村发展难、农业生产低效、农民收入偏低等问题[3]。从政府和社会支持的角度，除了现行的支持体系之外，更多的需要是对新产业、新业态、新商业模式这些新事物的接纳[4]，只有积极融入农村产业发展新趋势才能跳出过往产业发展乏力的现实困境。土地二轮延包政策施行以来，人口增长和耕地减少带来了耕地分配不均、农业基础设施投入不足、农户仍然还受困于农业基本问题、农村留守老人和幼童、生活和生产风险的增加且缺乏行之有效的社会保障体系，以上问题势必影响着我农村产业可持续发展，要缓解、改变这种现状，农村产业可持续发展目标的确定应立足于本地当前的发展水平。

应全面贯彻农村产业可持续发展的原则，坚持以人为中心，城乡协调发展以及因地制宜的原则。通过调整农村产业结构，发展农村二、三产业，积极有序地安排好农村剩余劳动力的转移，增加农民收入及帮扶困难农户是当务之急。减轻困难农户眼前及长远经济负担，加大对农业生产和农业基础设施的总体投入，积极发展农村基础教育与职业技术教育，培养本土实用专业人才作为才储，提高农业生产中的科技含量与农用机械使用的普及率。发展农村医疗卫生事业，建立农村社会保障制度，加快农村基层政治体制改革进程，提高农民生产活动的社会化组织程度，保持农村社会长久安宁、优化农村生态环境及重视生态建设等重要举措，确保返乡创业青年回得来、留得住、不愿走。

四、乡村振兴背景下农村产业可持续发展路径

（一）培养本土实用专业人才

习近平总书记指出，要从心底里尊重知识、尊重人才，为人才发挥聪明才智创造良好的条件，为其营造宽松环境，提供广阔平台。S县应当深度挖掘本土实用专业人才，激活现有人才资源，充分调动现有人才建设魅力S的积极性。为一些有志投入到家乡建设中的人提供相应的课程培养，帮助他们增强技能理论与实操训练。努力营造人人渴望成才、人人努力成才、人人皆可成才以及人人尽展其才的良好氛围。与高校协同联动，邀请学科权威、行业专家及团队进行莅临指导，为事业人才、专业人才接触最新生产技术和最优生产理论搭建平台。

全面推进乡村振兴，需要注重农村产业的布局谋划和可持续发展，进而可以切实可行地解决好农户增产不增收的问题，解决好务农不如务工的问题，解决好生产者和经营者之间的收入差距问题，让经营性劳动报酬在农村群众初次分配中获得其应有的价值。按照政府政策为引导，市场准入为导向的工作思路，坚持返乡创业青年与乡村振兴发展策略相结合，加快整合帮扶资源，完善政府扶持政策，优化创业生态，建立健全S县人才储备中心体系。让人才聚集，有人才有产业发展动力，乡村振兴才有底气。通过推进美丽乡村建设、宜居村庄综合改造，在充分调研文旅资源的基础上，绘制S县的"美丽

乡村文旅地图"。

（二）乡村内外深度融合发展

2021年3月23日，习近平总书记在福建考察时指出，"乡村要振兴，因地制宜选择富民产业是关键。要抓住既有、开阔眼界，适应市场需求，继续探索创新，在创造美好生活新征程上再领风骚。"为贯彻落实党中央部署的乡村振兴实施意见，调整产业发展结构，以优质粮食、畜牧养殖产业等为产业发展目标，支持返乡创业人员发展现代高效种养业、农产品加工、休闲农业和电子商务的目标导向。将产业发展带动农民工就业创业推动乡村内外融合、产业链供需融合。中国的现代化道路必须是"两条腿走路"，中国"农村就地现代化道路"必须是以产业兴旺为基础，而产业融合则是基础的基础[5]。返乡创业人员应该紧紧抓住"互联网＋"的运营模式及产业升级转型基础，发展数字农业、农村商务，以"东方甄选"为例剖析产业发展模式，推动涉农企业转型产业兴旺发展，把握线上消费结构、消费需求，挖掘本土特色，助力本地农业产品提档升级。

产业融合才能开创乡村振兴新局面。乡村内外深度融合是多领域、多层次的全面融合，需按照产业集聚和融合发展的规律，推动农村产业高质量融合发展。乡村内外深度融合以组织融合为基础，进一步实现产业融合、治理融合、服务融合，为激发乡村振兴活力、助力集体经济新跨越、打造村庄管理新模式以及提升村民幸福感谋篇布局。寻求如何通过利益联结机制发展为利益共同体，使得参与主体都能够分享发展产业融合所带来的收益，进而激励更多的主体参与进来。在推进农村产业融合的同时，要注意防范风险，在确保国家粮食安全战略底线的前提下，进而开展美丽宜居乡村建设、农业产业链建设等，必须确保农民利益不受损，农田不会被撂荒。正如习近平总书记所言，乡村振兴的主要目的是从"生活宽裕"到"生活富裕"，乡村内外要协同"融村融心、共谋发展"，把产业发展落实到促进农民增收上来。因地制宜的产业错落，三产融合的不同侧重以及推进乡村治理的不同方案，是全面推进乡村内外融合发展，加快农村产业稳定、可持续发展的生动释义。

（三）引进先进农业技术

要实现农业持续稳定发展、长期保障农产品的有效供给，根本出路在科技。农业科技是确保国家粮食安全的基础支撑，是突破资源环境约束的必然选择。为加快农村产业结构调整，应搭建创富发展平台，组织村民到示范园区参观学习，引进先进农业技术，播种试验田和养殖试验家畜，探索先进种植技术和养殖技术，以助力增收致富。建立"企业+农业合作社+家庭农场"模式，具备生态、采摘、观光功能才是未来园区产业化发展导向。当地政府还应考虑对农业综合企业实体引进先进农业技术的成本进行适当补贴，此举将激励引进现代技术和创新创造额外的经济，并促进农业商业和科学的融合。

2022年的夏季格外酷热，连日的高温让人难耐，农户白日只能闭门不出，防止中暑。而庄稼离不开水，想要去浇地只能在夜里三点前往劳作，养殖户割草也只能在夜里进行。作为水资源紧缺的国家，我国人均水资源占有量低于世界平均水平，农业灌溉用水紧张是乡村振兴的又一大阻碍。节水灌溉这一先进技术，可以实现养分原位监测与水肥一体化施肥，让农民用上更好的节水灌溉装备和技术，消除制约乡村振兴的因素。该技术运用喷灌、滴灌等高效节水灌溉装备、施肥装置和传感器等新技术，可定时定量精准地为作物提供水分和养分，改变了传统的大水大肥法。这个技术可以帮助农户实现灌溉全自动化，在节约人力成本的同时实现节水、减肥、提质增产的三位一体的产业目标。

（四）乡村文化聚集 IP 效应

2020年4月，习近平总书记在安康平利县老县镇蒋家坪考察时指出，人不负青山，青山定不负人。以生态重塑为保障，营造产业融合的生态环境，大力推动农村产业转型升级，坚持贯彻"绿水青山就是金山银山"的发展理念，实现农村产业的可持续发展。随着我国城镇化进程的不断加快，居民生活水平显著提升，工作压力、升学压力也随之加大，城市居民开始向往并寻求一些亲近自然、返璞归真的生活体验，这也是综艺节目《向往的生活》大火背后的原因所在。乡村文旅融合之路，是乡村振兴的重要途径。很多人利用休息日到郊区农村去学习农耕文化、体验农业生产劳作、亲近自然放松身心，这推动了我国广袤大地上众多农业科技园区由单一的生产示范功能逐渐转为兼具多项功能的田园综合体。

农业由于农作物生产周期长、风险多样化，初级农产品保存时间短等特点往往容易亏损，例如 S 县农户家养殖的山羊产出的山羊奶不易保存。如何能够搭建一种良性的生产运营模式，是目前国内农村产业积极转型的目标方向，建立完整的产业链对我国农村产业可持续发展意义重大。我国当前休闲农业田园综合体存在的普遍问题，包括基础设施条件差，人才队伍短缺，整体规划滞后，布局安排不适宜，特色不突出，人员管理、设施管理不规范，严重阻碍了乡村文旅产业的健康稳定发展。在优化乡土文化IP产业化开发的顶层规划基础之上，应拓宽乡土文化IP产业化开发的融资渠道以及引留乡土文化IP产业化开发的优秀人才[6]。以文化创意赋能农产品及乡村空间应成为这条道路上的主要方式，而IP的打造更是重中之重。"红色沃土"诞生"绿色希望"，S县红色资源优势深厚，党员干部应牢记使命，传承红色基因，积极探索发展"红色+绿色"教育研学基地，让生态文明为红色旅游提供重要的环境载体，进一步筑牢乡村振兴的发展根基。

【感 悟】

"民族要复兴，乡村必振兴"。2021年全面推进乡村振兴，在"十四五"期间以及未来更长的一段时间，只有在培养本土实用专业人才、乡村内外深度融合发展、引进先进农业技术以及乡村文化聚集IP效应等这些方向上协同发力，才能打好乡村振兴这场持久战。距离央视半边天栏目《我叫刘小样》的播出已有20年之久了，信息网络的迭代发展为我们开了一扇又一扇的窗，让我们能够从广阔的世界汲取养分，用自己的方式探索求真。刘小样当时所述的自我剖析让今日的我仍觉振聋发聩，真诚希望你我都能寻得内心的安宁。在不应被设限的人生之旅中，记得来时路，继续向前行。

参考文献

[1] 关庆华，吴晓燕. 牵引式治理：乡村振兴背景下产业发展与农民主体性[J]. 华南农业大学学报（社会科学版），2022，21（3）：49-58.

[2] 魏家玺. 我国农业科技创新存在问题及对策研究[J]. 现代农村科技，2019（3）：8-9.

[3] 何文，王慧智. 一二三产业融合发展的探索与思考[J]. 浙江农业科学，2022，63（8）：1915-1918.

［4］胡冰川. 乡村特色产业如何实现可持续发展［J］. 小康，2022（6）：34-35.

［5］萧洪恩，姜芳. 理论观照与实践反思：乡村振兴道路背景下产业融合探究［J］. 长安大学学报（社会科学版），2020，22（6）：75-85.

［6］陈凤娣. 文化IP赋能乡村产业融合发展的内在逻辑与路径思考［J］. 福建论坛（人文社会科学版），2022（5）：29-38.

农村土地承包中的问题分析及桎梏破解
——以 S 县为例

张任萍[①]

摘 要：当前农村正处于第二轮农村土地承包的届期及第三轮农村土地承包的推进期。为更好地发展农村经济，稳定农村土地承包关系，维护广大农民群众的根本利益，需要充分认识过去农村土地承包过程中所遗留的难点问题。通过实地走访调研 S 县四个村落，发现在土地承包过程中主要存在土地分配政策不健全、耕地补偿制度不完善、土地耕作人员老龄化以及农民种植积极性不高等突出问题。通过政策调整和制度建设解决相关问题，为即将推进的第三轮农村土地承包制度提供可供参考的建议。

关键词：农村土地　延包　土地制度改革　政策调整

一、引言

土地是寄托农民乡情的重要载体，是农民赖以生存和发展的根本，是稳固人地矛盾的关键所在，同时也是壮大农业经济必不可少的基础资源。《深化农村改革综合性实施方案》提出："抓紧修改有关法律，落实中央关于稳定农村土地承包关系并保持长久不变的重大决策，适时就二轮承包期满后耕地延包办法、新的承包期限等内容提出具体方案。"这一方案的提出主要涉及两个核心问题：一是延包时是否对原有承包地块进行调整；二是延包的承包期限如何设定。这些问题的解决关系到中央对"稳定农村土地承包关系并保持长

---

① 作者简介：张任萍，女，甘肃白银人，西安财经大学法学院 2020 级民商法学硕士研究生。

久不变"重大决策的理解和落实,需要抓紧研究并提早安排。同时,按照时间计算,第二轮承包期最早将于2024年到期,也就是说第三轮土地承包政策的开展是在汲取第二轮承包相关经验基础上来推进,即第二轮承包期满后如何延包,是改革和完善我国农村土地承包经营制度面临的重大课题。按照《中华人民共和国土地管理法》(以下简称《土地管理法》)的规定,耕地的承包期限为30年,到期后要进行延长,进行统一的再延包政策。为了更好、更快速地了解农民对土地三轮承包的态度与想法,我们实地进行调研走访,主要选取了S县的四个村落——W村、J村、N村、N村的全体村民为调研对象,以问卷的形式与村民们进行交流,得出可靠的数据资料1100余份,为进一步研究农村土地第二轮土地承包到期后再延长30年中的难点问题奠定基础,我们对问卷资料以及访调研笔录进行梳理,对进一步确定合理规范的农村土地承包流程和二轮延包后解决土地承包纠纷问题提供可供参考的建议。

二、农村土地延包中的难点问题

(一)土地分配政策不健全

此次调研的问卷资料基于农村土地二轮延包之上,以二轮土地延包政策所取得的成效及存在的问题为切入点,对即将推进的第三轮土地承包政策提供经验总结。在整个调研过程中,通过对村民们挨家挨户进行走访,得知土地二轮承包的分配政策是按照当时的家庭人口数进行分配,每人2亩。这种分配政策在当时二轮承包的时候是符合当时的现实需求的,但随着时间的推移,这种按照当时"人口分配"的做法逐渐显现出了它的弊端——忽略了人口生产力的问题,导致土地资源浪费[1]。第一,"人多地少"的矛盾应该如何解决?即婚丧嫁娶的人口土地应该如何分配?随着时间的流逝,农村人口比例也在发生着变化,有些家庭由于婚嫁而增加了新成员,此时就出现了"人多地少"的现象,但对于新成员的加入应否分得土地,现今还没有具体的政策,这导致部分家庭土地过少而家庭负担过重。第二,"地多人少"的现象应该如何规制?这一问题的对象主要是外嫁女与去世老人。在调研过程中发现外嫁女与去世老人所占的农村土地比例相对较高。外嫁女在出嫁之后一般会将户口迁出该村集体,去世老人的户口也会销户,这两者在该村集体中所占有的土地应该收归集体还是留在原家庭不动是第三轮土地承包政策推进要解决的问题。

（二）耕地补偿制度不完善

通过与这四个村的村民进行交流得知，在 W 村有大量的土地由村集体组织进行统一流转，且该土地都流转给同一个承包商——A 公司，按照每亩 1000 元的费用实施流转。该土地承包政策在开始的几年间进行得比较顺利，然而，根据村民们反映，近三年该承包政策落实效果不理想，A 公司已拖欠村民三年的承包费用未支付，因此招致村民们的抱怨与不满。

第一，根据我国《农村土地承包法》第三十二条规定，家庭承包的土地可依法进行转包、出租、互换、转让或其他形式流转。而 W 村由村集体牵头，对农民的土地进行单一的转包，不仅流转的方式单一，且因农村村民多为低学历者，所以流转合同的规范性及合理性无法确定。同时，A 公司将农民的土地进行流转，也并未充分发挥土地的作用，现实中，很多农村土地资源被闲置或弃为荒地，违背了我国农民与土地形成长期稳定关系的初衷，无法高效利用农村土地，不利于农业经济发展壮大。第二，村集体作为牵头人，没有保障农民的合法权益。与 S 公司签订土地承包合同时，村集体组织在其中发挥着连接作用，而如今土地在转包给 S 公司耕种的情况下，农民并未得到合理的使用费。农民的合法权益该如何进行救济却没有强有力的保障。

（三）土地耕作人员老龄化

在为期 4 天的走访调研中我们发现，四个村落中老年人占比 80%，青年人占比不足 20%，且老年人人均年龄在 60 岁以上，这样的年龄构成难以维系农村经济的发展，难以改变农村的村容村貌。通过与村民们交流得知，青年人大多长期进城务工或者出省打工，几乎无法在农忙时节回家帮忙，主要由中年人及老年人在村里耕地种田，这样的状态会导致农村土地的耕种效用达不到预期。第一，老龄化的耕作人员已经基本丧失劳作能力，为了不让土地荒废会将土地留作大量的草地或者果园，无法有效发挥土地的效能。与此同时，造成耕作人员老龄化最主要的原因是农村土地政策对青年人没有足够的吸引力，无法有效鼓励青年人留在家乡、建设家乡，甚至让青年人产生了留在家乡就意味着"出最苦的力，获最低的利"的想法，这也是青年人不愿留村的一大原因。第二,村集体管理人员老龄化,管理模式死板且僵化,无法为乡村的建设带来活力与利益。截至调研结束,我们见到的村干部人员均为50岁以上的村民。"村民自治"的做法固然方便,但也产生了一定的弊端——在村民管理中发挥的作用甚微,且在整个调研过程中村干部多持一种"得过且过"的管理态度,虽然知道整个村子的管理模式僵化,他们也无力改变现状。这阻碍了整个村子的发展。

(四)农民种植积极性不高

良好的政策支持是焕发农民种植积极性的强有力保障,只有使农民在耕种中得到利益才能促使农民种好、多种。然而,通过对四个村子进行走访,在与农民交流的过程中,我们发现很多农民种植土地的积极性不高,有的村民甚至希望在第二轮土地延包时将自己的土地收回,不再耕种了。这种现象的发生从侧面反映出农村人地矛盾非常突出,究其原因主要有二。第一,土地耕种补贴少,耕种投入多。现如今,由于农民在土地耕种过程中的化肥、农药、浇水等的成本投入过大,而农作物所产出的经济价值远远不及,果园这样的种植经济也由于投入人工成本较高、投入周期较长,而往往无所获利甚至于亏本,造成农民支出负担过重。第二,四个村落中老年人居多,青年人基本进城务工,有的甚至在县城安家,这一部分老年人在保留农村户口的基础上常要去城里带孙子,但是其户口还在农村。因此,对于这一部分人来说确实没有耕种土地的必要,他们也希望将自己的土地承包给他人或者是退出,不再耕种。

三、桎梏的破解:完善农村土地延包的策略

(一)完善土地延包的分配政策

在2024年二轮土地承包到期之后,针对即将推进的第三次土地承包工作,《深化农村改革综合性实施方案》提出的"抓紧修改有关法律,落实中央关于稳定农村土地承包关系并保持长久不变的重大决策,适时就二轮承包期满后耕地延包办法、新的承包期限等内容提出具体方案。"这一方案的提出给第三次农村土地承包工作指出了改革的基本方向,那就是"大稳定,小调

整"[2]。同时，该举措也符合农民预期。因此，我认为应该从稳定农村承包关系和落实中央"长久不变"重大决策的角度出发，在二轮承包期限届满时原则上应当由原承包农户按照现有地块和面积承包，不做调整。但基于公平考虑也应当对少数个别情况允许进行适当调整，例如对于销户或者绝户的这部分农户的土地收归集体；对去世老人所占的土地，如果户内另有婚娶，那么就将去世老人的土地划归到新成员名下。对于外嫁女所占土地，如果户口在村集体，应按照人口分得土地，否则一律收归集体所有，然后对一直没有再分配承包地的人员在延包时予以调整，给这部分人员分配承包地。

（二）建立健全的耕地补偿制度

在农村有关土地纠纷的大部分案件中，涉及土地补偿的案件所占比例较大，这与缺乏完善的农村耕地补偿制度有着不可分割的关系。农村耕地补偿制度是农民在依法承包土地期限内有序实施土地流转的重要保障[3]。规范的土地流转流程和完善的耕地补偿制度，是稳固农村人地关系的关键举措，也是维护和保障农民权益最有效的方式。为了能最大限度地维护村民的合法利益，我们可以在村民中间成立农村土地流转经营指导小组。鉴于在农村土地二轮承包过程中存在合同的不合理以及程序的不规范性，导致农村土地承包者、经营者权利及利益不明确，也导致农民群众的土地合法权益难以得到保障，使得村民对因土地流转而损失的经济利益得不到赔偿而怨声载道，因此，在此次第三轮土地承包过程前，由农村土地流转经营指导小组成员对村民进行耕地补偿制度讲解，使农民了解该制度，且在第三轮土地承包政策实施时将农村土地承包、流转经营、占地补偿等相关的内容法律化、制度化，为农村土地管理提供法律依据，为解决相关的土地纠纷提供法律保障，这对于更加规范地开展土地承包和保护农民土地意义重大。

（三）引入青年干部管理村集体

青年人是社会的主力军，也是管理社会的新鲜活力。因此，在村民管理体系中要尽可能地引入青年人才，为青年人管理和建设家乡提供便利，这不仅有利于青年人为农村治理贡献一份力量，而且有利于让青年人情系"家乡"，为美丽乡村的建设添砖加瓦。此次通过对四个村子的实地调研，发现农村治理能力与治理结构最突出的问题是老龄化严重。为此，要最大限度地引入青年人才管理村民。第一，可以设立一些福利待遇，让大学生愿意进村，愿意服务基层。例如实施提高大学生的工资、设立绩效奖励、发放农村服务补贴等激励措施，因为"经济基础决定上层建筑"，大学生或者是青年人不愿意下乡的一个重要原因就是福利待遇低。还可以设立一种就业低门槛，本村的大学生如果返乡当村官，可获一次性奖励津贴，具体金额各村集体可根据本村的实际情况适当调整。这些政策的实行都可以很好地吸引年轻人回归家乡、建设家乡。第二，建立科学完备的土地流转管理政策。通过实地走访调研，我们发现有些农户将自己无力耕种的土地进行了流转，但是关于流转所获利益，即流转费却没有按照合同约定支付，造成了"强转强包"的尴尬局面。这需要有才能有担当的青年干部参与村集体管理，探索壮大村集体经济发展的新路径新方法。

（四）设立土地耕种的激励政策

由于城镇化进程的加快，很多年轻人大量涌入城市中，出现了城市负荷大、农村空巢化的现象。这种现象的出现势必会导致农村青壮年劳动力的缺失，出现农村"积贫积弱"的现象。在此次调研过程中，我们发现农民的土地耕种积极性不高。为了解决该问题，政府应该出台相应的应对措施。第一，给予农作物自然灾害补偿金。因为在整个调研中发现种植果园的农户没有充足的水源给果园浇水，导致树木干枯，水果得不到养分而干瘪，农民在投入较大成本的基础上得不到本应有的经济回报。这一方面打击了农民的种植积极性，另一方面也加重了农民的经济负担，使农民"种田无用"的思想逐渐形成。因此，应该尽可能地保障农民的农田基本收入，给予其农作物受损补偿金，保障农民基本的生活支出。第二，对于子女进城落户的这一部分农户来说，因其再次耕种农田的可能性较低（随子女进城或者由于年龄较大无法进行耕种），在采取其自愿退出村集体土地的基础上，可以将其所拥有的农田再分配给其他集体成员耕种，以保证农田的功能能够落到实处。

眼皮接近地皮，就会多一些思考，多一份责任。将"哀民生之多艰"变成"解民生之多艰"。土地，这个农民世世代代赖以生存的命根子，虽然随着时间的推移、社会的进步、经济的发展，在青年人心中变得不再那么重要，但就目前我国农村经济总体发展水平而言，农村大多数人还要依靠它维持生计。

让每一位农民都享受农村土地延包的利益，这是第二轮土地延包过程中需要重视和解决的根本问题。因此，制定规范的农村土地延包流程，确定土地分配方案，进一步明确和细化土地承包及流转经营的具体方略，从政策和制度上向未享受到土地承包利益的农民倾斜，缩小农村土地延包的土地资产利益差异，才能切实保证每位农民的利益，使第二轮土地延包更加公平化和合理化。

【感 悟】

陈老师在调研过程中常说："我们走在田野上，阳光洒在脸上，温暖在我们心中。"此次乡土之路青春行，让我第一次感受到对农村农民权益政策实地考察的必要性与可行性。只有认真倾听农民的声音才能"对症下药"，才能有针对性地解决一直困扰农民的问题，这也是第二次土地延包工作持续推进的重要保障，将"哀民生之多艰"变成"解民生之多艰"。让农民切身感受到第二轮土地延包所带来的好处与益处。解农民之苦，帮助农民解决土地问题，是我们此次调研活动的出发点与落脚点。

这次调研活动，我收获颇丰，对自己不熟悉的领域有了一定的了解，也更加理解"纸上得来终觉浅，绝知此事要躬行"。未来的我还需要坚持"走下去"，切身感受乡土世界，了解农民的问题，才能在自己理解的基础上"解民生之多艰"，为乡村振兴贡献自己的绵薄之力。

参考文献

[1] 刘灵辉，向雨瑄. 第二轮土地延包中无地少地农户的权益保障策略研究 [J]. 贵州师范大学学报（社会科学版），2022（2）：91-98.

[2] 李国祥. 农民承包的土地第二轮到期后再延30年 [J]. 中国合作经济，2020（1）：12-15.

[3] 肖鹏. 承包期届满的自动续期制度研究——"第二轮土地承包到期后再延长30年"的法律表达 [J]. 中国农业大学学报（社会科学版），2018（6）：79-86.

农村土地调整问题的调查与思考

凌小燕[①]

摘　要：土地制度是一个国家至关重要的生产关系安排，是基础制度。第二轮土地承包到期后再延长30年是对农地问题的真切回应。如何使调整制度在适应现代农业社会变迁的同时，又不忽略农户的真实诉求，是后期延包工作实施的难点问题。本文通过对关中地区农村土地二轮延包工作的调研，阐述了延包政策实施的意义以及延包过程中需要关注的相关问题，就承包地的调整、确权证书、延包期限等提出合理有效的建议，以实现土地承包到期后再延长30年的顺利过渡。

关键词：土地制度　土地调整　二轮延包

自小生在陕南山区的我，对于辽阔的平原和土地有着一种天然的向往。此次跟随学院老师前往S县调研，我有了一次和关中平原亲密接触的机会。此次实践活动依托学院承担的"农村土地第二轮承包到期后再延长30年试点评估"项目，通过询问、倾听、分析和记录，感受中国农村社会的发展，乡村振兴的脉动，观察处于转型期的乡村社会的变化。土地是财富之母、农业之本、农民之根，而农户在面对即将到来的土地调整政策时，他们当下的反应、情感变化以及对农村社会结构、传统秩序和生产方式变化的看法都是我们此次调研的重点。

一、平原印象

在高中毕业那一年，我和朋友乘坐火车前往武汉，那是我人生中第一次

---

① 作者简介：凌小燕，女，陕西安康人，西安财经大学法学院2022级民商法学硕士研究生。

见到平原，映入眼帘的是一望无际的土地，绿油油的农作物，连绵成片的大池塘，没有大山的阻挡，视野都变得开阔了起来，手机信号也不再受到阻碍。我无比雀跃，被这无边无际的平原吸引了全部的注意力。所以这一次对关中平原的调研，我满怀期待。

二、熟悉而又陌生的面孔

跟随着老师的脚步，我们于 2022 年 6 月 27 日的清晨，迎着朝阳，踏上了此次调研之旅。我们的调研地点总共涉及四个村庄，分别是 S 县的 W 村、Y 村、J 村以及 N 村。虽然老师们已经提前和镇上的领导干部沟通过，但对于每个村子具体的规模、人口的分布以及土地二轮延包的情况等都需要我们自己去了解。对于村民们是否足够配合我们的工作以及自己能否圆满地完成好老师交代的任务，一切都是未知数。

我们第一个前往的任务村是 W 村，该村名字的由来是：爱祖国、爱人民、爱劳动、爱科学、爱护公共财物。我们分为两人一组，挨家挨户按照调研表的问题进行询问，虽然组长提前进行了通知，让村民们积极配合我们的调研工作，但由于中国人都秉承着"一日之计在于晨"的理念，村民们仍旧早早下了地。我们屡屡碰壁，不是敲门没人应，就是仅老人在家，也不理解我们提的问题，我们只能暂时调整策略。尽管是在偏远的村落，陌生的面孔，听不太懂的方言，可他们熟悉的待客方式、热情的态度，却让我这个外乡人感受到了心安的力量。

三、无处不在的熟人社会

在王组长的帮助下，我们顺利完成了当天的任务。这位组长的帮助方式比较特别，可以说是简单粗暴，去谁家都熟得仿佛自己家一样。就本村而言，姓氏大多相同，自然沾亲带故，多多少少都有些亲戚关系；而在同一个小组内部，组长是有地位、有威望的，邻里纠纷、政策通知以及村里集体利益分配等大小事宜都要经过组长之手，自然是不能得罪的。不仅不能得罪，还得刷好感度，毕竟大家每天都低头不见抬头见。如果不小心和谁起了纠葛，还得指望组长从中调和，凭着熟人的情分，无论多大的矛盾，也能大事化小小事化了。这就是中国的熟人社会。

四、实施土地延包政策的重大意义

习近平总书记立足全局、着眼大局,深刻阐明了新时代"三农"工作的历史方位和战略定位,强调"从中华民族伟大复兴战略全局看,民族要复兴,乡村必振兴","从世界百年未有之大变局看,稳住农业基本盘、守好'三农'基础是应变局、开新局的'压舱石'"。习近平总书记的重要论述指明了全面推进乡村振兴的重要性和历史必然性,凝聚了全党全社会合力推动乡村振兴的共同意志、共同行动。要坚持把解决好"三农"问题作为全党工作重中之重,把农业农村优先发展作为现代化建设的一项重大原则,把振兴乡村作为实现中华民族伟大复兴的一个重大任务,牢牢把握农业农村现代化这个总目标,走中国特色社会主义乡村振兴道路,促进农业高质高效、乡村宜居宜业、农民富裕富足,使农业农村与国家同步实现现代化。

《深化农村改革综合性实施方案》提出:"抓紧修改有关法律,落实中央关于稳定农村土地承包关系并保持长久不变的重大决策,适时就二轮承包期满后耕地延包办法、新的承包期限等内容提出具体方案。"按照时间计算,第二轮承包期最早的将于2023年到期,绝大部分地方将于2027年前后到期。二轮承包期满后如何延包,是改革和完善我国农村土地承包经营制度面临的重大课题,其中最核心的争议问题是两个:一是延包时是否对原有承包地块进行调整;二是延包的承包期限如何设定。这些问题关系到对中央"稳定农村土地承包关系并保持长久不变"重大决策的理解和落实,也是贯彻落实中央提出的"落实集体所有权、稳定农户承包权、放活土地经营权"的"三权分置"改革举措的基础工作,需要抓紧研究并提早安排[1]。

我国的经济社会发展得益于党领导的改革开放。改革是亿万农民的创造,是从农业发端的,主要内容是实行家庭联产承包责任制[2]。成员以家庭为单位承包经营,从改革初期的试点,到明确承包期15年,到延长承包期30年,再到党的十九大又明确提出到期后再延长30年不变,那么土地承包期究竟是多少年?15年与"两个30年"承包期是何关系?相关政策如何衔接?这是广大农民群众和基层干部普遍关心的问题,又是认识不一致的现实问题。认识不一致,又导致对政策宣传、执行不一致。为了把赋予农民长期有保障的土地使用权落到实处，有必要把农村土地的承包期限讲清楚[3]。

1978年，农民开始家庭联产承包经营制度改革探索，收到明显的增产增收效果。1982年，党中央决定在农村实行家庭联产承包制度，明确要求，"目前实行的各种责任制""不论采取什么形式，只要群众不要求改变，就不要变动"。1984年"中央一号"文件明确要求，"延长土地承包期"，"土地承包期一般应在十五年以上。生产周期长的和开发性的项目，如果树、林山、荒山、荒地等，承包期应当更长一些"。这就是农村土地15年承包期的来历。

1978年开始的家庭联产承包，到1993年，土地15年的承包期届满。农民能否继续承包土地？承包政策会不会调整？这是很多农民担心的问题。为了稳定土地承包关系、鼓励农民增加投入、提高土地的生产率，1993年11月，中共中央、国务院在《关于当前农业和农村经济发展的若干政策措施》中明确，在原定的耕地承包期到期之后，再延长30年不变。在这个时间点宣布将承包期延长30年，是为了保持农村土地承包政策的稳定性、连续性，消除农民怕土地承包政策不稳定的顾虑。为避免承包耕地频繁变动，防止耕地经营规模不断被细分，中央还提倡在承包期内实行"增人不增地、减人不减地"的办法。

1998年10月，党的十五届三中全会提出"长期稳定以家庭承包经营为基础、统分结合的双层经营体制""是党的农村政策的基石，决不能动摇。""要抓紧制定确保农村土地承包关系长期稳定的法律法规，赋予农民长期有保障的土地使用权"。经过有关方面的努力，2002年8月，全国人大常委会审议通过了《农村土地承包法》并于2003年3月1日实施，规定国家实行农村土地承包经营制度，依法保护农村土地承包经营权的稳定。2007年实施的《中华人民共和国物权法》，重申了有关土地承包的法律规定。这就把农村土地承包经营的政策上升为国家法律。

2008年，党的十七届三中全会提出赋予农民长期有保障的土地使用权，农村土地承包关系长久不变。2017年党的十九大明确提出30年承包期到期后再延长30年。至此，我们可以确认，农民承包经营土地的期限由1984年规定的15年，经过1993年到党的十九大两次将土地承包期延长30年，一共是75年。每次顺延的只是农户承包土地的承包期限，不按当时人口重新调整土地承包关系。因此，在第一个30年承包期到期后，顺延的仍将是土地的承包期限，而不是、也绝不应该按未来的农村人口打乱重新承包土地，这一点必须坚持。否则，就不是土地承包关系的延长，而是重新发包，这与中央的政策要求是不相符的。

五、土地延包背景下需要关注的问题

（一）承包地是否还会再调整，无地农户是否还会再分地

这是目前所有农民最关心的话题。从国家大政策的角度，一个承包期内是不允许调整土地的，所以我们见到的各种村集体调整属于地方行为。但是通过新闻报道会发现，强调延长的表述是在"二轮承包到期后"再延长30年。二轮承包到期是一个大的承包期结束的时间节点，再延长30年只是总体政策走向，尤其是新增的无地人口（农业人口）一定会在政策层面给予解决，甚至包括各种无地人口达到一定程度的都需要纳入解决。所以即使农村土地二轮承包到期后再延长30年也是在平衡解决人地矛盾的基础上。

比如整体人地矛盾大的村可以整体调整；也可以通过土地整理、开发机动地、有偿退出土地或在集体内部协调一定的比例用于分给无地人口。一定要淡化"地分给我了就属于我的"的思想，农村土地对于农户来说仅有周期性的使用权，二轮到期后使用权相应到期，如果集体有特殊情况需要小调整，农户有义务配合。所以再延长30年的政策一定伴随着小调整，只是大方向上能不调就不调。局部问题局部解决，内部问题内部解决。

（二）二轮土地确权证书是否还更换

在2019年11月28日国务院新闻办公室举行的新闻发布会上，中央农办主任、农业农村部部长韩长赋，农业农业局党组成员兼中央农办秘书局吴宏耀解读《中共中央 国务院关于保持土地承包关系稳定并长久不变的意见》时明确指出：已颁发的土地承包权利证书，在新的承包期内继续有效，且不变不换。

所以在已经确权好能不动就不动、能不调就不调的村集体内部，确权证书不用更换，最简单的办法是统一收上来，在证书"附记部分"进行备注即可，不涉及重新换证的问题。

特殊需要换证的有可能是户内某些土地需要调整给其他人，导致相关地

块权、利、人变化的；或者一部分新增人口在二轮延包开始前分到土地的，这部分人可能会涉及重新签订合同和颁发新证书。

（三）土地被征占的是否还会再分地

被征地这种人群该不该再分地呢？大家都明白，地卖了拿钱就不该分地了，如果从这个常理角度判断，没有任何问题。但是不妨透过征地和征地补偿的一些细节，来进一步理解土地被征占了到底能不能再分地。

土地征占的补偿款是如何计算的？通俗点说就是这块地从被征占那天起，按前三年平均收益的6—10倍+安置补助费+青苗补助费，计算出来的数字大致就是平常所见的征地一亩8万元左右的数字，这里边集体还有权扣除10%—30%的补偿款。所以土地被征占的农户是否该分地的问题，关键在于有没有落实好安置政策。如果安置政策没有落实好也不能分地的，那么征地户的利益受损不小。

在调研工作中还发现了一种典型的征地合同约定条款。条款规定：土地征占使用期限以一个承包期为时间节点，承包地到期后另行约定。所以征地户能不能重分和征地合同有关系，也和被征占地块的实际使用情况有关系。比如有的地方集体土地多，就会给重新适当分一点；有的征占地已经具备复耕条件了，那么就可以归回原承包户经营。当然多数地方是不给征地户再分地的。

（四）延包是否应调整承包地块

调查发现，对于二轮承包期届满后的延包是否应当调整承包地块存在几种截然不同的意见，代表性观点有四种。

第一种观点认为，为了稳定承包关系和落实中央"长久不变"的政策，应采取原地延包方式，继续由原农户按照现有地块和面积承包，不调整承包地。

第二种观点认为，经过了30年的第二轮承包期，一方面，因为出生、死亡、进城落户等原因，农村集体经济组织人员数量和结构都发生了较大变化；另一方面，因为征地、农村土地整治等原因，原有耕地数量也发生了很大变化。由于在二轮承包期内实行"生不增、死不减"政策，二轮承包期结束时农户间土地承包数量不均的矛盾已经积累到了一定程度，基于公平考虑，延包时应该按照当时人员和土地情况调整后重新分配，才能让农民集体成员公平地取得土地保障。

第三种观点折中，认为从稳定农村承包关系和落实中央"长久不变"重大决策的角度考虑，在二轮承包期限届满时原则上应当由原承包农户按照现有地块和面积承包，不做调整。但基于公平考虑也应当允许少数个别情况进行适当调整，例如对于农业税费取消前自动放弃承包地或者因为欠缴税费而被收回了承包地并且后来一直没有再分配承包地的人员，在延包时应当予以调整，给这部分人员分配承包地。

第四种观点则认为，由于各个地方人地关系变化的情况不尽一致，在二轮承包期内是否严格执行"增人不增地、减人不减地"政策的情况也不尽相同，在二轮承包期限届满时应当允许各个地方从实际情形出发自行决定，充分尊重农民集体的自主决策权，立法不必强求一律。

这背后的价值冲突体现为二轮承包期限届满后的延包是否调整承包地的争议，事实上是30年的二轮承包期内是否调整承包地问题的延续，所面临的利益决策在本质上是一致的：都体现了基于效率需求的稳定农户土地承包经营权与基于公平需求的"平均地权"之间的博弈。

为了稳定承包关系、鼓励农民土地投资，自第二轮承包期开始后，中央文件即要求实行"增人不增地、减人不减地"政策。但是调查发现，这一"30年不变"政策在实践执行中遭遇了挑战，稳定承包关系的要求与因人口增减带来的平均分配承包地的要求不时产生对抗，不可避免地出现一些家庭占有的承包地与其人员数量严重不匹配的情形，畸多畸少都有可能[4]。此时如果不调整承包地，农民集体成员对集体土地的公平占有状态必将被打破。尤其是一些家庭新增人口的社会保障负担会分摊到这个家庭的其他成员身上，"外嫁女""入赘婿"等的土地权益保障问题也会随之产生。但如果在承包期内调整承包地，又会与土地承包经营权的物权属性相冲突，不利于稳定承包关系和保护承包人的土地权益，也不利于经营者形成稳定预期增加土地投资。因此，虽然中央一直强调要稳定承包关系，但随着时间的推移和农民集体成员数量的增减、家庭成员数量发生变化，农户之间的利益冲突不断挑战承包关系的稳定：家庭成员增加的农户基于对"集体所有就是人人有份"的朴素认识和公平诉求而要求调整承包地，家庭成员数量不变或者数量减少的农户则主张保持稳定并不同意调整。贵州省湄潭县于1987年就开始实施"增人不增地、减人不减地"的试验并严格执行,27 年后的民意调查则表明:93%的被调查者同意按人口进行土地再分配[5]。即便是在 1992 年便开始实施土地股份合作的广东省佛山市南海区,这种人口变动与集体土地权益之间的矛盾一样不可避免。因此,虽然法律和政策都明确要求在二轮承包的 30 年承包期内不调整承包地,但一些地方通过农民集体表决等不同形式而私自调整承包地的情形并不少见。法律和政策的实施遭遇了挑战。

由此可见,是否调整并非简单的对错问题,而是反映了不同的价值考量和利益平衡:不调整,是基于稳定现有农户土地权益和提升土地经营效率的考虑;调整,是基于农民对"集体所有就是人人有份"的朴素认识而产生的土地权益共享的公平诉求。

(五)延包期限如何设定

对二轮土地承包期限届满后延包的期限设定问题,也有三种不同主张:一是主张继续沿用 30 年期限;二是建议延长到 70 年以便和国有土地保持一致;三是主张不设定承包期限,或者将承包期限定为"长久",从而充分保障农户土地权益,彻底避免短期经营行为,并在真正意义上实现"长久不变"[6]。

首先,农村土地承包经营制度的安排应当在土地公有制这一底线的框架下进行。中央明确提出农村土地制度改革必须坚持土地公有制不动摇,农村土地"三权分置"改革不仅提出了"稳定农户承包权、放活土地经营权",而且提出要"落实集体所有权"[7]。因此,在改革和完善农村土地承包经营制度时,虽然稳定承包关系并强化土地承包经营权的权能是改革的总体方向,但仍应当坚持区分土地所有权与土地承包经营权,否则将会导致土地所有权被架空而无法落实。从债权到用益物权的转变,是对土地承包经营权权能的极大强化,但在这一权利强化的过程中必须给土地所有权人保留必要的地位和权能。按照传统的用益物权理论,有期限限制是用益物权区别于所有权的一个重要特征,即便后来发展出来的永佃权突破了这一期限限制,但永佃权人仍需要向土地所有权人交纳佃租,也正是这一交纳佃租的行为有效宣告了土地所有权人权利的存在,从而不至于使土地所有权丧失其本质。结合我国土地承包经营权制度,如果未来取消期限限制,同时又继续实行现有的无偿承包制度,则农户享有的土地承包经营权将成为一种既不用向土地所有权人缴纳任何费用，又可以永久无限期使用的权利，其和土地所有权的区别将彻底名存实亡[8]。

有鉴于此，在土地二轮承包期限届满后的延包方案中，无期限限制与无偿承包只能择其一：或者继续实行无偿承包，但必须设定承包期限，而不能是永久承包；如果不设定期限限制，实行永久承包，则必须向土地所有权人缴纳承包费。只有如此，方能确保"土地公有制底线"不被突破。

六、结论

家乡是最后的归属，土地仍是最终的保障。以坚持土地公有制底线为前提，以落实中央关于"稳定农村土地承包关系并保持长久不变"的重大决策为目标，以"效率优先、兼顾公平"的价值理念为指导，以30多年来我国农村土地承包经营制度发展演变的脉络为参照，结合现代法治和现代产权制度的要求，我们就我国农村土地二轮承包期限届满后的延包方案问题，提出如下建议。

（一）分配方案

在土地二轮承包期届满后，原则上以农户为单位坚持原有承包地块和面积不调整，继续延包。在土地二轮承包期内已经整户转为城镇户籍的，丧失农民集体成员资格，在土地二轮承包期届满后不再参与承包，其交回的土地可以酌情发包给无地或者少地农户。少数地方因为各种原因导致现有承包地分配状况极其不公正，2/3以上农户有重新分配的强烈诉求，并由农民集体成员在自愿基础上通过表决形式达成重新分配决议，而且该决议内容不违反法律和行政法规强制性规定的，可以按照农民集体的决议执行，重新分配。

（二）承包期限

在延包时对部分荒地、荒山、荒滩等可实行无期限限制的有偿承包，不设承包期，但承包户需要向土地所有权人缴纳承包费。承包费标准可以根据各地具体情形在地方政府指导下由农民集体商议。承包农户对承包地享有用益物权，可以自行耕种，也可以依法流转一定期限内的经营权。

(三) 无地农户的权益保障

对于在延包之时没有分到土地或者分地较少的农户,一样可以基于其成员资格平等地分享集体资产收益(如承包地发包收益、集体经营性建设用地入市收益等)。随着集体资产收益的壮大,有承包地农户和无承包地农户之间的利益差距将缩小,两个群体之间的利益对抗也会逐步弱化。同时,国家在进城落户和社会保障政策方面对没有分到土地的农户或者农业人口应给予适当的倾斜和帮扶。

【感 悟】

党的十八大以来,习近平总书记坚持用大历史观来看待农业、农村、农民问题,站在统筹中华民族伟大复兴战略全局和世界百年未有之大变局的高度,指引农业农村发展取得历史性成就,发生历史性变革。植根于习近平总书记"知之深、爱之切"的"三农"情怀,在盛暑之际,我跟随学院前往S县参加了本次社会实践活动。期间,我们通过一系列倾听、观察、分析、思考,了解和熟悉农业、农村和农民,通过与农民的面对面交谈,心对心交流,进一步理解农村和农民,感受和把握党和国家"三农"政策法规的变迁、农村社会的发展、乡村振兴的变动,同时也强化了自己的使命担当和社会责任。

参考文献

[1] 朱冬亮. 土地调整:农村社会保障与农村社会控制 [J]. 中国农村观察,2002 (3):14-21.

[2] 张改清. 农地调整、流转对农户投资的影响研究 [J]. 山西农业大学学报(社会科学版),2005 (3):229-231.

[3] 郑志浩,高杨. 中央"不得调地"政策:农民的态度与村庄的土地调整决策——基于对黑龙江、安徽、山东、四川、陕西5省农户的调查 [J]. 中国农村观察,2017 (4):72-86.

[4] 陈柏峰. 地方性共识与农地承包的法律实践 [J]. 中外法学,2008 (2):295-308.

[5] 温铁军,董筱丹. 村社理性:破解"三农"与"三治"困境的一个新视角 [J]. 中共中央党校学报,2010 (8):20-23.

[6] 臧得顺. 臧村"关系地权"的实践逻辑——一个地权研究分析框架的构建 [J]. 社会学研究,2012 (1):78-105.

[7] 张静. 土地使用规则的不确定:一个解释框架 [J]. 中国社会科学,2003 (1):113-124.

[8] 温铁军. 农民社会保障与土地制度改革 [J]. 学习月刊,2006 (19):20-22.

城镇化建设中城乡人口流动的观察与思考

赵力践[①]

摘　要：城镇化建设是中国现代化建设的必经之路，也给中国经济社会发展带来诸多好处。但城镇化建设所带来的弊端也在经济社会发展的过程中不断得以显现。随着经济发展，城乡发展不平衡、区域发展不平衡、贫富差距等问题逐渐被人们所关注，特别是农村人口和城市人口享受到的发展红利愈发两极化。在全面实现共同富裕和乡村振兴大背景下，需要重塑城乡流动模式，不断弥补城镇化短板，以此来回应社会变革和民生需求。

关键词：乡村振兴　城镇化　人口流动　城乡融合

一、城镇化建设中的农村现状

自古以来"三农"问题都是中国国家治理的主要问题。封建社会时期，乡土社会是中国社会结构的主要部分[1]。两次工业革命之后，世界生产力大发展，人类社会从封建社会中摆脱出来，进入资本主义社会，旧有的自给自足的小农经济和封建生产关系逐渐被新兴生产力和生产关系所代替，农村作为承载小农经济的主体也被逐渐瓦解。改革开放以来，中国经济开始飞速发展，城市建设步入正轨，这一时期国家建设主要集中于大城市，各种政策资源也向大城市倾斜，而更加广袤的农村则逐渐被人们抛在脑后，被人们所淡忘。虽然农村淡出人们的视线，但并不意味着农业农村农民问题不复存在，也并不意味着这些问题会随着社会发展而自然而然地得到解决。相反，"三

---

① 作者简介：赵力践，男，山西忻州人，西安财经大学法学院2021级经济法学硕士研究生。

农"问题只会在新形势新发展下变得更加复杂严峻。这次调研活动让我们有机会通过亲身体验来观察和了解乡村社会的变迁。

2022年的农村，基本上有宽敞的柏油路连接城市和其他村镇，道路两旁郁郁葱葱，村里也通上了水泥路，整洁干净。家家户户不再住七八十年代的泥土房、瓦房，取而代之的是钢筋混凝土房，条件相对好一点的农村，二层三层小楼也随处可见。危房改造工作也取得明显成效，村民住房安全得到保障。村庄基本上通上了自来水，架起了电线，住房、用水、用电等生活条件得到极大的改善。近年来兴起的快递物流也深入了农村地区。农民家家户户都有土地，有心有力者可以老实种地，吃穿不求人，不愿意种地也可以选择流转土地，坐收租金。

这次调研的S县中的四个村庄也基本如此。村外的柏油路、村里的水泥路、干净整洁的村庄都体现出基本物质生活水平得到很大提升。农村面貌相比于改革开放初期确实有了很大改善，衣食住行的各个层面都发生了翻天覆地的变化。

然而面貌虽然有了极大提高，但本质问题并没有得到解决——农村在走向衰败，逐渐丧失活力。

二、人口流失与农村衰败的内在关联

人口流失或许成为农村走向衰败的原因之一。根据第七次全国人口普查结果显示，截至2020年，我国城镇化率已经达到了63.89%，自2010年以来，有16436万乡村人走进城市，变成城镇人口。与发达国家80%的水平相比，仅相差16.11%，而20年前，这个差距接近30%。可以说，城镇化率能够发展到今天这个水平，少不了每年数千万流入城市的农民工与农村人口做出的贡献，实现了劳动力从第一产业向第二、第三产业的转移，改善了地区产业结构，提高了工业生产的效率，促进了科学进步与文化交流[2]。

人口的自由流动并不是随意流动，城乡人口交流是一种单向的流动。人口总是从贫穷地区向富裕地区流动，从资源匮乏区向资源富集区域聚集，反映到中国社会中就是大量的农村人口流向城市，参与到城市化建设中，而鲜有城市人口自发流向农村。农业作为农民收入的主要来源，在很大程度上决定了农民的生活状况。农业收入高，则会有更多农民投入到农业生产中，若农业欠产,农民只能从其他渠道获取收入来源。在调研的村组中,这个现象极为明显。这几年水费、油价、肥料价格的持续上涨,不断压缩农业收入,农民为了维持基本生计只能选择外出打工。相比于农业低收入,城镇化建设下的城乡差距更加刺激人口外流[3]。改革开放以来,农村的硬件条件虽然得到改善,但是在软件条件上却与城市差距越来越大。教育、养老、医疗等配套设施缺乏无法满足农民生活的基本需求,进一步加剧了农村人口向城市的流动[4]。在这次调研中,笔者走访的农户中,年轻人全部在城市打工,这也体现出年轻人对未来的选择。随着越来越多人口流入城市,农村闲置土地增加,土地资源浪费,很多村组甚至出现了"十室九空"的状况。根据中国科学院的调研测算,当前全国宅基地总共约有2.8亿亩,其中空置的宅基地达到了1.14亿亩,占比超过40%。而如此数量巨大的"无用"宅基地,不仅是对土地资源的巨大浪费,也让漂泊在城市当中的流动人口无法在城里安心落户。

进城容易落户难。进城也并非完美的解决方案。对于大量的农村人口,首先要解决的是工作。城镇化的推进,需要不断加大基础设施建设投资,扩大城市规模,同时房地产作为龙头产业也能提供就业岗位,可吸纳大量流动人口。解决了工作问题便遇到第二个问题——户口。随着城市房价不断提升,流入到城市的人口买房租房难度不断加大,城乡壁垒逐渐形成。除了城镇化率达到近64%之外,还需要注意到这样一个数据:2020年我国户籍人口城镇化率仅为45.4%,慢于城镇化率的增长,但流动人口却大幅增加。截至2020年末,流动人口达到了3.76亿,同比2021年增长了70.1%,"人户分离"人口更是高达4.9亿人,同比2021年增长了88.52%("人户分离"指的是户口本上的地址与居住地的地址不一致),也就是说,接近5亿人是漂泊在城市里的。究其原因,主要是因为城市房价变化过快。数据显示2000年我国平均房价每平米不到两千元,但2020年已经涨到接近万元,随着房价上涨,租房的成本也在不断增加,当前热点城市的"房价收入比"普遍达到10以上,相当于仅靠收入需要不吃不喝10年才能买得起一套房。正因如此,越来越多的流入人口即使进入了城市找到了工作,对于过高的房价还是望而却步,难以在城市中立足。从而形成了"城市难立足,农村难回去"的局面。面对这些困境,国家推行了一系列制度、政策和措施来改善,比如,对进城人口提供经济适用房、廉租房,多方解决子女教育和医疗等,在一定程度上缓解了矛盾。但这并没有从根本上解决问题,城镇化的推进带来了新的问题。

三、构建新型城乡融合模式的必要性

产业升级淘汰落后产能、中产阶级新的消费需求、城市承载能力的制约共同促使我们重新审视城镇化趋势，并且实施新的城乡融合发展战略。

产业升级导致城市产生大量剩余劳动力，如中国经济发展产生的数字经济。数据作为新的生产要素，给各行各业带来新的产业升级，从而越来越多地出现了机器人对劳动力的替代。过去中国存在大量劳动密集型产业，现在因为劳动力价格不断上涨，环境的要求越来越严，国内大量的劳动密集型产业流向劳动力价格更便宜的周边国家。比如越南在大量地接受中国的劳动密集产业转移——其2018年新增的外商直接投资主要是从中国来的。于是，国内在劳动力密集产业就业的，尤其在"三来一补"外向型经济上就业的大量外来劳动者就会被排挤出来，产生大量剩余劳动力。他们无法继续在城市生存。

数字经济的进一步发展还会替代小商小贩等各种各样的劳动力。高端产业正在向数字化、自动化的技术密集型产业转变。

大城市、超大城市人口承载能力有限，宜居度不断恶化，难以继续吸纳人口流入。以农民工为主体的外来流动人口进入城市，不断向大城市聚集，增加了城市综合治理的成本，增加城市负担。最近30年是我国城市化高速发展期。每年有一千多万人进入城市，考验着资源、水利、电气、基础设施包括学校、医院的承载能力等城市支撑力以及城市管理者的水平。人口的城镇化率远低于土地的城镇化率所导致的资源紧张、生态环境恶化、交通拥堵、房价居高不下等大城市病逐渐显现，使城市宜居度下降。

现有的政策几乎都是围绕城镇化展开，为城镇化服务，对于那些搬离农村、外出打工后想返乡生活或者创业的，对于想下乡离开"水泥森林"的市民，包括产业下乡、资本下乡都缺乏相应政策支持。种种趋势和现象都迫使我们重新审视城镇化建设，着眼于建设长久以来被忽视的农村地区。

我们看到，国内中产阶级的消费转型趋势明显加强，并从物质消费转向精神消费和生态消费。步入20世纪以来，中国经济飞速发展，社会财富规模不断扩大，居民个人财富也水涨船高。特别是近十几年来，伴随着社会生态化转型，人们对生态的追求意识越来越强，生态经济方兴未艾。特别是城市中产阶级群体，随着城市房地产的上升，他们所能够拥有的价值量足够大。这部分人口在中国大概有 3.4 亿，几乎相当于美国的全部人口。这部分人口的消费需求不再是传统的物质消费，而转向了生态消费、精神消费领域。如果依托农村进行需求侧结构性改革释放这些领域的消费潜力，则会带动劳动力流向农村。

四、构建新型城乡融合的现实路径

实施乡村振兴战略应补齐"三农"发展短板。农业、农村、农民问题是关系国计民生的根本性问题。当前，我国最大的发展不平衡是城乡发展不平衡，最大的发展不充分是农村发展不充分。乡村振兴战略，正是党中央着眼"两个一百年"奋斗目标导向和农业农村短板的问题导向作出的战略安排。乡村振兴战略就是要坚持农业农村优先发展，进一步调整理顺工农城乡关系，在要素配置上优先满足，在资源条件上优先保障，在公共服务上优先安排，加快农业农村经济发展，加快补齐农村公共服务、基础设施和信息流通等方面短板，显著缩小城乡差距。在农业产业发展方面，深入推进农业供给侧结构性改革，让农产品的质量和数量更加符合消费者需求。加快培育具有乡村特色、当地特色的本土产业，以此来实现农民增收。大力推进村庄生态环境整改，进行环境整治，探索推进农业废弃物的资源化循环利用，保护好绿水青山和田园风光，留住独特的乡土味道和乡村风貌。在基础设施方面，应坚持农业农村优先发展的重大原则，推进城乡资源平等交换，推动城乡基础设施接轨并向农村延伸，不断改善农民生产和生活条件。加强乡村教育和医疗体系建设，降低农村人口的教育和医疗负担。优质资源的过度集中是造成城乡单向流动的主要因素，而乡村振兴战略就是要改变这一不合理局面，重新调整资源分布，让资源配置向农村倾斜。

应构建新型城乡融合模式，处理好城乡工农关系。实施乡村振兴为村民返乡、市民下乡出台配套制度支持。2017 年，湖北武汉率先出台 20 条优惠政策支持返乡下乡，提出"三乡工程"，即"市民下乡、乡贤返乡，才有产业兴乡"。对于返乡下乡人员给予创业用地、税收、融资等支持，促进农民就业增收，推动农村一二三产融合发展。在金融服务、财政支持、用地用电、创业培训、社会保障、信息技术等方面出台政策，鼓励和支持返乡下乡人员通过承包、租赁、入股、合作等形式发展休闲观光农业、农村电商、特色小镇等生态经济发展。湖北武汉的这一政策主要针对于下乡返乡创业人员，对于下乡返乡就业、养老保障等方面依然存在诸多限制。应通过法律、政策等形式保障和支持人员下乡返乡，实现新型城乡融合和人员双向流动。除了人才要素的自由流动外，实现乡村振兴还要打通其他要素通道，加快户籍、土地等制度改革，破除技术、资本等生产要素流动壁垒，促进其在城乡和区域间高效流动公平交换。也就是说，要让城里人到乡下更自由、更方便，提升城里人到乡村消费、投资的意愿。换言之，要更好地实现乡村振兴，加快城乡融合发展是正道——城市的基础设施和公共服务延伸到乡村便于要素流动、资源共享，能让乡村发展享受城市经济的红利。我们的城乡融合战略，主要是城乡两个要素市场，应该实现自由流动。在城乡融合新战略的条件下，要进一步解放思想，打破各种藩篱来推动真正意义的城乡融合战略实现。

应进行绿色消费和生态消费需求侧改革，释放中产阶级消费潜能。以 A 省 B 县为例，2019 年 B 县 Y 村全年接待游客量超过 600 万人次，年产值超过 10 亿元，人均纯收入超 8 万元。B 县 Y 村在村党支部书记郭占武的带领下，以乡村旅游为突破口，以村庄为载体，以村民为主体，经过一系列创新实践，顺应市场经济规律，成功探索出实施"乡村振兴"的新模式。不同于传统的"一产带动二产和三产"，Y 村从民俗旅游着手，走出了一条"由三产带动二产和一产"的独特路线。Y 村深挖本村独有的民俗文旅资源，并着力打造体现关中古韵的乡村院落、富含历史底蕴的明清建筑，结合第二产业和第一产业打造特色小吃和果园绿色采摘等民俗文旅品牌。从民俗旅游的第三产业开始，逐步发展壮大，继而推动第二产业手工作坊的壮大，在这一过程中产生大量对农副产品的需求，以此来倒逼第一产业发展，形成闭环产业链和规模经济。Y 村的实践充分表明了绿色消费和生态消费将成为未来新的消费趋势和新的经济增长点，因此应当为乡村消费提供更多路径。

在推进新型城乡融合过程中要更加注重用法治保障农民权益。我们总说，农村是维护经济社会稳定的"缓冲区""蓄水池"。在城镇化建设过程中，农民走向城市，作为"物美价廉"的劳动力为城市建设添砖加瓦，作出了巨大贡献。同样，对于那些走进城市的农民，倘若他们在城市的生活难以为继，想要返回农村，就应充分保障农民权益，给农民留后路。最近，多地鼓励"农民进城买房"的话题备受关注——江苏阜宁、四川宁南、贵州晴隆等多个县城出台针对农民进城买房的优惠政策,尤其是一些地方将"自愿退出宅基地进城购房落户"作为补贴条件,可能对农民权益造成严重损害。安徽潜山市还对自愿退出宅基地进城落户的农民给予5万元购房奖励。要知道,农民在农村享有三项重要权益,"农村土地承包权""宅基地使用权"和"集体收益分配权",这三项权益构成农民在农村的物质生活保障和经济来源,保障农民有地种、有粮收、有房住。这样即便农民进城务工失败也不至于流离失所,居无定所。现在为了在城市里买房,必须要接受退出宅基地等核心利益的方式,对农民群体来说并不公平合理。农民宅基地和土地承包权的退出并非不允许,而是要在法治和公平合理的条件下进行。相较于农民进城所面对的各项开支和巨大生活成本,其城市社保、养老保险、医保等制度能否有效衔接?5万元的购房奖励并不能填补空白。失去了三项权益的农民将失去了回乡返乡的后路。城镇化建设的推进,不能以损害农民利益的方式推进,倘若要以退出宅基地等方式来推进人口城镇化,应在法治的框架下,通过市场手段,采用公平对价,依法有偿交换。随着我国经济社会发展,农村地区在土地征收、移民搬迁、环境污染、集体资产经营等方面出现许多新情况,对加强法治建设,切实保障广大农民群众的合法权益提出了紧迫要求。

这次调研活动让我们有机会深入农户和他们坦诚交流,了解农村的发展情况和农民的生活。特别是在当下,国家刚刚完成脱贫攻坚的历史壮举,政策方向转向乡村振兴,如何有效防止规模性返贫成为政策研究的主要议题。在这个意义重大的转折点下,深入到农村了解农村现状,无疑对理解中国乡土社会变迁、城镇化建设和国家对于"三农"问题的大政方针有非常大的帮助。农民问题是我们国家的重大问题,要想推进乡村振兴取得新发展,实现农业农村现代化,促进共同富裕,就必须在农村实现新发展新成就。

【感 悟】

毛泽东同志非常重视调查研究,他曾讲到:"没有调查就没有发言权",可见调查研究在了解事实掌握情况方面的重要性。对于各项政策、工作,到底有没有落到实处、有没有解决实际问题、在发展过程中有没有出现新问题都需要我们进入基层,进入一线深入调研,亲身观察倾听真实的情况。这次前往S县的实地调研活动正是出于这样的目的。为了了解农村土地延保的政策落实情况和土地承包的现实问题,法学院依托白呈明教授团队带领的农村土地第二轮承包到期后再延长30年试点评估调研,组织了专门的调研队伍进行了为期4天的入户调研活动。白天走访于村民之间,晚上复盘总结、交流探讨。调研团队用脚步丈量田间地头,用头脑判断是非曲折,展现了吃苦耐劳的精神风貌,将农村土地承包的真实情况及对策建议融入一份份调研报告中,贡献出了年轻一代法学人的力量。

参考文献

[1] 费孝通. 乡土中国 [M]. 北京:中国青年出版社,2022,1-5.

[2] 贺雪峰. 大城市的"脚"还是乡村的"脑"?——中西部县域经济与县域城镇化的逻辑 [J]. 社会科学辑刊,2022(5):55-62.

[3] 贺雪峰. 共同富裕与三轮驱动的中国式现代化 [J]. 南京农业大学学报(社会科学版),2022,22(4):1-7.

[4] 贺雪峰. 区域差异与中国城市化的未来 [J]. 北京工业大学学报(社会科学版),2022,22(5):67-74.

土地延包过程中无地少地农户的权益保障

张毓婉[①]

摘 要：二轮土地承包到期后再延长 30 年政策的落实对稳定农业发展、促进乡村振兴具有长期且深远的意义。在二轮土地承包过程中，部分农户无地少地，基本生活需求得不到保障，无法实现土地的财产性权益，同时因为无地可耕的外在因素以及自身缺乏专业技能等内在因素，使得劳动力资源闲置。在二轮承包期限届满后延包中，可以通过合理配置土地资源，赋予无地少地农户财产性权利，发展乡村产业，增加农户的就业和收入途径的方式，妥善处理好无地少地农户的权益保障问题。

关键词：土地延包 无地农户 少地农户 权益保障

一、引言

农业是民生之本，在国民经济中占有非常重要的地位，关系国家的稳定和发展。农村集体土地制度是农业经济制度的基础，而土地产权制度是其核心。从第二轮土地承包开始至今，中央政府自上而下持续推进"增人不增地、减人不减地""土地承包经营权物权属性确立""土地确权颁证"，土地承包关系"长久不变"等政策来稳定地权，集体经济组织内部的农户已经与土地形成了高度锁定的固化关系。然而，在承包期内，许多农户由于"生、病、死、嫁"等原因，承包地未重新分配，不同农户之间的人均承包地面积差距越来越大。承包地是农民最基本的生活保障，未分配到承包地的农民为了实

---

① 作者简介：张毓婉，女，甘肃白银人，西安财经大学法学院 2021 级法学理论硕士研究生。

现承包权，在第二轮土地承包期届满后通过重新分配获得土地的愿望非常强烈。

本次乡村调研以 S 县 X 镇承包地延包试点地区为研究对象，通过入户走访的方式和农户面对面交流，对 S 县 X 镇 W 村、J 村、Y 村、N 村四个行政村 28 个村民小组 1200 多农户对于承包地延包的意愿进行调查研究。X 镇位于 S 县北部塬区，距县城 20 多公里，北与耀县接壤、南与鲁桥相连、东与马额、陵前镇隔浊峪河相望，西与嵯峨乡以清峪河为界。三照路、洪马路、张陵路穿境而过，全镇辖 16 个行政村、125 个村民小组 26877 人（2017 年），有耕地 68000 亩。产业以苹果、大葱和养殖为主，现已基本形成"南菜北果，全镇畜牧"的产业格局。X 镇除粮食、薯、豆类之外，还有苹果、肉牛、大葱、仔猪、笼养鸡等产业。已形成南部以大葱、北部以苹果、全镇以畜牧为主的产业格局。

二、部分农户无地少地

通过在村中走访调研，我得知大部分农户的主业仍为务农，依靠打工谋生和经商的占少数。农户们对于承包地二轮承包到期再延包 30 年基本是非常愿意的。谈话中农户也提到，"农民当然是要有地的，有地才有底气，没有地，种什么，吃什么"。不愿意延包 30 年的农户，多是因为家中人多地少，认为再延包 30 年，家庭成员只会越来越多，但是耕地数量却不会有任何变化。而持无所谓态度的农户家中基本不靠种地谋生，觉得怎么变化都跟自己无关。当然，持这种态度的农户占极少数，有的农户家中就算不依靠种地谋生，也认为农民不能没有土地。农民最坚实的后盾仍然是土地。

自第二轮土地承包以来，村中逐步出现了无地少地农户。集体经济组织发包土地具有阶段性，即根据法律政策在一定时期调整土地。有些农户在土地二轮承包时不是本集体经济组织成员，后来迁入，或者当时属于本集体经济组织成员，但后来分户未分得土地等。法律规定，土地承包经营权的主体以一户为单位，户内所有成员平等享有承包土地各项权益，无地农户中的全体成员即为无地农民。需要注意的是，无地农民不同于失地农民，农民的土地被依法征收后，户内人均耕种面积少于 0.3 亩的称为失地农民。失地农民出现于国家快速工业化、城镇化进程中。而因为自然灾害等原因造成农户可耕种的承包地面积减少或者农户内部人口数量的变动，如新生儿、嫁入妇等原因引起的人口增加数量大于老人去世、女儿出嫁等原因引起的人口数量减少，户内人口数量总体上处于增长状态，使得农户内部的人均承包地面积减少，当户内的人均承包地面积低于本集体经济组织的平均值，向着不均衡、不合理的方向变化时，这些农户称作少地农户。

在二轮土地承包期间，出于工作便利的需要，村里的部分干部向无地、少地农户承诺在二轮土地承包期满时给他们解决土地问题，由此衍生出在执行二轮土地承包期满再延长30年政策过程中，如何解决这一问题，保障其权益。承包地是农户基本生计的保障，如果不对无地少地农户的土地诉求问题加以重视并妥善应对解决，很可能会诱发农村内部激烈的人地矛盾冲突[1]。同时，如果无地少地农户的权益得不到充分、及时、彻底的保障，很容易导致已脱贫的农户陆续返贫，产生贫困化的恶性循环。

为贯彻落实土地承包关系"长久不变"这一政策，第二轮土地承包到期后再延长30年不变，极大降低了在承包期届满时可能因调整土地而诱发的地权不稳定性问题。然而，要想使土地承包关系"长久不变"这一政策能够持续运行下去并保持生命力，关键是要妥善解决因集体经济组织内部成员变动所引发的不同农户间人地配置失衡这一现实问题。为了使农户与土地之间的关系更加稳固持久，应贯彻执行土地承包经营权物权地位确立、土地确权登记颁证、土地承包关系"长久不变"等法律政策，在稳定地权的同时，还要充分考虑无地少地农户的权益保障问题，形成系统化、科学化的应对之策。

三、无地少地减损农民权益

通过入户走访发现，很多农户十几年都没有地，家中四五口人耕种着一两个人的地，甚至无地可种，只能外出打工谋生。有的农户60多岁了仍旧需要外出务工，有的农户家中青壮年全部离家务工，仅剩年迈老人在家中无人照料。无地少地严重损害了农民的权益，影响了农民的生活。

（一）影响农户的可持续生计

农村土地兼具生产和保障双重功能。农户拥有稳定的土地使用权，因此来自土地的收入成为农民最基本最可靠的收入来源，是家庭基本生存保障的经济基础，也是农民生活安全保障的最后一道防线。没有承包地意味着无地、少地农户的可持续生计必然受到影响。首先，对于农民来说，他们承包土地用以耕种、流转，从中获得的生产生活所必须具备的物资及其他收益是其维持基本生存和生活的重要手段。没有土地，他们的农业收入会直接减少。其次，农业补贴是按照农户承包的土地面积来发放的，面积的大小关乎补贴的多少，这就导致无地、少地农户所能领取到的农业补贴大打折扣。最后，国家因公共利益依法征收土地时，无地少地农户几乎没有承包地可被征收，这些无地少地农户无法获得征地及其附着物的补偿，其家庭成员也无法成为失地农民而被纳入失地农民社会保障体系。因此，虽然无地少地农户可能在客观上对土地承包关系长期稳定不变及第二轮土地承包到期后再延长30年等法律政策有所认识，但是如果一直没有土地，也没有社会保障，他们在主观上很难真正接受这一系列固化承包关系的土地政策。如果农户长期无地可耕的问题一直被搁置，得不到解决，必然会引起无地少地农户内心的不满，不利于农村社会的和谐稳定。

（二）造成农村劳动力过剩

无地少地农户的家庭成员更容易处于"隐性失业"状态。首先，无地少地情况往往会造成农村劳动力过剩，尤其是季节性劳动力资源闲置。农业生产的季节性需求和劳动力的集中，往往导致农民的季节性失业，即使在农忙季节也可能有相当数量的劳动力剩余。其次，农民进城后，由于文化水平普遍不高，缺乏专业技能，在城市赚取的工资只够满足基本生活需要，当城市经济因故而停滞不前时，或者当城市推动经济转型升级时，无地少地农户的普通劳动者在城市找到合适的工作就变得更加困难。仅有不稳定的农业收入和低水平的就业收入，面临着没有土地耕种或有地可耕但只能生产维持生计所需的粮食、蔬菜的尴尬局面。

（三）造成农户阶层两极分化

土地流转受到法律和政策的严格限制，虽然建立了土地流转机制，培育了土地流转市场，使无地少地农户可以通过有偿的方式获得土地耕种。这是保护无地少地农户权益的一个重要途径，但也会使在农村拥有承包地的进城农民成为纯粹收租的"地主"，他们可以将自己家闲置的承包地出租给无地少地农户，以租金的形式获得利益。相比之下，同为一个集体经组织成员，无地少地农户却需要支付对价，付出劳动，才能获得收益。长此以往将导致一种不公正的现象：依赖土地生存的农民没有土地，不依赖土地生存的农民却可以通过土地纯获利益。此外，许多农民和集体经济组织更愿意把他们的承包地流转给具备一定经济实力的家庭农场、合作社或企业等，除了风险低和商业关系稳定外，更重要的是，土地租金更高，会带来更多的回报。这会使无地少地农户面临竞争性地租，逐渐被排除在农业领域之外，因为他们能给出的价格没有竞争力，难以租到符合其预期成本的土地，或者只能租种贫瘠、偏远的土地。由于上述原因，让无地少地农户通过转包土地的方式获得土地进行耕种，只会加剧无地少地农户和集体经济组织内部其他农户之间的矛盾，使得集体经济组织内部农户阶层分化，导致贫富差距过大，阻碍乡村振兴。

四、无地少地农户权益的保障对策

土地问题涉及农民社会保障、国家粮食安全以及农村社会稳定等重大问题，农民自己耕种的粮食蔬菜是其基本食物来源，对农民的基本生活至关重要。特别是近几年受新冠病毒感染疫情影响，城市经济发展放缓，许多农民回到农村，农地的保障功能愈发重要。土地是农民生产生活的生命线，是农民生活保障的基础，保护无地少地农户的权益，是实施"保持土地承包关系稳定并长久不变，第二轮土地承包到期后再延长30年"政策所要应对的重要问题。对于这一问题，可以采取多元化的解决方式，让无地少地农户的权益得到更精确、更多样、更及时的保护。

（一）合理配置土地

在集体经济组织拥有可以再分配的土地资源的情况下，给无地少地农户分配土地是保障其权益实现的一个重要方式。根据现行法规政策，集体经济组织可依法调整再分配的土地资源主要包括以下几种。

第一，集体机动地。集体机动地是农村集体经济组织为以后可能进行土地调整预留出的土地，用于解决承包期内出现的人地配置不均衡问题。集体经济组织应当首先查清本集体机动地的现有面积、质量、地理位置以及利用情况等。如果集体机动地已经转包给农户或者外来工商企业，或者被当地农民开发并占有使用，集体经济组织应妥善处理相关问题，等待集体机动地流转合同期限届满时不再续签合同，到期后收回机动地，发包给无地少地农户。

第二，通过土地开垦等新增耕地。在一些农村地区，除了可直接耕种的土地之外，还存在部分可以开发再利用的耕地资源，主要为"四荒地"，即荒山、荒沟、荒丘、荒滩，以及荒草地、少许特殊废弃地等。集体经济组织在确定好可开垦为耕地的土地资源后，应积极申请将其纳入国家或地方政府的土地开发整理项目计划，由集体将开垦出的新增耕地统一进行再分配，发包给无地少地农户耕种。

第三，承包农户消亡后集体依法收回的土地。当农户内部最后一位家庭成员死亡时，意味着该农户因成员全部死亡而销户。依据我国《农村土地承包法》规定，对于家庭承包，只有林地承包人死亡，其继承人才可以在承包期内继续承包，而耕地或草地等农用地的土地承包经营权不能继承。因此，消亡户的承包地最终只能是由集体经济组织收回再分配。

第四，原承包户依法自愿交回的土地。农户承包土地和交回土地都应遵循自愿的原则。在农户不愿意继续耕种土地的情况下，可以自己主动将承包地交还给集体经济组织。自愿交回承包地的农户依然有依法承包由本集体经济组织发包的土地的权利，但是不再享有已经交回土地的承包权，也不得在承包期内再要求承包土地。在农户自愿交回承包地后，集体经济组织有权将该承包地纳入可调整再分配的土地范围并承包给无地少地农户，使得有地农户自愿交地与无地少地农户承接土地能有序衔接。

第五，农户有偿退出的土地。土地退出是农民彻底让渡农地权利的一种市场化行为，退地农户接受土地退出的补偿，将土地交还集体经济组织。与农民自愿交回土地不同，农民退出土地意味着自愿放弃再次承包土地的资格，而农户交回土地只是将本轮土地承包期剩余期限内的承包地交回，并不丧失其未来继续承包土地的资格。农民退出土地实际上是土地承包经营权的一次性"买卖"，如果没有科学合理的退地补偿机制，农民没有理由也不会积极地退出土地。

在调研过程中我询问了农户对于全家进城落户人家的承包地、外嫁女和去世老人的承包地、销户人家的承包地应当如何处理这一问题。大部分农户认为这几件事情的结果都是一样的，即这些人的户口均已不在本村集体，那么对于他们的土地就应当收回到集体，重新分给村中地少的家庭。唯一的例外是外嫁女的土地应当如何处理，农户们认为女儿嫁出去之后虽然户口迁出，但是家中还有儿子，结婚后家中还会再添人口，与其在女儿嫁出时把地收回、儿子结婚时再重新分配，还是一开始保持不变更方便。且土地收回容易，想要再重新分配困难，村中一部分家庭为了避免这种情况的发生，女儿出嫁后并不会把户口迁走，仍旧留在家中，以避免因为人口的变动而产生土地变动的麻烦。少部分农户表示对于全家进城落户人家的承包地、外嫁女和去世老人的承包地、销户人家的承包地如何变化，应不应当收回这件事从未考虑过。

在确定了本集体经济组织依法可再调整分配的土地资源情况后，还需要制定科学合理的分配机制，确保无地少地农户分配获得承包地的数量标准是合理合法的。集体经济组织应将无地少地农户的数量、缺地程度以及依法可调整再分配的土地资源数量、质量、现实利用状况等因素综合起来考虑，确定每个无地农户、少地农户可以分得的承包地数量标准。总之，通过分地最终要达到的目的就是使无地少地农户的人均承包地面积达到所在集体经济组织的平均水准，实现形式上的公平。

（二）赋与同等权益

通过走访调研，农户们普遍反映需要调整土地的原因是新增人口没有土地可以耕种，应该按照人口给予新增人口土地。在本次访谈对象中，在家农户的年龄基本在50岁以上，村中大多数青壮年离开家外出打工，少数人受新冠病毒感染疫情影响或者因家中有老人需要照料仍然待在家中。即使将土地重新按照人口分配，由于耕种土地的成本高而收益低，年轻人也不会选择回乡耕种土地。新增人口承包土地的真实需求不在于耕种土地，而是将土地作为一种资产或者是获取利益的工具。继2006年我国取消了农业税之后，土地成为了一种净资产、纯收益。特别是现在土地三权分置政策的实施，农户们无须自己耕种土地，只需签订合同将土地流转出去，每年就可以获得纯利润。新增人口对承包地的需求实际上是对集体经济组织利益分配的需求。

如今，集体经济组织为无地少地农民分配土地是解决农村人地矛盾问题的直接方式，但在农村土地资源短缺的现状下，保障无地少地农户权益的最佳方案是赋予他们相应的权利，而非简单地将部分地多的农户的承包地划分给地少的农户[2]。所以，在二轮土地承包到期之后，用赋权的方式让无地少地农户获得与种植农作物相匹配的经济效益或者实惠，就可以弥合承包地对无地少地农户的社会保障功能。

遵循经验，不同的集体经济组织有不同的处理方式，如通过集体资产收益的分配权、乡村公益性岗位的优先就业权等来保障农户的土地权益。其中，公益性岗位的优先就业权指的是对农村就业困难的村民提供就业服务和公益性岗位援助，对这类村民按照年龄或是自身意愿进行分类，以便精准实施就业帮助，通过就业保障无地少地农户的权益。在农村，基本上都会设置一定数量的公共卫生保障岗、交通维护岗等就业职位，在遵从农户意愿的情况下，可以优先将这些岗位安排给那些无地少地的农户，可以使他们通过获得工资收益的方式来维持整个家庭的基本生计。让农民在家门口就业，一方面可以吸引部分年轻的无地少地农民返乡，另一方面可以降低农村空巢老人及留守儿童的占比[3]。除此之外，对于集体资产收益的分配，可以在一定程度上向无地少地农户进行适当的倾斜性照顾。往常按集体内的户内人口数量平均分配的方式，虽然在形式上做到了公平，但实质上没有充分考虑到每个农户在承包地数量上存在的差异。

基于多种类型的可赋权措施，集体经济组织应积极听取农民的意愿，在充分尊重无地少地农户的选择意愿的基础上，从根本上避免一刀切以及自上而下的强制性赋权措施，以此来保证赋权的类型与农户的实际需求之间达到精准的匹配。

（三）发展乡村产业

在2022年的"中央一号"文件中提到，持续推进农村三次产业的融合，深入挖掘农业的多种功能与多元价值，鼓励农业大县发展农产品加工业、企业发展特色产业、兴建科技农业产业园、实施"数商兴农"工程，推进电子商务进乡村，鼓励农民参与经营乡村民俗，带动乡村旅游业的发展，加快落实保障和规范农村三次产业融合发展用地政策。

第一，深化产业链是农业发展提质增效的核心。需因地制宜，并不断深入挖掘乡村的内在潜力，结合农业的经济、生态、安全、文化等多重功能，发展现代农业[4]。此外，需要增加乡村发展中科研环节的经费投入，通过改进或革新生产方式来提高产业链的延伸程度，以此来丰富产品种类，更好地满足人民生活需要，实现产业高效、持续发展。

第二，扶持农产品加工企业规模发展。农村产业结构单一，农产品加工企业规模小且数量少，加工品仍主要在初加工的环节，致使产品附加值低利润微薄。而农产品加工业不仅关乎农业、农村的发展，也涉及工业的转型升级，是乡村产业的重要组成部分，是离"三农"最近的产业。因此要加大对农产品加工业的科研投入，提升加工业水平，改变传统落后的加工模式，增加产品附加值，提高产品收益。

第三，促进三次产业深度融合发展。在发展农村产业过程中，依据本地资源，深挖本地乡村传统历史文化，开发特色旅游。科学统筹规划，在保护的基础上合理开发和利用相关资源，大力发展乡村旅游业、休闲农业、民俗文化节等活动，利用第三产业带动第一、第二产业，推动三次产业深度融合发展。

应发展乡村产业，优化产业结构，调整产业布局，加大对 X 产业的开发力度，在保证粮食基本安全层面上，发展现代种养业、农副食品精深加工业、新型服务业、乡村旅游业、农村电商业等，以此来推动农村的三次产业之间的融合与发展，为广大农民群众的提供更多的就业机会，增加他们的经济收益，多元化保障无地少地农户的权益。

我国是传统的农业国，多年以来一直强调"无农不稳，无工不富，无商不活"，农业是根本，也是根基。无论是回顾过去、立足现在，还是展望未来，土地问题自始至终都是我国农村在改革之路上存在的最根本问题之一。农村土地上生存的每一位农民，都应当享有承包土地带来的利益，这就是二轮土地承包到期后再延长 30 年需要得到各级重视和妥善解决的根本性问题。所以，在解决这一问题的过程中，从制定合法规范的农村土地延包流程开始，要确定与之相匹配的土地分配的方案，严格明确和细化农村土地承包及流转经营的准确期限。同时，要在政策和制度上向从未享受到土地承包利益的农民倾斜，并且缩小农村土地延包的土地资产利益差异，确保在接下来的土地延包中，保障每位农民的利益，使二轮土地延包工作更加公平化和合理化。

【感 悟】

一块土地就是一种情怀。短暂的调研已经结束，但是关于土地的思考和感受从未终止。土地是农民生存的物质基础和精神依托，在调研过程中，在所见的有限的农民背后，我体会到他们对土地无限的依赖。无论长者或是青壮年,提到"土地"都能娓娓而谈。播种和收获都是农村土地上崭新的开始。

实践调研与学术研究是相辅相成的,通过调研,我们的学术研究更生动、更具说服力,同时学术研究也为实践提供了理论基础。我们将着眼点置于农村土地问题上,民族要复兴,乡村必振兴。我们要以更加昂扬的精神面貌和更加坚定的信心决心,一步一个脚印办好农民的事,为建设宜居宜业和美乡村贡献自己的力量。

参考文献

[1] 杨宏力. 新一轮农村土地确权存在的问题及政策优化——基于山东省五市七镇的经验研究 [J]. 山东大学学报(哲学社会科学版), 2018 (3): 110 – 121.

[2] 李国祥. 农民承包的土地第二轮到期后再延 30 年 [J]. 中国合作经济, 2020 (1): 12 – 15.

[3] 罗婷婷, 陆林. "第二轮土地承包到期后再延长三十年"的价值及配套政策思考 [J]. 西南大学学报(社会科学版), 2022, 48 (5): 96 – 106.

[4] 吕振东, 高方志, 于国凤. 如何落实第二轮土地承包期后再延长 30 年政策 [J]. 河南农业, 2019 (35): 55, 57.

农村无地少地农户权益保障问题探析

赵曼芝[①]

摘 要：土地对农民而言，具有生产资料和社会保障双重功能。由于二轮土地承包期内不同农户人地数量变化的异质性和不均衡性，诱发无地少地农户这一特殊群体的权益保护问题。在二轮承包到期再延长30年政策实施中，如果无视无地少地农户的渴望和诉求，不仅会固化其弱势群体身份，使其落入贫困边缘，还会极大阻碍乡村振兴。本文结合S县X镇探索无地少地农户社会保障的主要做法，从农户权益保护视角出发，提出建立完善的市场补偿机制，缩小农户阶层的两极分化，加快农民土地权益保护立法进程，形成分地与赋权相结合机制，构建无地少地农民权益保障的法律对策。

关键词：二轮延包　无地农户　少地农户　权益保障

一、引言

改革开放以来，中国农地制度改革一直朝着稳定地权、增强农民信心的方向前进。在农地承包期方面，土地承包期由最初的"15年不变"，延长到"30年不变"，这有利于激励农民对土地的长期投资。在农地权利方面，土地承包经营权由债权逐渐嬗变为物权，权能得到极大拓展和强化，抵押权、退出权、发展权得到认可，强化了土地财产功能，降低了农地交易成本，促进了农业持续增长。由于新增人口错过第二轮土地承包或者少部分农民放弃第二轮土地承包资格等缘故，无地少地农户比例已经不低且人地矛盾凸显。然

---

① 作者简介：赵曼芝，女，陕西杨凌人，西安财经大学法学院2021级民商法学硕士研究生。

而,"增人不增地,减人不减地""承包期内发包人不得调整承包地"、土地确权登记颁证、土地承包关系"长久不变"等法律政策所代表的农村土地制度改革走向,基本上锁定了承包者的范围,即可能使中国农业发展落入地权固化、难以调整的"东亚陷阱",也可能使无地少地农民这一群体的无地局面持续到第二轮承包期届满后甚至终生未等到机会分配土地,导致其作为集体经济组织成员依法享有的承包土地的资格和权利难以得到兑现,进而在漫长的土地承包期内诱发农户间人地关系失衡以及承包地户间人均占有基尼系数攀升等问题。无地农民不同于失地农民,失地农民已经凭借集体经济组织成员身份分得过承包地,只是他们拥有的承包地因公共利益需要而被政府依法征收,同时,按照法律规定失地农民不仅可以获得一笔数额不菲的征地补偿款,还可以享受相应的安置待遇。而无地农民是承包地、农业政策补贴、安置待遇等都与之无分的边缘群体。因此,若忽视无地农民渴望公平分配承包地的诉求,将使他们丧失土地提供的"最后一条保障线",这不仅影响到无地农民的可持续生计,还会影响到脱贫攻坚与乡村振兴战略的顺利实施,甚至影响到农村社会的和谐与稳定。承包地不足以保障家庭的基本生计,如不加以重视并妥善解决无地少地农户的土地诉求问题,可能诱发农村内部激烈的人地矛盾冲突。同时,如无地少地农户的权益保障不充分、不及时、不彻底很容易产生"贫困化"的恶性循环,导致已脱贫的农户陆续返贫,这是与脱贫攻坚已宣告全面胜利极不和谐的,并且第二轮土地承包到期后再延长30年同我国实现社会主义现代化强国战略目标的时间点是高度契合的。因此,农村第二轮土地延包所代表的农地制度改革事关经济转型成效、社会和谐与稳定、乡村振兴战略全局。

X 市作为中华文明和中华民族重要发祥地,是国家重要的科研、教育、工业基地,亦是历史文化名城,正处于快速发展之中。X 市 S 县村组数量巨大,所辖 141 个行政村。我们走访调研了位于 S 县 X 镇的 W 村、J 村、Y 村以及 N 村。本次调研旨在发现在二轮承包过程中的无地少地农民提出的意见和建议,并为其他区域解决类似的问题提供借鉴经验。

具体是通过对全国各地无地少地农民权益保障研究相关文献进行学习借鉴,同时实地走访调研 W 村、J 村、Y 村以及 N 村,对无地少地农民的背景、发展历程、矛盾问题、产生原因进行概述,对无地少地农民权益保障成果进行调查研究。提出相应对策。

二、S县四村的一般观察

（一）基本情况介绍

X镇，隶属于X市S县，地处县境北部，距县城20千米。截至2020年6月，X镇下辖13个行政村。截至2011年末，X镇辖区总人口为30991人。总人口中，男性为17970人，占58%；女性为13021人，占42%。总人口以汉族为主。人口密度为每平方千米398人。截至2018年，X镇户籍人口为29405人。

（二）内部管理组织

1. 组织结构

W村、J村、Y村、N村由村委会进行管理，目前四个村组织结构含党支部、村委会及监委会。

2. 管理事务

W村、J村、Y村、N村目前的事务管理主要是由村内自我事务及政府布置的事务两部分组成。

W村、J村、Y村、N村村委会负责：

（1）协助做好社会救助、劳动就业、计划生育等社区公共服务工作。

（2）协助做好人口管理、房屋管理、环境卫生等社区公共管理工作。

（3）协助做好社区治安、疫情防治、防灾救灾等社区公共安全工作。

（4）协助做好未成年人保护、残疾人和老年人保障等群众权益保障工作。

（5）协助做好农业生产管理和农村建设管理等工作。

法律、法规、规章明确规定由村居委会承担的且不属于村居委会协助行政事务范围，由村居委会依法依规依章办理。

村内自我事务管理的内容主要是与村民利益密切相关的公共事务，调解解决本居住地区内的各种纠纷，如村民之间、邻里之间、村民与集体之间的纠纷等。村民委员会兴办的公共事务和公益事业主要有修桥建路、修建码头、兴修水利、兴办学校、幼儿园、托儿所、敬老院、植树造林、整理村容、美化环境、扶助贫困、救助灾害等。

(三) 集体收益来源

1. 上级拨款补助

上级拨款补助为每年上级对村级办公运转、人居环境整治、扶贫帮扶、党员教育等方面给予的资金补助。

2. 承包地发包

各村属于集体的承包地、荒山、林地等资产，通过公开发包的形式，每年收取承包费。这是农村集体收入的主要形式。

3. 集体资产出租

一些属于村集体的资产，比如厂房、土地、窑厂、楼房、村办企业等，通过出租给他人经营，按年收取租金。

4. 村办企业或合作社

一个村集体创办村办企业或者农民合作社，通过明确集体股份，每年将分红上缴集体账户，成为村集体收入。

5. 占地补偿款

一些征地项目，除了赔偿农民的土地外，村内道路、沟渠、绿化苗木等属于集体的财产，也要给予补偿，这部分补偿就成为村集体的一次性收入。

三、二轮延包无地少地农户权益保障缺位引发的问题

(一) 影响无地少地农户的可持续生计

征地补偿标准是土地征收环节中的重要一环。公平合理的征地补偿标准有利于保护农民土地权益，征地补偿标准不合理就会侵害农民土地权益。"产值倍数法"是我国现行的征地补偿标准，是土地现有用途产值与倍数乘积，这种征地补偿标准属于计划经济体制的产物，征地补偿标准偏低，在实践中存在局限性：(1) 忽视了土地发展权和长期性收益[1]，具有政府行政权本质属性，是政府采用行政手段确定的征地补偿标准；(2) 忽略了土地市场价值。"产值倍数法"没有考虑土地市场价格，没有真正体现土地的市场价值，其补偿标准无法体现土地市场因素，缺乏科学性，进而侵害农民的土地利益。

目前无地农民补偿安置方式单一，不能满足农民多样化需求，农民的可

持续生计难以得到维持。《土地管理法》规定，征地补偿主要采用"货币补偿加安置"方式，除货币补偿外，法律法规还规定多样化安置方式，包括就业安置、社会保障安置、入股安置等方式，但在实践中无地农民补偿安置方式多为"一次性货币补偿"方式，其他补偿方式成为辅助性方式。据调查，一次性货币安置补偿在中央政府审批的建设项目中占90%以上。货币补偿安置方式易于操作，易于被农民接受，但是农民获得货币补偿后，失去对土地的依赖性，丧失了与土地相关就业权和社会保障权，再加上理财知识缺乏，往往将得到的补偿货币挥霍一空，其养老及社会保障失去保障，影响社会和谐与稳定。

（二）容易造成农户阶层内部的两极分化

在土地调整被法律政策严格限制的情况下，培育土地流转市场使无地少地农户在有偿的前提下有地可种，成为保障无地少地农户权益的主要途径。这使得大量在农村拥有承包地的进城农民成为纯粹收租的"不在村地主"，他们可以将土地租赁给无地少地农户，无须劳动就能以租金形式参与到无地少地农户农业经营收益的分享。这导致了不公平不合理的现象，即土地依赖程度较高的农户不仅缺地、少地，想要种地还要承担土地租金这一经济负担。同时，通过土地流转解决有地可种的问题，还会使得无地少地农户面临竞争性地租问题。根据"经济人"假设，多数农户和集体经济组织更愿意将承包地流转给经济实力雄厚的家庭农场、合作社、龙头企业等新型农业经营主体。除了风险小、交易关系稳定之外，最为重要的是他们对于土地租金出价更高，能够带来更丰厚的回馈。如此便导致无地少地农户在土地流转价格上竞争力不足，很难流转到满足预期性价比要求的土地，或者只能租种贫瘠的、边角的、偏远的土地，乃至渐渐被排挤出农业领域。综上原因，农户间的经济实力差异、承包地分配不均匀等因素相互叠加，可能加剧农户阶层分化，导致农户间贫富状况悬殊，形成"马太效应"，阻碍城乡的融合发展[2]。

（三）制度不完善，未能充分保护无地农户权益

一是法律上未明确界定"公共利益"概念。法律规定，政府只有在涉及公共利益时才能征收农村用地。但未对"公共利益"明确界定，这就导致"公共利益"的范畴由地方政府随意规定。诸多现象表明，农民的土地被强行

征收或征用,农民土地权益受到侵害已屡见不鲜。

二是法律的时效性维护不了农民的合法权益。随着城镇一体化,农民土地权益受到了各种不同方式的侵害,保护农民土地权益是急需解决的一道难题。因为现行土地方面的法律明显滞后于所需要保护的权益,当农民的合法权益受到侵害时,相关法律却无法解决,这就给一些打着以公共利益需求为旗号的群体以可乘之机。虽然《中华人民共和国宪法》(以下简称《宪法》)确定了土地补偿和保护私有财产,从最高人民法院的角度明确了农民的土地权益,但是其他《土地管理法》《农村土地承包法》等法律却有冲突,这也给企图侵犯失地农民权益而满足自身利益需求的群体带来可乘之机。在具体实施过程中,存在着征地补偿标准偏离市场价、分配不合理、征地程序不规范等问题[3]。

(四) 容易造成无地少地农户的劳动力过剩

无地少地农户的家庭成员更有可能处于"隐性失业"之状态。首先,无地少地局面容易造成农村劳动力过剩,特别是季节性的劳动力资源闲置。农业生产劳动力的季节性需求和集中往往会导致农民的季节性失业,即使是在农忙时节也可能剩余相当数量的劳动力,如劳动力多而土地少的农户,有可能在农忙季节未结束时已经做完自己农田的工作,故而,农户会因承包地短缺形成劳动力"挤出"效应。其次,大规模农民进入城市务工,但由于受教育程度普遍不高、缺乏专业技能等原因,他们在城市所得工资仅能达到维持基本生活所需,迫使人多地少农户的部分家庭成员"半工半耕",同时依赖不稳定的农业收入和低水平务工收入,致使其在城乡之间的劳动力投入都难以达到"饱和"状态。最后,在由于新冠病毒感染疫情等原因导致城市经济不景气或者城市推动经济转型升级的背景下,无地少地农户内的普通劳动者更难以在城镇找到合适的岗位就业,而其返回农村也将面临着无地可种或有些许耕地但所产粮食、果蔬仅够糊口的尴尬局面。

四、二轮土地延包中保障无地少地农户权益的对策建议

(一) 建立完善的市场补偿机制

合理且公平的征地补偿有利于保障无地少地农户土地权益。(1) 建立土

地补偿市场机制。按照农地类别，确定不同类型农地市场补偿标准。根据城乡规划，对农地进行划片规划和分类，对不同类型农地确立基准地价。对商业用地，在基准地价基础上，确定农地市场价值，按照其市场价格进行征地补偿，政府行使土地公平交易维护者的职责，不参与土地利益分配。对公益性用地遵循基准地价基础，禁止损害农民土地权益。（2）探索农村集体建设用地入市交易制度。单一性政府主导补偿制度补偿标准低，侵害农民土地权益。在农村集体建设用地入市交易制度引入市场机制，通过市场实行农地交易推进农地规范化流转，实现农地"同地、同权、同价"。（3）构建土地市场补偿机制，需要修改和完善《土地管理法》。实行"征地按市场价格补偿"，在土地补偿中增设"社会保障补偿费"规定，为农民提供生活保障[4]。

（二）缩小农户阶层的两极分化

首先，在第二轮土地承包期届满时，无地少地农户可以凭借户内没有分得承包地的成员之承包权要求所在集体经济组织供给承包地，这是合理合法的[5]。其次，在"大稳定""小调整"的传统操作思路下，目前保障无地少地农户权益的思路局限在"先找地，后分地"的模式，忽视了保障无地少地农户权益应遵从在"地里"想办法与在"地外"做"文章"相结合的原则。其实无地少地农户可以凭借其成员资格平等地分享集体资产收益，例如集体经营性建设用地入市收益、集体经济组织向新型农业经营主体收取的管理费等[6]。最后，现阶段保障无地少地农户权益的启动时点过于集中在第二轮土地承包期届满时缺乏灵活性和机动性，致使无地少地农户在漫长的等待期无法凭借集体成员权获得本应享有的生存和发展权益。因此提出"有地分地，无地赋权"的无地少地农户权益保障机制，实现无地少地农户的权益保障方式从单一走向多元，权益保障时点从静态的"先搁置问题，集中统一解决"转变为动态的"即时出现，及时解决"与"先搁置问题，集中统一解决"相结合，进而实现无地少地农户的权益保障对象更精准、方式更多元、力度更到位、提供更及时。与此同时，避免了打乱重新再分配的"大调整"，亦极大程度减少农户之间承包地相互调剂的"小调整"，牢牢地维护了农地产权的稳定性。

（三）加快农民土地权益保护立法进程

现阶段，随着城镇一体化进程步伐加快，法律时效的滞后性与日新月异的土地纠纷问题呈现顾此失彼的局面，经济发展速度已经远超当前相关土地法案的立法进程。而当前政府部门的立法进程相对比较缓慢，因此制订、修改土地相关法律法规显得刻不容缓。政府应努力做到法律与现实相对应，依当前形势分析来看，政府可从如下两个方面进行准备。第一，修改针对与农民切身利益相关的土地法，如《农村土地承包法》等能及时有效地保护农民土地合法权益。第二，制订相关法律法规，根据现实生活中出现的土地纠纷，建立一套行之有效的立法机制，充分听取广大农民的心声，最后从法律上明确哪些是农民的合法权益，从而为农民维护正当权益提供法律依据。

与此同时，我们还需要以行政条例规范政府行为，同时加大惩罚力度。个别政府执法工作者滥用手中职权在征地过程中违法乱纪，完全不顾广大农民的合法权益。针对这种行为，监管部门应随时督察，出现后及时取缔，真正做到有则改之，无则加勉。要增大惩罚力度，尤其是非法征地行为。根据实际情况增加执法成本，从根本上解决侵占农民土地合法权益的问题，使农民正当权益得到相应保障。

（四）分地与赋权相结合机制

如集体经济组织既有依法可调整再分配的土地资源，又具备通过"赋权"以保障无地少地农户权益的能力，可以采用"分地"与"赋权"相结合机制。首先是"分地"与"赋权"相结合的权益保障标准确定及价值量测算。在集体经济组织清产核资、制定权力清单、确定享有权益保障资格的无地少地农户总量的前提下，科学制定"分地"标准、"赋权"标准，测算"分地"与"赋权"所蕴含利益的价值量，使之既控制在集体经济组织"三资"这一禀赋之可承受的范围以内，又能够有效平衡无地少地农户与有地农户相互之间的利益关系。其次是"分地"与"赋权"相结合的选择意愿。无地少地农户在家庭成员结构、城镇化程度、家庭生计模式、家庭生命周期（诞生阶段、发展阶段、萎缩阶段）所处阶段存在巨大差异，故而无地少地农户的类型多种多样且高度分化。在新时代背景下，无地少地农户的美好生活需求呈现多元化、意愿诉求和行为方式呈现多样化。因此，在精准计量选择意愿的基础上，应允许无地少地农户在"分地"和"赋权"之间自由选择，甚至可以采取"分地"和"赋权"的搭配方式，以最大限度地满足无地少地农户对权益保障方式的真实诉求。再次是"分地"与"赋权"相结合的规则次序。按照既定的标准，如不能实现对无地少地农户权益保障的全覆盖，就需要适当调低标准，或者制定无地少地农户获得保障的规则次序等予以应对、化解冲突。最后是"分地"与"赋权"相结合的刚性与弹性。一方面，应保障无地少地农户权益保障方式选定后的稳定性和公信力；另一方面，应放开权益保障方式的二级互换市场，允许初始选择"分地"或者"赋权"的无地少地农户之间进行自由交换，并享受相应的保障利益，以在动态上使得无地少地农户对保障方式的内心潜在诉求与现实获得保障方式之间的精准匹配。

五、总结与展望

现阶段，我国城镇化已进入高速发展时期。然而在迅速推进城镇化的进程中，逐渐引发多重深层次的矛盾，其中广大无地少地农民权益保障问题正日益凸显。如何在城镇化进程中切实维护和尊重农民根本利益、保护无地少地农民合法权益是破除城乡二元结构、深化农村改革的关键问题，对于我国依法推进新型城镇化具有重要意义。本研究立足二轮土地承包背景，提出农村土地制度政策应该兼顾公平与效率两个方面。首先，在效率层面，应该坚决贯彻土地承包关系"长久不变"这一法律精神，强化地权稳定性，保护进城农民的土地合法权益。其次，在公平层面，不应忽视无地农民的合法权益保护和利益诉求，应该在"摸清家底"的基础上进行"统筹配置"，构建起"有地分地，无地赋权"的无地农民权益保障机制，以真正体现农村土地劳动人民群众集体所有制的制度优越性。

【感 悟】

全面推进乡村振兴，最艰巨最繁重的任务仍然在农村。应坚持农业农村优先发展，坚持城乡融合发展，畅通城乡要素流动。二轮土地承包到期再延长30年，实际上实现了土地承包的"变"与"不变"的辩证统一，可以说这是农村一项重大的制度改革创新，既满足了农民稳定承包权的需要，又满足了流转经营权的需要，从而有利于形成多种形式的适度规模经营，发展现代农业。能够参加此次二轮土地承包到期再延长30年下乡调研实践活动，我倍感荣幸。对于我来说，这次实践让我能够走出校园，亲身接受社会这个大课堂的洗礼，同时深刻认识到土地作为农民的命根子，是农民赖以生存和维护生活的基本保证。

参考文献

[1] 郭洁，李新仓. 集体土地征收补偿市场标准的立法构建 [J]. 理论月刊，2015（10）：94-98.

[2] 刘灵辉，向雨瑄. 第二轮土地延包中无地少地农户的权益保障策略研究 [J]. 贵州师范大学学报（社会科学版），2022（2）：90-98.

[3] 张昊，隋想. 新型城镇化进程中失地农民权益保障法律问题研究 [J]. 哈尔滨商业大学学报（社会科学版），2014（1）：101-107.

[4] 王军力. 新型城镇化进程中失地农民权益保障法律问题研究 [J]. 农业经济，2018（11）：70-71.

[5] 姚志. 二轮承包到期后农地调整的理论逻辑与社会影响 [J]. 现代经济探讨，2021（1）：104-112.

[6] 宋志红. 农村土地延包难点问题探析 [J]. 行政管理改革，2016（5）：43-47.

二轮承包到期后人地矛盾的处置路径和重心

谢珍容[①]

摘　要：土地是财富之母，土地问题对于具有几千年传统农业社会历史的中国而言，更具有特殊性和重要性。自党的十八届三中全会后我国全面启动农村土地制度改革进程以来，我国农村面貌发生巨大变化。目前，第二轮土地承包即将到期，到期后应坚持延包原则，不得将承包地打乱重分，确保绝大多数农户原有承包地继续保持稳定。这个"大稳定、小调整"的原则是否切实符合农户意愿和利益，我们通过实地调研，发现推行延保方式最关键的在于各村要结合自身实际，做好相关政策衔接，积极探索解决人地矛盾的多种途径，为全面开展延包工作提供政策依据和制度保障。

关键词：乡村振兴　人地矛盾　土地承包　延包方案

一、引言

党的十九大报告在阐述实施乡村振兴战略问题时，提出"保持土地承包关系稳定并长久不变，第二轮土地承包到期后再延长三十年"的政策。它表明再延长30年是同我们实现强国目标的时间点相契合的，到建成社会主义现代化强国时，我们将再研究新的土地政策。从2023年开始，我国农村第二轮土地承包将相继到期。土地承包后再延长30年，是给广大农民的一颗定心丸，也写进了修订后的《农村土地承包法》。2022年开始选择一些县市进行延包的试点，在总结经验基础上形成全国的政策和配套办法。在全国范围内

[①] 作者简介：谢珍容，女，湖南邵阳人，西安财经大学法学院2021级民商法学硕士研究生。

有相当一部分农户对土地承包到期后的调整有所期待。农户对土地调整的期待不仅涉及具体利益问题（人多地少的农户要求调整），更涉及社会公平问题（部分人少地多的农户也认为土地应该根据人地关系进行调整）。由于土地问题纷繁复杂，牵涉广泛，因此需要倾听农民呼声，及时化解问题，妥善处理矛盾。为此，我们走访调研位于S县的四个村，调查民意。本次调研旨在发现延包土地政策保障农民权益的契合度，为接下来展开延包具体实施政策细则提供科学性建议。

本次调研以S县四个村全体村民对此次"二轮承包再延长30年"以及"大稳定小调整"方针的认识和意见为调查内容，研究思路是通过对学者理论文献进行学习参考，同时实地走访调研四个村，了解重要主体即农民的真实意愿和真实情况，发现土地承包制度的发展历程、矛盾纠纷、产生原因等。对这些问题加以总结及分析，为做好第二轮土地承包到期后的具体衔接工作提供建设性意见，并完善对策。

二、二轮土地延包到期后人地矛盾的背景

土地是农民安身立命之根本，对于农民的重要性不言而喻。当与农民谈及土地问题的时候，更能感受到他们对土地的浓厚感情。农民钟爱自己的土地，他们出生在这片土地，成长在这片土地。"为什么我的眼里噙满泪水，因为我对这土地爱得深沉"，道出了每一个农民的心声，是每一个农民无法用言语表达的对土地的全部感情。日出而作，日落而息，是每一个普通农民的真实的人生写照。

农民对土地是精神和物质双层依附的。从物质层面来讲，土地是农民的希望，所有的吃穿用住，都得依赖土地来提供。他们深知泥土的珍贵，"面朝黄土背朝天"是他们呈现的"工作状态"。从精神层面上，农民对土地的热爱和依恋仿佛是与生俱来的，他们视土地为最纯粹干净的珍宝，很多时候他们更重视土地情感价值而不是财富价值，土地成为了他们的精神寄托，这种深厚的"恋土情结"是刻在老一辈农民骨子里的。他们对土地的强烈感情，又会潜移默化地影响一代又一代人，会感染新一代的年轻农民，使年轻农民即使在城市立足后仍然心系家乡的建设，努力投入我国农业农村的现代化建设中。虽然随着城镇化发展，"离土农民"越来越多，但是"乡音无改"仍是

每位"离土人"以故土为荣的真情流露。他们依旧对土地钟爱有加。所以在制定农村土地政策的时候必须考虑农民对土地的情感和态度。如我们询问村民们在绝户或外迁状况下土地是否要收回时,很多村民都表示不要收回,可感知他们对土地的情感。故而尊重和保护农民的土地资产,也应成为政策制定时的考虑因素。

通过调研倾听农民的心声,我们感受到了他们与土地丝丝缕缕的联系。农民对土地的虔诚,也让我们产生了对土地的敬畏和对土地的感恩。因为有农民与土地相伴,才让我们看到了五谷杂粮在静静生长,才让我们真正理解了什么是"农民孕育土地,土地反哺农民"。因此与土地相关的政策更要谨慎,以农民为本、以农民的利益为出发点和落脚点,才能让政策带动农民的积极性、主动性和创造性。应让政策成为农民的保护屏障,防止农民利益受损。

2018年"中央一号"文件《中共中央 国务院关于实施乡村振兴战略的意见》提出,要坚持农业农村优先发展,坚持农民主体地位,坚持因地制宜、循序渐进实施乡村振兴战略[1]。指出在乡村振兴过程中要充分尊重农民意愿,切实发挥农民在乡村振兴中的主体作用,调动亿万农民的积极性、主动性、创造性,把维护农民群众根本利益、促进农民共同富裕作为出发点和落脚点,促进农民持续增收,不断提升农民的获得感、幸福感、安全感。同时挖掘乡村多种功能和价值,保护历史悠久的农耕文明。深入挖掘农耕文化蕴含的优秀思想观念、人文精神、道德规范,充分发挥其在凝聚人心、教化群众、淳化民风中的重要作用。科学把握乡村的差异性和发展走势分化特征,做好顶层设计,注重规划先行、突出重点、分类施策、典型引路。既尽力而为,又量力而行,不搞层层加码,不搞"一刀切",不搞形式主义,久久为功,扎实推进。所以二轮土地延包制度政策要以乡村振兴战略为导向,来促进中国农村稳定的人地关系。

三、二轮土地承包到期后人地矛盾的处置路径

党的十九大提出,保持土地承包关系稳定并长久不变,第二轮土地承包到期后再延长30年。承包地的"长久不变"对于巩固农村基本经营制度、促进现代农业发展、推动乡村振兴战略实施、保持农村社会的和谐稳定等意义

重大，影响深远[2]。政策目标是防止农地不断细分、推动适度规模经营，防止农民权利受损、推进承包权固化，防止农地产权纷争、持续改善耕地地力，保障粮食安全。为进一步细化长久不变政策的具体内涵，中央于2019年11月出台了具体政策，主要回答了全国人民十分关切的两个重大问题：一是稳定土地承包关系，不得大调整重新分地；二是解决人地矛盾问题，对人地矛盾突出的家庭通过"三类地（机动地、开荒地、自愿退回地）"和就业扶助与社会保障进行解决。

土地承包再延长30年是在二轮承包到期的背景下的特定产物，不仅代表着"增人不增地，减人不减地"等政策方向，也是一个市场信号，成为学术界和民众关注的一个焦点。本次调研在和农民沟通交流后，了解到他们对目前延包30年政策的真实看法以及他们自家土地承包的真实情况：人多地少、地少人多的情况不在少数；人多地少的农民在谈及人地矛盾的时候情绪波动最大。人地矛盾的问题是二轮承包延期的关键性问题之一。为了能够推行接下来延包的微观政策，依法维护农民土地权益，保持农村土地承包关系总体稳定，保证广大农民群众满意，就必须解决好人地矛盾这个难题。为此，二轮土地承包到期后人地矛盾处置路径主要包括以下几个方面。

第一，要坚持承包关系长久稳定。在赋予农民更加充分而有保障的土地权利的基础上，思考如何具体化推行"大稳定小调整"的方式，即如何在小调整上下功夫。首先在稳定的导向下，要保持现有绝大多数的农户承包地不变，根据人口数量增减分配是行不通的。但是通过调研了解到，绝大多数农民确权的土地是分散的，他们都愿意合并成大块田，愿意自己的地集中在一块，这样方便耕作。如果可以通过地块调整调和农民间的需求和利益，那么人地矛盾自然也就得到缓和。通过地块调整，也能从中去调整、合并、兑换出一定的面积，可以由集体再适当安排处置，如分给人多地少的家庭。另外对于进城落户人口应当鼓励其自愿交回承包地，采取有效的激励措施，而不是强制收回，因为强制会破坏农民对土地的感情。所以在鼓励措施上，村集体可以采取经济补偿的方式鼓励农民自愿交回承包地。这些承包地收回后，有利于促进土地流转，发展适度规模经营，实现农业现代化和农村的"长治久安"。

第二，要重视外嫁女或入赘男等特殊群体的权益保护。因为人地矛盾并非"增人不增地、减人不减地"的矛盾，通过调研，我们发现有农民提到外嫁女两头无地的情况。认定集体经济组织成员并不能完全以户籍作为依据，在通过户籍管理反映人口流动、劳动力转移等情况下，涉及农村承包地时，最有可能受户籍影响的是外嫁女和入赘男这两种情况。在实践中，外嫁女（或入赘男）都有可能面临着"两头空"或是"两头占"的情况，出现这种情况的原因就在于主要以户籍作为标准来判定。实际上，外嫁女（或入赘男）这类群体不应成为特殊人群。婚嫁本就是人类繁衍生息的自然之理，如果因为跨地区（地域）结婚导致某一方成为特殊群体而利益受损的话，不仅有悖人伦，更是阻碍社会进步发展的绊脚石。随着城镇化扩张、集体产权制度改革等，征占地补偿、集体股权等所产生的巨大利益导致的纠纷与日俱增。按照历史传统，"嫁出去的女儿泼出去的水"这种观念根深蒂固，自从女儿出嫁后，其在娘家的权益自然不再享有，因其已成为婆家的一分子；同样，婆家虽然将媳妇儿娶进门，却始终认为她是外人。这种封建思想就导致了有些外嫁女权益"两头空"的情况。根据中国裁判文书网数据，尤其在广东集体产权收益丰厚的地区，外嫁女权益纠纷的案例明显高于其他经济发展落后的地区。有鉴于此，有些地方为了避免这类纠纷，允许夫妻选择一方户籍所在地享受权益，并签署"声明"放弃另一方所在地权益。如在湖南省湘潭市某村开展集体经济组织成员身份确认工作时，女方即签署声明，明确表示"放弃夫家集体经济组织成员资格、耕地的承包权、宅基地的使用权、集体财产收益的分配权利"。女方之所以会选择放弃夫家集体经济组织成员身份资格，原因在于女方所在村集体的经济条件明显优于男方，能够获得的利益远高于男方所在村集体经济组织。我国法律政策明确保护承包户每一个家庭成员的权利，并且签署该声明是民法上的权利处分行为，并未违反公序良俗，且被所在村集体经济组织认可，也是当事人的真实意思表示。"声明"只要具备民事法律行为构成要件就应认定为合法，假如将来出现纠纷，也应根据诚实信用原则确认"声明"的有效性。签署声明避免了"两头占"或"两头空"的情形，在实践中，这类"声明"也可以作为推进工作的方式方法。当然，能够被证明是违背当事人真实意思表示的除外，如受到胁迫、欺诈等情形[3]。可以说，签署"声明"的方式推进了集体经济组织成员资格认定工作，在第二轮土地承包到期后再延长30年签署承包合同时，也能够提供依据。

第三，加大政策宣传。防止农民对推行的调整人地矛盾的政策一概不知，从而增加落实的阻力。每一个政策的推行落实到位都离不开前期的宣传，只有广泛宣传,才能让每一个农民真正地了解政策内涵和政策实施方案,才能让农民放心,这也是尊重农民主体的地方,尊重农民意愿的体现。现在互联网时代宣传渠道可以更加畅通,以广播、电视、微信公众号、贴士、告示、宣传单等多种形式宣传土地延包中调和人地矛盾的具体对策措施,让农民真正了解政策之后,农民才会愿意配合加入农地小调整中来。

第四,严格监督调地过程。首先,依法摸清集体经济组织依法可调整再分配的土地资源状况。集体经济组织要通过"分地"保障无地少地农户的权益,首先要确保自己手中有地可分。根据现行法律政策,集体经济组织掌握的依法可调整再分配的土地资源主要包括:集体机动地、土地复垦等新增土地、收回农村"消亡户"的土地、农户自愿交回的承包地等。这些土地资源都是依照现行法律政策可以归集体经济组织掌握或者收回的,不存在侵犯农户土地承包经营权的行为。因此,在第二轮土地承包期满前,在政府部门的统一组织下,集体经济组织应摸清这些依法可调整再分配的土地资源的数量、质量以及空间分布等情况。其次,科学制定无地少地农户可以分配获得承包地的数量标准。集体经济组织应综合考虑无地农户的数量、少地农户的数量及其缺地程度,以及依法可调整再分配的土地资源数量、质量和这些土地的现实利用状况等因素,参照第二轮土地发包时人均承包地面积或者集体经济组织现行人均承包地面积,科学确定每个无地农户、少地农户可以分得的承包地数量标准。如集体经济组织在第二轮承包期内土地调整比较频繁,或者近些年采取过打乱重新再分配的"大调整"模式,此时,无地少地农户内没有分得承包地的成员应分配获得的承包地数量,应当参照现行集体人均承包地面积来确定。总之,通过分地,最终要达到的目的就是使无地少地农户的人均承包地面积达到所在集体经济组织的平均水准,实现形式上的公平。最后,合理确定无地少地农户的"分地"规则次序。按照既定的"分地"标准,在集体经济组织掌握的依法可调整再分配的土地资源数量供不应求时,则需要基于公平的原则,构建集体经济组织民主协商"分地"的议事制度,按程序、分轻重缓急地将土地发包给相应的无地少地农户。调动并地、分地应当遵循如下原则:一要尊重农民的主观意愿,二要保证少地农民之地不减,三要签字盖章,注重调整流程,确保分地有据可依。

第五,确保土地承包经营权流转渠道畅通[4]。首先,通过承租土地,既可以发挥土地经营能手的优势,又可以扩大经营规模,降低农业生产成本,从整体上增加经营农业的收益。对出租方来说,承租方经营效益较好后,根据出租合同,出租方可以获得较为稳定和可观的租金收益。对承租方来说,一般租入土地是为了扩大农业经营规模,出租方是无力经营或者是外出就业没有精力或者不愿经营承包地的农民,在自愿、依法和有偿的原则下,将土地出租给种植能手或者实力雄厚的大户、农业企业等进行规模经营。其次,土地承包经营权出租可促进务工农民转变生活方式,从事外出务工脱离农业生产,增加其收入。由于我国经济发展不平衡,东部地区经济比较发达,而中部、西部地区经济发展相对缓慢,外出务工的农民也多是来自中西部经济比较落后地区,其从事的行业也多属于劳动力密集型行业和劳动强度比较大的行业。但是与单纯务农的收入相比,务工收入还是有增加。农民外出务工除了可增加收入之外,还可促进务工农民更新观念,转变生活方式,学习到较先进的技术,为农民的持续发展起到很好的促进作用。因为流转土地承包经营权,农民不种地也能获得收入,改善了农民对土地直接的依赖,也能缓和人地矛盾。

四、土地二轮承包到期后人地矛盾处置重心

(一)提高实现农民土地权益的教育基础

应注重农民学习能力的培养,提升农民的权利意识,促进农民确立对法定权益的认知边界,在土地流转交易中有效地行使自身权利,切实发挥农民主体性作用。要完善实现农民土地权益的组织基础,加强对土地流转交易程序化和规范化的管理,政府部门要完善对土地流转交易的服务体系,通过建立土地流转中的谈判决策机制、契约实施机制、利益分配机制、纠纷惩处机制,形成"合力"多维度地促进农民土地权益的实现[5]。构建实现农民土地权益的制度基础。建立多层次的法律法规体系,在土地流转相关制度设计与实施中,明晰土地流转交易主体的责权利,在明确的法定权益边界范围内提高农民在流转交易中的能动性、自觉性、自主性,保障农民自主参与、自主决策、自主监督。

（二）化解农民土地承包经营权纠纷

面对土地的再分配，很可能出现农地纠纷，村组内部可能以协议的形式规定若干年即进行一次小调整，变相地以群体的力量直接或者间接地反对"30 年不变"的制度设计；他们自觉不自觉地按照传统的民间惯例行事，如"祖宗田"意识、排斥外来人分享本村的土地等。因此要了解土地纠纷的概念、特征、种类，研究土地纠纷的主要成因，土地纠纷适用的法律关系和土地纠纷的调研方法与技巧，便于妥善处理。解决好因土地产生的各类纠纷争议，对维护社会稳定和当事人的合法权益具有重要现实意义。可以通过司法系统的介入以及仲裁渠道等多种途径去解决矛盾纠纷，保护农民土地权益[6]。

（三）始终坚持因地制宜

我国幅员辽阔，民族众多，各地资源禀赋、生产力发展水平差异较大。因此深化农村土地制度改革，应始终坚持从实际出发，因地制宜、分类施策，做到对症下药、量体裁衣。鼓励各地立足资源条件、经济社会发展阶段和区域发展战略定位，在中央的总体部署下，开展符合实际的实践探索和制度创新，不搞"一刀切"。在遵循"大稳定、小调整"的原则下允许不同发展状况的村落选择适合自己的调整方案去实现村民利益最大化，实现农村土地承包关系稳定化，实现农村产权制度不断完善。

（四）统筹城乡发展，促进城乡融合

不仅要关注村民间农地矛盾的解决，也要关注整体的乡村依地致富，缩小城乡差距的趋势。需要放活农村土地经营权交易，建立更为完善的城乡融合土地要素市场。农村土地交易流转会通过多种途径提升农民收入，缩小城乡差距。这种作用的发挥得益于农村土地改革带来的流转限制放松与城乡要素市场差距的缩小。因此，需要进一步完善城乡融合的土地市场制度，由此弥合过去城市偏向性政策所造成的不合理的城乡收入差距。农民富起来、乡村强起来与人地关系也是挂钩的。

目前，农村土地制度改革又将站在新的历史起点上，任务艰巨而繁重。有的改革已全面推开，制度绩效初步显现，需要上升为国家法律法规；有的改革仍在试点，需要进行总结完善，形成可复制可推广的模式和经验；有的改革尚未破题，需要加强研究、探索试验，找到可行的改革路径和方案。下一步，要贯彻落实习近平总书记关于农村土地制度改革的重要论述，坚守底线，推进改革扩面、提速、集成，加强制度创新和制度供给，让农村资源要素活起来，激发广大农民积极性和创造性，为乡村振兴提供强大动力。需要认真落实农村土地承包关系稳定并长久不变政策，衔接落实好第二轮土地承包到期后再延长30年的政策。

要持续强化农村地权稳定性的农村土地制度改革走向，给农民吃下了一颗土地权利"定心丸"，激励农户对承包地的长期投资[7]。由于漫长的第二轮土地承包期内不同农户人地数量变化的异质性和不均衡性，也诱发了无地少地农户这一特殊群体的权益保护问题。在第二轮土地承包到期后再延长30年的实施过程中，如若无视无地少地农户的渴望和诉求，不仅会固化其弱势身份，使其落入贫困边缘，还会极大阻碍乡村振兴之路，间接影响整个社会的和谐发展。因此，衔接好相关政策即在政策宣传、分地机制、纠纷解决机制等方面不断完善，以减少第二轮土地承包到期后再延长30年政策贯彻落实中的阻力和障碍，做到真正维护农民权益，促进全面乡村振兴。

【感悟】

6月末，值夏至之际，我们有幸参与学校的调研活动。在与每一位村民的交流中，我们与农民和乡村建立了更深的感情，对国家乡村振兴战略和对"三农"有了进一步的认知，也正是这样的实践机会，培育了我们理论联系实际、学以致用的能力。在调研活动中学思结合、知行合一，我们每个人亦收获了一份独属于自己的与众不同的调研心得。作为一名农村法治专业的学子，不仅要有美好的心愿，更要有投身乡村建设的坚定的信念和使命。所以对于在调研中发现的农民真切的想法、乡村建设的难题等，都必须细致地从专业的角度去思考，在专业知识和实践活动的有机结合中剖析问题、解决问题，以能够为分担农民的忧虑和实现乡村振兴贡献一份微薄的力量。乡村振兴是时代主题，感谢学校致力于培养我们成为高素质、有担当的综合型人才，让我们以调研走访的形式参与践行乡村振兴及推进农业农村现代化的进程，感受乡村的魅力，认知乡村的真谛，进而树立投身乡村振兴的热情和信心。

参考文献

[1] 王彬. 二轮延包到期后土地承包关系长久不变的路径探析——以辽宁省农村土地承包情况为例 [J]. 农业经济, 2022 (6): 110 - 111.

[2] 姚志. 中国农村人地矛盾: 未现之谜与二轮延包处置思路 [J]. 经济体制改革, 2021 (6): 77 - 83.

[3] 朱冬亮. 土地延包"30 年不变"的再认识 [J]. 农业经济问题, 2001 (1): 37 - 41.

[4] 林煜. 二轮延包中土地承包经营权主体资格的认定——以"整户消亡"为视角 [J]. 西北民族大学学报 (哲学社会科学版), 2021 (6): 133 - 140.

[5] 朱冬亮. 农民眼中的土地延包"30 年不变"——基于信访材料的分析 [J]. 中国农村经济, 2001 (2): 27 - 32.

[6] 河南省农村社会经济调查队农村土地延包状况问卷调查报告 [J]. 农业经济问题, 1999 (2): 6 - 11.

[7] 朱道林, 王健, 林瑞瑞. 中国农村土地制度改革探讨——中国土地政策与法律研究圆桌论坛 (2014) 观点综述 [J]. 中国土地科学, 2014, 28 (9): 89 - 94.

检视与破局：农村土地经营权流转的路径探析

王田田[①]

摘　要：农村土地"三权分置"背景下，我国土地经营权性质仍存在债权、物权、二元说的争议。现阶段 S 县 X 镇农村土地流转问题主要体现在流转形式单一、流转程序不规范、流转管理缺位等。原因主要在于土地细碎化严重、农民法治意识薄弱、相关机构履责不力等。为此，应多举措丰富流转形式、规范流转程序、加强基层管理队伍建设，探索符合 S 县未来发展要求的土地经营权流转路径。

关键词：土地经营权　流转　土地细碎化　基层队伍

一、引言

随着市场经济的发展，土地作为一种资源和生产要素，必然要求合理流动和优化配置。中共中央、国务院 2014 年印发的《关于引导农村土地经营权有序流转发展农业适度规模经营的意见》指出，土地流转是发展现代农业的必由之路。后《农村土地承包法》将"三权分置"制度法制化，土地经营权正式入法。为加快农业农村现代化，农业农村部于 2021 年发布《农村土地经营权流转管理办法》，进一步规范土地流转行为。我国广大农村地区受制于经济发展、地理环境、产业结构等，形成土地流转的差异化，各地要因地制宜、循序渐进开展土地经营权流转工作。基于对 S 县 X 镇几个村子的实地调研，管窥当地土地经营权流转的问题，执果索因，我们提出针对性意见，以期充

---

① 作者简介：王田田，女，山西运城人，西安财经大学法学院 2021 级民商法学硕士研究生。

分实现 X 镇土地要素的价值。

二、土地经营权性质之厘清

近年来,市场经济的发展不断冲击着旧有的土地承包经营权制度,其已无法满足农村现代化需求,无法解决农村新问题新矛盾。在此背景下,中央提出农村土地"三权分置"制度,后《民法典》在物权编中专门规定了土地经营权制度。土地经营权作为一种入典的新型权利,关系到土地要素价值的真正实现,是我国推进农村现代化的关键。但迄今为止,有关土地经营权的性质仍争议不断,主要存在着物权说、债权说、二元说等不同的观点。

就债权说而言,有些学者将土地经营权界定为债权性权利,认为仅是原承包经营权人将该宗土地交由第三人经营,属于债权利用[1]。但债权论者具有相当大的矛盾性,其割裂了土地经营权与土地承包经营权二者之间的现实和逻辑关联,无法解释原本并不包含债权因素的土地承包经营权为什么在剥离掉社员权因素之后会降格为债权之问题。此外,债权论者亦无法回答,土地经营权如为债权,那么该项债权的债权人和债务人分别是谁之问题。债权论者认为,在租赁关系中,出租人和承租人互为债权债务人。在投资入股关系中谁又是土地经营权的债权人和债务人呢?在抵押关系中呢?问题在于:是租赁关系产生土地经营权,还是首先存在着土地经营权,当事人以此为租赁?是入股、抵押关系产生土地经营权,还是首先存在着土地经营权,权利人以此权利作价入股或者为抵押[2]?

就二元说而言,认为流转期限五年以上的土地经营权定义为物权,流转期限不足 5 年的定义为债权。法律规定 5 年以上登记只是对于流转期限过长的经营权权利人的善意提醒,不代表是对权利性质的一种划分。将土地经营权区分为债权性土地经营权和物权性土地经营权,已然超出了中央对于承包地"三权分置"之政策方针,结果导致土地所有权、土地承包权、物权性土地经营权、债权性土地经营权"四权分置"。《民法典》第三百四十一条之规定,应该理解为流转期限 5 年以下的土地经营权,自流转合同生效时设立,性质上同样属于用益物权,但是不提供登记服务。结合土地经营权有关的政策、法律、实践需求来看,将土地经营权定性为用益物权更符合法律逻辑和实际需求。

就土地经营权的产生原因来看，土地经营权的立法目的在于发展农村地区多种形式的规模经营，鼓励土地经营权向专业大户、家庭农场、农民合作社、农业企业流转。将土地经营权设计成物权，无疑更容易实现此立法目的。物权具有绝对性与对世性，能够对抗物权人之外的所有人，物权人有权行使《民法典》"物权的保护"一章所规定的全部请求权，使得投资人能够放心投资与安心经营。

就法律规定而言，《关于全面深化农村改革加快推进农业现代化的若干意见》明确提出，允许承包土地的经营权向金融机构抵押融资。《农村土地承包法》第五十三条规定："通过招标、拍卖、公开协商等方式承包农村土地，经依法登记取得权属证书的，可以依法采取出租、入股、抵押或者其他方式流转土地经营权。"《民法典》第三百四十二条则重复了上述《农村土地承包法》第五十三条之规定。既然土地经营权可以抵押，那么该权利性质上不可能属于债权。立法上所规定的可以抵押的财产主要就是所有权和用益物权，债权只可以质押。除此之外，《农村土地承包法》第四十一条以及《民法典》第三百四十一条均规定流转期限为五年以上的土地经营权，当事人可以向登记机构申请土地经营权登记；未经登记，不得对抗善意第三人。上述条款属于典型的对于物权登记及登记效果之规定，表明土地经营权采登记对抗主义。而债权具有平等性，不具有优先效力，债权即使进行登记亦无法产生优先或者对抗第三人之效果。

就土地经营权的渊源来看，土地经营权系由土地承包经营权剥离掉"承包权"这个"社员权"续造而来。续造之目的在于土地经营权可以抵押并且在抵押权人行使抵押权时可以被执行，或者在投资入股而接受入股方资不抵债时能够成为破产财产而折价、拍卖、变卖，从而实现土地经营权流转而社员权不流转之立法目的，从法律逻辑上保证一般情形下只有农村集体经济组织成员才能够享有"社员权"。土地承包经营权的核心要素有两个：社员权和用益物权，剥离掉社员权之后，其核心要素只剩下"用益物权"[3]。

除此之外，我国《民法典》将土地经营权之性质界定为用益物权，并不违反"一物一权"原则，不会产生"两权相争、一权虚置"之后果。讨论一物一权原则须限定在"同一层次之权利"这个前提条件之下才有意义。比如一物之上不能同时存在两个所有权、不能同时存在两个并列的地上权或者永佃权等，目的在于避免徒增烦扰。毫无疑问，土地所有人不得同时为不同主体设立多个土地承包经营权和土地经营权。但是，如果两个以上以占有为权利行使条件之他物权并非"同一层次之权利"，其能否设立根据立法之规定，这里丝毫不存在任何逻辑上、法律构造上抑或理论上的"不能"问题。例如转质即如此，土地承包经营权人将其对于承包地的土地经营权流转给他人，乃基于其"自主决定"（《民法典》第三百三十九条），任何人无权强迫。流转行为有偿抑或无偿，亦由其自由考量。在土地之上设立租赁等债权性法律关系或者设立土地经营权等物权性法律关系，当然会造成土地承包经营权人所享有权利一定程度上之限制、负担或者"虚置"，土地承包经营权人和承租人、土地经营权人亦无法对同一地块同时占有、使用及收益，土地所有权之上设立土地承包经营权等用益物权或者设立租赁等债权不也同样如此吗？该后果体现了"处分原则"和"私法自治原则"，为当事人所共同追求之目标。论者只谈将土地经营权设计为物权时会造成土地承包经营权"虚置"之后果，却不谈将土地经营权设计为债权时同样会造成土地承包经营权"虚置"之后果，明显有失偏颇。

三、土地经营权流转困境之反思

受土地规模、产业水平、治理水平等各种因素影响，S县X镇农村土地经营权还面临着流转形式单一、流转程序不规范、流转管理缺位等诸多挑战。

（一）土地流转形式单一

法律明确规定农村土地流转划分为两大类，第一类是流转土地承包经营权，第二类是流转土地经营权，具体而言，流转方式包括互换、转让、出租（转包）、入股或其他方式。通过调研，发现S县X镇5个村子的土地流转形式单一，基本以转包为主，少部分涉及出租。

究其原因，主要在于：家庭联产分配土地时细碎化情况较多，加上多户农民利益目标难以达成统一，土地连片种植的可能性小，增加了规模化流转的困难；其次，土地供需双方信息流动不够充分，流转对象更多地集中在村集体范围内，辐射面偏小，很多有流转意向的农户和有经营意向的主体难以相互沟通；更重要的是，土地流转收益低。一亩地每年承包费基本是200—

300元,而农户自己耕种的话,一亩地年收益大概为1000元。经过对比可以看出,土地流转的收益远远低于自己耕种的收入。并且,在调研过程中发现,愿意将土地转包、出租的农户,大多是已经无力耕种太多田地的老人或是基本无须通过种地获得收入的群体。

(二) 土地流转程序不规范

《农村土地经营权流转管理办法》规定了承包方流转土地经营权,应当与受让方签订书面流转合同,并向发包方备案。但在调研过程中发现,村民之间的土地经营权流转基本属于私下流转,只有口头约定,没有订立书面规范合同。这种情况容易导致土地流转关系混乱、经营权权属不明确,影响了农业生产效率。

除此之外,农业农村部已经制定了土地流转合同示范文本,各地流转主体要以示范文本为基础签订规范性合同。调研时发现,村民签订的流转合同,尤其是出租给外来人员的合同内容各异,规范程度也各不相同,甚至有关双方权利义务的规定模糊。若出现改变土地性质、违约逃债等各种违规行为,农民难以维护自身权益。

究其原因,一方面在于农民文化水平较低,法治意识淡薄,对于合同的规范性认识不足;另一方面在于当地主管土地流转的政府机构职责的缺失,出于各种原因懒政、惰政,并未将中央政策真正贯彻落实。

(三) 土地流转管理缺位

土地经营权流转除了涉及合同的签订,还离不开农村产权交易市场的搭建、新型经营主体的引入等。法律要求各级人民政府要积极建立土地经营权流转市场,规范开展信息发布、合同签订、权益评估、融资担保等服务。S县在2016年就成立了农村产权交易中心,各镇也成立农村产权交易所,村级设立专职土地流转服务员。但是许多村民并不知道这些机构的存在,且这些机构流于形式,仅设置了空壳子。

另外,近年来工商资本在下乡为农村带来资金、技术、人才等要素资源的同时,也带来一定的风险性。调研过程中发现,W村的某外来企业在租赁村民土地后直接消失跑路,村民们除了拿不到租赁费,几年的土地也被荒废,使农民损失惨重,状告无门。工商资本有天然的逐利性,所以在其下乡参与乡村发展时，地方政府必须依法建立资格审查和项目审核制度，加强事中事后监管，及时查处违法违规行为。

四、土地经营权流转困境之纾解

针对土地经营权流转过程中面临的形式单一、程序不规范、管理缺位等挑战，应通过各种措施丰富形式、规范程序、加强管理，探索 S 县 X 镇土地经营权流转的未来途径。

（一）丰富土地流转形式

解决土地细碎化有利于土地规模经营，是丰富土地流转形式的重要基石。近年来，我国地方积极探索，出现不同模式解决细碎化问题。第一，农户互换土地承包经营权，即通过互换并地的方式实现土地规模经营。第二，在各户土地基数不变的前提下，抽签分配土地，实现"一户一块地"。此种方式必须先积极提高土地质量，在保证土地质量均衡的情况下，才具有推行的可能性。第三，采用土地经营权入股或土地托管等方式，将土地转移给种养大户、合作社或农业公司等大型组织[4]，这也可以达到规模经营目的。值得注意的是，开展承包地细碎化整理是非常复杂的系统工作，各地要充分尊重农民意愿，结合本地发展情况通过民主决策解决愿不愿意并、怎么并等重大问题，不能搞行政强迫。

要充分发挥农村产权交易平台的作用。该平台发挥着信息传递、交易中介的基本功能，帮助有流转、经营意向的主体相互触达。如前所述，S 县在 2016 年就成立了农村产权交易中心，各镇也成立农村产权交易所，村级设立专职土地流转服务员。但是在调研过程中发现这些机构存在缺位问题，因此要建立责任及激励机制，进一步发挥县、乡、村土地流转服务机构的作用。

政府还应加大对农村土地流转的扶持力度，鼓励和支持新型农业经营主体积极投入到土地流转中。采取技术、资金、贷款担保、税费优惠等扶持方式，引导更多的龙头企业、农民合作社、家庭农场和种养能手等吸纳农民手中的分散闲置土地，整合农业资源，以先进的管理模式进行规模化生产，提高土地产出率，实现村集体、经营主体和农民的多赢。

此外，X镇政府可考虑引入土地托管①，为农民经营利用土地提供更多选择。基于生产技术的提高和配套服务的健全，我国多地已经引入了土地托管机制。早在2016年，S县供销合作社就依托徐木土地托管服务中心在3个行政村实施了"大田托管"试点工作[5]。X镇也可以考虑引入土地托管形式，使农户在有弃耕意向的情况下，可以根据自身实际情况选择最佳方式经营利用土地。

（二）规范土地流转程序

土地流转程序不规范，制约着土地经营权流转的健康发展。一方面，政府有关机构要充分发挥职能，引导和指导农民签订规范合同。具体而言，S县农村产权交易中心要进一步发挥流转中心的作用，加强流转合同管理，推广符合本地情况的农村土地流转合同示范文本，避免流转合同不规范。

同样地，应加大关于土地流转政策的宣传力度。流转服务机构人员、基层干部要充分通过官媒、宣讲会、乡村告示栏等渠道宣传《农村土地经营权流转管理办法》等法规政策及土地流转的经济效益，让农户认识和认可土地流转。农民认识到位，便会主动、自觉、自愿地规范土地流转行为。

（三）加强基层管理队伍建设

农村土地流转管理不到位，很大程度上是基层工作人员匮乏造成的，充实管理人员队伍是提升管理能力最有效、最直接的方式。在乡镇土地流转管理人员的配备中应充分考虑人口数量、土地面积及当地流转市场活跃程度等因素，以此来设置管理人员岗位数量。有条件的应安排专职人员负责流转管理工作，条件不足的可以选择"专职+兼职"的人员组成方式。在固定管理人员的基础上，在流转高峰期安排兼职人员协助专职人员开展工作，解决短期人员不足问题。村级应根据当地实际，至少有1名固定工作人员负责流转登记备案、档案保管等工作。另外，在补充基层工作人员时还应注重考虑加入具备专业评估资格的人员，可以采取行业选调、社会招聘或政府购买社会化服务等多种方式，在不增加编制的情况下解决人员专业化不足的

---

① 土地托管，指农民把自己的土地委托给一个社会化服务组织（如托管企业、农民合作社），由该组织为农民提供一个、多个或全部生产环节的服务，土地收成依然是农民的。

问题[6]。

总而言之,农村土地经营权流转是我国经济发展的必然结果,依法推进土地有效规范流转,有助于充分实现土地资产要素价值,促进农村现代化,所以如何引导与规范农村土地经营权流转是"三农"问题的关注重点。以 X 镇的 W 村、J 村、Y 村、N 村郝家片区各个村作为研究对象,梳理当前土地经营权流转现状,明晰土地经营权性质,分析流转过程中面临的形式单一、程序不规范、管理缺位等挑战,提出丰富形式、规范流转、落实职责等建议。农村土地经营权流转是一个复杂系统,需要各级政府、广大学者和社会单位立足实践、继往开来、不懈探索,从而找出土地经营权流转的最佳路径,助力乡村振兴与农业现代化。

【感 悟】

对我而言,此次下乡调研是全新的挑战,更是一次难得的机会。刚开始时有些受挫,未把握好合适的交流方式,导致有的村民拒绝接受调研。后来,随着反复实践,我们的沟通经验越来越丰富。通过调研,我发现群众对党的大政方针是拥护的,人民群众欢迎并期望调研者走到他们中间,和他们一起解决问题。党的根基在人民、血脉在人民、力量在人民。调整政策,必须从群众最关心、最直接、最现实的利益问题入手,急群众之所急、想群众之所想、办群众之所需。农村发展虽然前路曲折,但我们要坚定信心。农村一系列问题让我们觉得乡村发展挑战巨大,同时我们也要坚信前途是光明的。只要我们全面贯彻习近平新时代中国特色社会主义思想,开拓创新,埋头苦干,实学实干,出实绩实效,定能让农村实现全面振兴!

参考文献

[1] 单平基."三权分置"中土地经营权债权定性的证成 [J]. 法学, 2018 (10): 14.

[2] 丁关良. 土地经营权法律制度存在的疑难问题和解构设想 [J]. 法治研究, 2021 (5): 7-15.

[3] 章正璋. 土地经营权性质之辨析 [J]. 学术界, 2022 (2): 6.

［4］刘胜轩.创新土地股份合作形式［J］.湖南农业,2018（11）:13-14.

［5］张成.大田托管让种粮更加轻松［N］.中华合作时报,2020-07-14.

［6］王晓霞,张宁.宁夏农村土地流转现状及问题研究［J］.农业经济,2022（7）:8.

由农民土地情感看外嫁女土地权益的保障

晁晶晶[①]

摘 要：改革开放40年来，土地制度的稳定关乎农业的兴衰，农业的稳定关乎整个社会的发展。关中农村土地情况是中国农业发展的现实缩影。在城镇化进程不断加快的冲击下，农民与土地的感情因掺杂太多外界因素愈加复杂。外嫁女土地承包纠纷突出多发，主要归因于集体经济组织成员认定等问题没有得到彻底解决。应通过外嫁女纳入集体组织成员资格，乡镇政府纠正村规民约存在的问题，行政部门主导解决外嫁女维权问题，合理合法地适用法律解释等路径，重塑农民与土地的关系。

关键词：土地情感 农民权利 土地纠纷 权益保障

一、引言

得此宝贵的机会在关中农村调研土地延包情况，深切感受到关中农村的巨大变化，更感受到乡亲们对土地的那种淳朴又深厚的感情。

农民的一生都在诠释着对土地深沉的爱。无论早晚都勤勤恳恳地劳动，或许在他们看来土地就是精神依托，是他们的资本，更重要的是他们可以在自己的土地上创造出自己想要的财富。这次宝贵的机会让我在田间地头深深体会到老一辈对于土地那种常人无法感同身受的情感，那么热忱又让人捉摸不透。农民与生俱来就与土地紧密相连，所有对于生活的美好希望都寄托在田野里。他们对于土地的热爱，对于风调雨顺的向往，对于土地的精耕细作，

---

① 作者简介：晁晶晶，女，陕西安康人，西安财经大学法学院2021级民商法学硕士研究生。

对于粮食的珍惜，都深深藏于内心。[1]

二、农民与土地的纠葛

土地是农民财富的重要来源，是农民生存的重要保障，更是农民精神的重要依托，农民真诚地爱着土地。但由于种种现实原因，土地又使农民发展缓慢甚至成为他们的负担。农民对于土地的感情是错综复杂和不被理解的。在关于土地情绪的研究中，认为土地情结是深藏于农民内心的，对土地的占有、热爱和依恋的一种深厚的神秘情感。

我们在调研中发现，对于常年待在家乡的农民来说，土地在农民生活中扮演着关键的角色。很多农民对于土地的情感不想为外人道出，但他们由衷地相信土地能带来他们想要的，即使不行也会极尽掩饰并坚信这一点。顶着烈日，农民日出而作，日落而归，在土地上播种着他们的希望的种子。即使皮肤被晒得黝黑，饥肠辘辘，他们依旧规规矩矩地日复一日重复他们的劳作。在道出自己的艰辛时，他们眼中闪烁的是坚定的目光，似乎又在告诉我们：土地和自己的孩子一样总会懂事的。"这片土地可以做很多文章，可以种小麦，种红薯……"这句话让我触动很深，多么浪漫的说法。他们把自己的全部希望都寄托在土地上。"力尽不知热，但惜夏日长"是他们日常生活的写照，挥动的每一下锄头，留下的每一滴汗珠都是他们生活的希望。天灾之年，他们即使迫不得已远走他乡，最后还是会回归故里，回到自己热爱的那片土地。基于受访总体情况而言，农民的年龄对土地的情感是呈现正比的——年龄越大，对于土地的感情越深厚。[2]即使长期在城乡之间流动，在务工和务农中徘徊，肉体和灵魂在不同地方的状态更加增强了他们独在异乡的孤独感。从深层次来讲，土地已经不是简单的生活来源，而是养老的保障所在，是归宿，他们将土地视为自己的根。

随着时代的发展和社会的转型，年轻一代的农村人口大量涌向城市，他们对于土地的情感不得不由得随着大环境不断发生转变。农民对于泥土的依恋和情怀转变为努力挣扎着从土地中解放出来，他们想尽快摆脱对于土地的依赖，而不再对土地有过多的奢望。有学者在安徽某地的调查发现，现在农村中的年轻人离开土地的愿望更加强烈，对乡村的认同感和归属感日益衰退，对乡土依恋的感情也变得日益淡薄。总的来说，农民对于土地的价值观越来越倾向于物质化的看法,更奢望从土地得到补偿,更希望变现土地的财产价值,将土地的情感价值看得越来越轻。

老一辈的农村人说:"农民嘛不靠种地靠啥啊!种地就是你的本分啊!但是现在种地成本高得让人无所适从啊!"目前农民种地的成本水涨船高,政府的补贴也是杯水车薪,一年到头收入还是微乎其微。迫于现实,只能将希望寄托在出门打零工或务工上,农民的生活方式也渐渐以城市作为参照,土地对于人们价值观念的束缚和情感的牵绊已经变得脆弱不堪。通过对走访数据的梳理得知,农村劳动力大量流失,农民对土地的依赖情感逐渐丧失已经是一个无法避免且令人担忧的事实。受访者们大都50周岁以上,都想让自己的孩子们离开农村,离开土地,以至于他们经常激励孩子们的话就是:上不好学就只能种地。似乎在城镇化的背景之下种地已然是没出息的选择了。在农村这样的想法比比皆是,不仅仅是关中。就更深层次的原因来讲,农民看到了更远更深的地方,他们明白以后即使是农业生产也需要知识和文化。因此农民对于土地依恋的情感在传承中变得越来越弱。据笔者此次调研观察访问,发现缘由来自以下几个方面。

(一)农民经营土地的收益低且不稳定

大部分农民知晓种植常见的小麦、玉米的投资风险很大,见效周期长,而且靠天吃饭,即对于天气依赖很大。受访地区农民向我们表示2022年格外干旱,必须借助灌溉,但灌溉用水及其设施价格却居高不下,农民在两难之下无法做出合理的选择。农作物种植所必需的化肥等的价格每年都在上涨,但是粮食的收购价格依旧平稳不前,这让农民们无法坚定选择种植农作物。且土地面积小、细碎化经营影响农业经济收入。日趋沉重的土地负担,使得越来越多的农民感到"食之无味,弃之可惜"。不少农民将土地视作包袱,想离开土地的愿望也越来越强烈,和土地的感情越来越疏远。[3]各地撂荒现象加剧,这是农民对于土地经营收入不断下降的一种无奈反映。同时国家的惠农政策为实现农业产业规模化、现代化,更加倾斜于种植大户、承包大户,因此很多种植面积较小的农民也失去生产种植的积极性。[4]

(二)进行农业种植得不到其他工作拥有的保障

对于农民来说,土地对外承包的费用不稳定而且无法维持农民基本生活。

农民没有同城市居民一样的福利保障和待遇，即使进城务工还是做着最底层出卖劳动力的力气活。在目前农村社会保障体系不健全的背景下，农民仍然将土地视为长期持有的生产资料，既是中老年农民的养老保障，也是年轻一代打工失败后返回农村的最后保障，因此现阶段的农村土地的社会保障功能不可替代。[5]受访者向我们表示村里很多家庭都是半工半耕的模式，往往也是家庭分工的模式：男性外出务工，农忙时回家帮忙收获粮食；女性则带着年幼的孩子留守在家，背负着教育孩子的责任。[6]这种模式是农民几经比较之下确定下来的无奈的选择。这种情况下，农业收入相对比较稳定，农业生产比进城务工对于劳动力各方面要求更具有包容性。受访者向我们表示，村落中的土地失衡问题较为严重，"人多地少"和"人少地多"的现象以及土地分散的情况比比皆是，这更不利于将极少的土地资源加以利用，使人地关系更加紧张。村集体的土地调整时间间隔太久，导致新添人口无地可种，只能承包其他人的地。根据有关干部回忆，该地区最近的土地调整是20世纪90年代，此后再无调整，距今快30年了，这样的土地调整方案是不合理的，压抑了农民的生产积极性。这启示我们在做土地工作的同时不能忽视对于农民个体素质能力的培养。应努力缩小城市与农村之间的差异，在保持土地使用权稳定性的同时也要兼顾个体平衡，做到土地资源的合理配置。粮食总得有人种，国家应该建立能够激励农民种田积极性的利益回报机制。农民对土地的感情不能当饭吃，要生存就必须有必要的利益基础。激励并不是单纯地提高粮食收购价，而是切身站在农民视角，设身处地地研究惠农富农政策，否则好的政策也难免会被中间环节截留。

（三）农民在社会上得不到应有的尊重

有学者曾提出过"贱农主义"，指的是当代中国逐渐形成的以农为贱的观念、话语、价值取向和政策取向。它表现为压制农民的权利、贬损农业和农村的价值，从文化上否定、从物理上消灭农业、农村和农民。随着社会发展，欠缺文化认知的农民和农村社会逐渐接受了这种思想。劳动力奔向城市，从而造成物理和文化意义上的土地荒芜以及乡村落寞，这种思想逐渐在农民群体中不断灌输和渗透。

研究农民对于土地感情态度现状，对于农民和土地关系具有重要的现实意义。从理论层面出发，现在的农村必须解决的问题是"乡村振兴"的困难任务，重建并恢复农民对于土地的感情，意义就在于处理好农民与现代农业之间的关系。从实践意义来看，土地流转正好迎合农民对于实现土地财产价值的迫切需求，填补劳动力缺乏，实现农业生产的集约化，促进农业生产结构的调整。解决农民流转土地的矛盾，如流转补贴低，流转合同不规范等问题阻碍流转的正常进行。从政策意义上讲，国家需要制定政策保护农民权益和农业农村发展，中心问题即关心农民和土地的关系，这涉及农业发展的关键因素。从社会层面考虑，社会保障可以给予农民安全感，应该出台具体明确可行的惠农政策保护农民。政府整体上做好服务工作，适当取消对农民土地流转的限制性政策法规。农民对于土地态度的变化是多种原因共同作用的结果，其中国家政策对其影响最大，应谨慎制定相关政策。

三、外嫁女土地纠纷化解的实践困境

农民对于土地调整政策的理解有很大的分歧，是短期调整还是长期调整，很多农民有着不同的见解。据村里的老人回忆，在20世纪村集体调整土地的时候，村干部发挥了关键作用。但是在这个过程中或多或少地出现了一些纠纷和争议，只是绝大多数的纠纷没有进一步恶化而已，最终因为双方妥协而达成一致。双方分歧的原因在于彼此对于调整政策持不同意见：一方要继续在第一轮承包地基础上延包，另一方希望结合实际情况根据人口的增加和减少打乱重分，然后再进行小调整。在调整的过程中，由于领导干部对于国家"三十年不变"政策的主观理解不同，又未能深入基层了解农民意愿，因此各村表现出来的冲突和矛盾也不尽相同。或大或小的纠纷、矛盾未及时加以解决，日积月累，逐渐越积越多，越积越大。

其中最具有争议性的是外嫁女的土地权益如何保障的问题。有位50多岁的女性村民向我们反映，嫁过来就没有自己的土地应有份。依照村民自治的习惯，嫁出去以后娘家的土地应有份即会被收回村集体，但是夫家的土地调整已结束，因而也没有分到应有的土地，当然也不会有孩子的应有份，即出现了"娘家婆家两头空"的尴尬局面。这样的情况在此是普遍现象。我们在走访调查中了解到该问题产生的原因极其复杂，既有历史的原因，也有现实的经济原因。最重要的原因是农村女性处于劣势地位，男权主义思想十分严重，村民自治性处理问题和男权主义色彩相结合，将外嫁女的合法权益剥夺——在最大程度上维护自身利益时不惜以少数服从多数的形式牺牲外嫁女的权益。而且在表达民意的活动中，村内最有实权和影响力的村长和村支书（多为男性）具有重要甚至是绝对的决定权，甚至有的地方出现了村干部的个人意愿凌驾于村民意思之上，更谈不上对外嫁女的土地权益保护。

实践中，受理此类案件的地区法院也有分歧，对于谁有权处理都会存在争议。裁定不予受理的法院认为外嫁女土地资格权益属于村民自治的范围，村规民约就可以对此做出决定，法院无权调整。而受理此案件的法院认为土地是私权的范畴，村民自治性组织无权对农民的私权做出判断，对此，受侵害者的救济障碍重重。我国宪法规定我国公民在法律面前一律平等，任何公民享有宪法和法律规定的权利，即男性与女性在土地分配上应该享有同等权利。现实中救济也不直接简便，若政府部门充分履行职责，村干部以村民利益为中心决策，外嫁女土地问题也不会如此严重。

（一）乡镇政府不作为

实践中这类纠纷解决的主体大多是乡镇政府。对此国家在《村民委员会组织法》中明文规定了村委会制定村规民约必须到乡镇政府进行备案，乡镇政府必须对村民意见整理并进行监督村干部决策行为，若是出现村民自治与国家法律法规存在相左的情况，乡镇政府必须责令其改正。如果乡镇政府切实履行自身职责，这样类似于外嫁女土地权益受损的情况就不会如此高频发生。但是在实践中，乡镇政府往往是"和稀泥"的态度，更是明知村民权益受损也不会为其竖起救济大旗。而且他们深知，这只是少部分人的利益，因此更会熟视无睹，消极不作为，因此此类现象更加严重。

（二）解决纠纷主体间互相推诿

各个主体在土地权益纠纷中发挥着至关重要的作用，但是在实践中，各部门主体却对暴露出来的问题"踢皮球"，他们明白纠纷复杂牵扯利益面广，都想办法与外嫁女划清界限，缺乏政府应有的责任担当。而外嫁女因为种种因素维权意识低，因此各个部门推来推去，最终这些纠纷还是会回到基层乡镇政府。就算是有心解决，也会因为村集体反对以及外嫁女消极行使权利等因素被搁置。

(三) 司法救济难

对于此类纠纷，村民首先会找村干部要说法。但是因为生活在农村，许多事情需要村干部出面，很多人不愿意撕破脸与其对质，因此就会直接略过村这一级，通常找到乡镇政府要求出面处理。但是乡镇政府部门之间又会相互推诿，不会真正解决问题。最终会有部分人直接止步于此，少部分人会到人民法院进行起诉，维权之路艰辛，支付大量的时间和金钱成本。而该类案件的受理、审判、执行也是每个法院的难题。虽然在立法上已经明确外嫁女的土地权益，但是具体操作、是否受理、如何审判、怎样保障执行这一系列问题法律却没有明确规定。即使村民获得胜诉，执行也是困难重重，因此外嫁女的土地权益问题还是很难解决。

四、外嫁女土地纠纷的化解路径

外嫁女土地权益受到侵害的问题具有普遍性，该问题的解决刻不容缓。一些地区已经总结出一些先进的实践经验，各地区可在根据当地发展的实际情况和特殊的历史原因，选择性地在本地区进行推广。

(一) 外嫁女纳入集体组织成员资格

成员的资格对于广大的外嫁女以及农民来说意义重大。土地是村民生存和发展的最根本保障，要想获得村集体的承包地或者是得到土地调整就必须具有该村成员资格，成为该集体成员才能分享该集体的利益。成员资格的认定是在当地政府的指导下，根据本村的实际土地发展和农村人口聚集情况，由所在村的村集体经济组织依照法定程序予以认定。明确外嫁女的成员资格认定，为法院在审理集体成员资格时提供前提，避免农村外嫁女土地承包经营权资格认定难的问题，特殊人群的权益保护可以折射法律体系的保障是否全面，通过资格认定更加全面保护农村外嫁女的土地权益。

(二) 乡镇政府纠正村规民约存在的问题

乡镇政府可以对所在辖区内村落的村规民约进行统一排查，且必须是实质意义上的排查，将维护妇女儿童权益做为权益保障的核心内容。同时做好土地承包、土地调整、女性土地保护等问题的衔接，引导村规民约等基层性自治组织制定的规范与国家的法律政策相一致。而且在这些文件的修订过程中应该充分反映民主，在制定修改的过程中应该着力听取本集体组织内各个代表的意见，同时也应该关注反对者意见。积极听取村民建议和意见，同时主动接受乡镇政府的监督，这就会在很大程度上避免土地权益被侵害的纠纷发生。

（三）行政部门主导解决外嫁女维权问题

行政部门应该明确外嫁女的土地权益问题并非政府政绩的绊脚石，对于外嫁女合理合法的请求应该予以支持。应面对土地权益受侵害的外嫁女建立起有效的沟通平台，积极进行同类纠纷的互动；掌握每位外嫁女基本权益受侵害的具体情况，深入了解各自的家庭情况，做到专事专办，为每位外嫁女制定纠纷解决的对策。这样政府的工作更好落实，一方面树立起村委会为村民服务的工作作风，让各位干部积极主动全心全力处理工作事务；另一方面保证了村规民约的合法合理性，使外嫁女群体的合理要求得到基本保障，切实维护外嫁女的合法权益。

（四）合理合法地适用法律解释

2018 年修正的《农村土地承包法》第二十四条第二款，加强了对农村妇女土地承包权益的保护。该款规定，具有土地承包经营权的全部家庭成员都应该列入土地承包经营权或者林权证。此条款对于农村妇女尤其是外嫁女土地权益的保护具有重要的意义。其中第十六条第二款规定的是家庭成员平等地享有承包土地的各项权益，这一条款可以延伸为妇女的婚姻状况不再是土地承包权受到损害的理由，修正的内容坚持了土地承包的基本立法精神。

必须在已有的法律规范中合理进行解释，司法解释存在的合理性在于对既有条文漏洞以及不明确之处的弥补，正当性在于法律框架内做出符合法律保障法益的解释。但是在实践中，《土地管理法》和《农村土地承包法》针对法院对于侵害土地权益案件的规定不是完全相同的，甚至存在很多矛盾。适用的前提就是分清哪部法律更利于保护外嫁女的合法权益，应该予以优先适用。同时应该兼顾法律适用的一般规则，即特别法优先于一般法，考量权益保护的倾向性。

五、重塑农民与土地的关系

任何一个国家的农村变革都没有中国农村所具有的如此多样与复杂。近百年来,中国农村农民与土地时合时分,或亲或疏,农民与土地的关系问题始终与农村发展、农业兴旺有着紧密的联系。如何重塑农民与土地之间的关系?首先,农村外嫁女在被剥夺土地权益时,应该先通过村民自治途径协商解决土地纠纷。其次可以在乡镇政府的主持下解决,如果得不到满意的处理结果再通过诉讼途径加以解决,让诉讼成为外嫁女权益受损的最后一道防线。农村外嫁女土地权益纠纷能够得到公平公正的解决,不仅有利于提高司法在普通农民心中的公信力,也有利于维护农村社会的稳定。土地作为农民生存的基本资源,对于农民而言具有极其重要且不可替代的作用,应该结合实际情况制定循序渐进的制度规范。

农村外嫁女土地权益保护也不是一蹴而就的,这需要传统习俗长期的转变以及法律制度的及时跟进,不断探索,在解决纠纷的同时加大对农村社会保障的投入,农村外嫁女的土地权益问题就会自然而然地解决掉。农民与土地关系的重建以及升华就在于保障这部分人的利益,否则就会适得其反。农村问题和土地问题是中国社会发展不可避免的问题,需要更多的社会关注和财力支持。解决农民与土地的问题任重而道远。

【感 悟】

能够参加农村二轮土地延包的主题调研是一次特别的经历。在此过程中,我结合国家政策及自身法律专业知识对调研中发现的问题追根溯源,积极寻求解决的办法,为农村土地纠纷的当事人及管理这些问题的政府有关部门及其他组织提供一些可参考的意见,对我无疑是一次意义深刻的实践。

作为调研小队的一员,我们在一起学习的过程中了解了农民土地政策的历史变迁和重大意义。土地是国之命脉,关切农民的切身利益,只有充分了解农村土地政策的现状,才能够更好地展望我国农村土地改革的未来。我们都怀着同一份期待,希望通过调研学习,能够充分了解我国的土地政策和相关困境,从而为建设发展社会主义贡献自己的力量,为农村土地改革建言献策。此次社会实践让我对于农村土地相关话题有了更加深刻的认识,也对基层发展情况和农村社会基本问题解决有了新的理解。

参考文献

[1] 李伟. 中国共产党处理农民与土地关系的百年实践与启示——从乡村振兴战略的视角谈起 [J]. 鲁东大学学报(哲学社会科学版),2022,39(3):47-53.

[2] 刘雨璇. 农村"外嫁女"土地承包权益保护分析 [J]. 新农业,2022(1):89-90.

[3] 陈涵. 法理视野下的农村"外嫁女"土地权益保护 [D]. 西南政法大学,2020.

[4] 杨思远. 从"命根子"到"离土"——农民对土地依赖性的调查 [J]. 广西财经学院学报,2018,31(6):89-107.

[5] 禾刀. 农民正在淡去对土地的感情——回应2012年第2期"共同关注"《农民为何不愿种地》[J]. 村委主任,2012(10):37.

[6] 郑明怀,吴显华. 爱与恨:农民对土地感情的两个维度 [J]. 湖南农机,2006(5):36-38.

承包地延包的政策意蕴和纠纷解决

郭转转[①]

摘　要：农村土地家庭承包是农村基本经营制度的核心。为了使承包地再延包 30 年政策更好地施行，解决当下土地承包中存在的人地矛盾，了解农户对土地延包的不同看法和农民的真正需求，调研团队对 S 县农村土地第二轮承包到期后再延长 30 年试点评估展开调研。这项调研近距离地接触了农民，了解到承包地现状、农民对承包地延包的想法、可能存在的问题以及当地农民就解决这些问题的建议，也引起调研师生的思考和争议。建议通过健全农村土地承包相关法律政策，完善落实农村土地"三权"分置政策体系，高度重视政策宣传引导工作等途径，以解决土地权益纠纷。

关键词：土地延包　流转　土地关系　土地调整

一、引言

第二轮农村土地承包到期后再延长 30 年政策的出台，是对保持土地承包关系稳定并长久不变郑重承诺的践行，具有重大而深远的意义。实行以家庭承包经营为基础、统分结合的双层经营体制，是我国农村改革的重要成果，是党的农村政策的基石。从 2023 年开始，农村第二轮土地承包将相继到期。到期后再延长承包期 30 年，有利于形成长期稳定的土地承包关系，激发农民群众增加农业投入、发展生产的积极性；有利于形成农村土地所有权、承包权、经营权"三权"分置格局，促进土地经营权流转，发挥新型经营主体引

---

① 作者简介：郭转转，女，山西吕梁人，西安财经大学法学院 2021 级民商法学硕士研究生。

领作用，把小农户引入现代农业发展轨道，形成多种形式适度规模经营，推进农业现代化；有利于保护和实现进城农民的土地承包权益，促使有条件的农业人口放心落户城镇，推进农业转移人口市民化，加快形成城乡融合发展格局。

二、二轮土地承包现状

在近一周的调研中，我们受到当地农民热情的接待，真切感受到真实关中农村的风土人情和法治状况。得益于村干部以及村民的积极配合，本次调研圆满完成预定任务。本次调研活动主要从农户基本信息，家庭人口及构成，土地承包、经营、流转和调整情况，农户对承包地再延包30年的基本想法以及农户对当前国家土地延包政策的认知情况等五方面展开。

（一）现有土地承包的突出问题

从调查总体情况看，不难发现在农村长期居住的多为老年人和儿童，年轻人很少。据了解，当地有一些房屋长期处于闲置状况。随着工业化、城镇化进程的快速推进，农村人口大量流出，闲置土地的数量也不断增加，城乡发展逐渐失衡。

部分村民对现有土地承包有不满情绪，主要有以下几种情况。一是村集体领导与村民有矛盾，少数干部以权谋私，占有较多的承包地；有农户反映土地肥力高、地理位置好、灌溉和交通便利的农田多由领导干部占有；在一些补贴项目中，有农民称完全没有见到补贴款，引起部分农民严重不满。二是对于大多数农民来说，只依靠承包地种粮及卖粮在如今的高消费时代并不足以维持基本生活，较为年轻的人只能选择进城打工谋生计。承包地仅由家中较为年长的老人在耕种，不耕种的承包地多为闲置状态。一部分农民可能因种地薄利而选择放弃耕种，土地日渐荒芜。只有极少数农民会将自家闲置承包地流转出去，但是该种方式获利很少[1]。这些都是二轮土地承包到期后亟待解决的问题。

（二）尊重与引导进城落户农民

进城农户的承包地如何处置，关系到农民的切身利益，也关系到农村社会稳定[2]。我们在土地问题上,充分尊重农民的意愿和维护农民权益,把选择权交给农民,由农民选择。对此,国家政策明确提出,现阶段不得以退出土地承包权作为农户进城落户的条件。对进城落户的农民,一方面,可以引导他们在依法自愿有偿的原则下,将承包地转让或者退还集体,前提是自愿有偿;另一方面,也可以保留承包权、流转经营权,或者通过代耕托管等方式,发展多种形式的适度规模经营。对长期弃耕抛荒承包地的,发包方可以依法采取措施予以纠正。

三、土地延包的政策意蕴

农村土地延长承包期30年,意味着在第二轮土地承包到期后的30年内,土地集体所有、家庭承包经营的基本制度不会改变,集体经济组织成员依法承包集体土地的基本权利不会改变[3]。

(一) 两个不变

农户拥有依法承包集体土地的权利。国家将通过不断完善相关法律法规,保障农民对承包地占有、使用、收益、流转和土地经营权抵押、担保等权利。同时,要确保落实和完善中央土地政策,即保持土地集体所有、家庭承包经营的基本制度长久不变。农村土地集体所有、家庭承包经营的基本制度,有利于调动集体和农民积极性,对保障国家粮食安全和农产品有效供给具有重要作用,必须毫不动摇地长久坚持,确保农民集体有效行使集体土地所有权、集体成员平等享有土地承包权。要从我国经济社会发展阶段和各地发展不平衡的实际出发,积极探索和不断丰富集体所有、家庭承包经营的具体实现形式,不断推进农村基本经营制度完善和发展;保持农户依法承包集体土地的基本权利长久不变。家庭经营在农业生产经营中居于基础性地位,要长久保障和实现农户依法承包集体土地的基本权利。农村集体经济组织成员有权依法承包集体土地,任何组织和个人都不能剥夺和非法限制。同时,要根据时代发展需要,不断强化对土地承包权的物权保护,依法保障农民对承包地占有、使用、收益、流转及承包土地的经营权抵押、担保权利,不断赋予其更加完善的权能;保持农户承包地稳定。

农民家庭是土地承包经营的法定主体,农村集体土地由集体经济组织内农民家庭承包，家庭成员依法平等享有承包土地的各项权益。农户承包地要保持稳定，发包方及其他经济组织和个人不得违法调整。应鼓励承包农户增加投入，保护和提升地力。各地可在农民自愿前提下结合农田基本建设，组织开展互换并地，发展连片种植。支持新型农业经营主体通过流转农户承包地进行农田整理，提升农业综合生产能力。通过进一步完善和规范农村社区集体作为土地所有者的行为，不断健全集体经济组织民主管理制度，确保集体有效行使土地所有权、集体成员平等享有土地承包权。通过积极探索和不断丰富土地集体所有、家庭承包经营的具体实现形式，不断完善和发展农村基本经营制度。

（二）大稳定、小调整

我国土地延包的政策采取的是大稳定、小调整的土地调整方式，这主要出于以下几种考量：一是有利于巩固和完善农村基本经营制度。在农村实行以家庭承包经营为基础、统分结合的双层经营体制，是改革开放的重大成果，是农村基本经营制度。这一制度符合我国国情和农业生产特点，具有广泛适应性和强大生命力。承包关系稳定有利于增强农民发展生产的信心、保障农村长治久安。实行"长久不变"，顺应了农民愿望，将为巩固农村基本经营制度奠定坚实基础，展现持久制度活力。二是有利于促进中国特色现代农业发展。土地承包关系是农村生产关系的集中体现，需要适应生产力发展的要求不断巩固完善。改革开放初期实行家庭联产承包制，成功解决了亿万农民的温饱问题。随着工业化、城镇化发展和农村劳动力大量转移，农业物质装备水平大幅提升，农业经营规模扩大成为可能。实行"长久不变"，促进形成农村土地"三权"分置格局，稳定承包权，维护广大农户的承包权益，放活经营权，发挥新型农业经营主体引领作用，有利于实现小农户和现代农业发展有机衔接，有利于发展多种形式适度规模经营，推进中国特色农业现代化。三是有利于推动实施乡村振兴战略。当前，我国发展不平衡不充分问题在乡村最为突出。实施乡村振兴战略是决胜全面建成小康社会、全面建设社会主义现代化国家的重大历史任务[4]。改革是乡村全面振兴的法宝。推动乡村全面振兴，必须以完善产权制度和要素市场化配置为重点，强化制度性供给。实行"长久不变"，完善承包经营制度，有利于强化农户土地承包权益保护，有利于推进农村土地资源优化配置，有利于激活主体、激活要素、激活市场，为实现乡村振兴提供更加有力的制度保障。四是有利于保持农村社会和谐稳定。土地问题贯穿农村改革全过程，涉及亿万农民切身利益，平衡好各方土地权益，是党的执政能力和国家治理水平的重要体现。实行"长久不变"，进一步明晰集体与农户、农户与农户、农户与新型农业经营主体之间在承包土地上的权利义务关系，有利于发挥社会主义集体经济的优越性，通过起点公平、机会公平，合理调节利益关系，消除土地纠纷隐患，促进社会公平正义，进一步巩固党在农村的执政基础。

我国先后两次延长承包期限，不断健全相关制度体系，依法维护农民承包土地的各项权利。中央本着坚持土地农民集体所有，坚持土地承包关系长久稳定的总原则，尊重农民意愿和主体地位，顺应推进农业现代化，维护农村社会稳定。有关部门和各地要积极做好基础工作，特别是农村承包地确权登记颁证工作。做好与不动产统一登记工作的衔接，为延包工作奠定坚实基础。还要按照中央确定的政策，建立健全推进延包、维护农户土地承包权益等方面的相关制度。在农村实行土地集体所有权、农户承包权和土地经营权"三权分置"。"三权分置"改革是一项重大制度创新，有利于促进土地流转。中央政策强调保持土地承包关系稳定并长久不变，这两者并不矛盾。"三权分置"的制度安排，实际上是顺应了城镇化、工业化和农业现代化的需要。因为农业现代化要使用机械，也需要适度规模经营，所以土地经营权需要流转起来；还因为土地经营权本身也是生产要素，作为要素也应该得到更有效的配置。

（三）两不变、一稳定

当然，流转不流转土地是承包农户自己的意愿，任何组织和个人不能强迫承包农户流转或者不流转土地经营权。流转的期限不能超过第二轮承包剩余期限，流转后的土地必须搞农业，不能从事非农建设。在坚持集体所有权、稳定农户承包权的基础上，使农村土地经营权流动起来，激发农村基本经营制度活力，这实际上也是对农村基本经营制度的完善。中央政策强调"两不变，一稳定"，既可以进一步稳定农户承包权，使农民放心地流转土地，也能让新型经营主体有稳定的预期，能够放心地流入土地，加大农业投入，发展现代农业。这两者的关系可以简单地表述为：稳定是为了更好地放活，放活是为了长久的稳定。只有土地承包关系稳定了，才能确保"三权分置"得以确立,并且稳步实施。如果承包权变来变去,经营权就没有了基础。只有实行"三权分置",放活经营权,承包关系才能保持长久稳定,这样农户的承包权才能更好地实现,土地才能够得到充分有效地利用。

四、土地延包中的纠纷及解决方式

延长承包期30年涉及广大农民群众切身利益,在稳定地权的同时,要充分考虑无地少地农户的权益保障问题[5]。由于人口的增减和自然灾害等一系列原因,一些农户存在无地或者少地的状况。考虑到无地农户和少地农户的形成原因不同,因此可能引发一系列现实问题,保障无地少地农户权益刻不容缓。通过各地进行的初步调查和统计,大体上这部分农户占总农户的0.94%,不到1%。《中共中央、国务院关于保持土地承包关系稳定并长久不变的意见》对此作出了明确规定:第二轮承包到期后,应坚持延包原则,不得将承包地打乱重分。结合过往经验,打乱重分不仅没有解决土地分配不公的难题,而且还加剧了土地分配不公的矛盾,引起较大的社会纠纷。打乱重分承包地这条路是行不通的,但是可以对农村承包地进行必要的调整。现有承包地在二轮承包期期满以后由农户继续承包,有自然灾害损毁等特殊情形时,可按照大稳定、小调整的原则,按照法定程序在个别农户间做适当调整,但是要依法依规、从严掌握。

(一) 土地延包中的纠纷

1. 如何保障无地少地农户的权益

为保障无地少地农户的基本权益,各地也在研究和探索。一方面,有条件的地方可以通过集体预留的机动地——二轮承包的时候允许集体有条件可以留不超过5%的机动地,还有新开垦的耕地、原承包户依法自愿交回的耕地以及承包农户消亡后集体依法收回的耕地来解决。另一方面,可以帮助无地少地的农民通过流转土地经营权来耕种土地,也可以流转其他进城务工农民的土地。此外,还要在地外做文章,因为我们不能仅依靠无限地分割耕地来解决这些问题。我国的基本国情是人多地少,所以还要从地外做文章,帮助无地少地的农户提高就业技能、提供就业服务、广辟就业门路。不仅鼓励农民工外出进城打工,也鼓励当地发展乡村产业,推进农村一、二、三产业融合，发展仓储保鲜、冷链物流、农产品加工、农村电商、乡村旅游等，扩大农民就业和增收的门路。当然，可能还有确实生活无着落、有实际困难的农民，我们应为他们提供基本的社会保障。

2. 如何确定土地关系

实践中还涉及"举家进城的，是否保留土地承包权"等农民群众高度关注的问题，在二轮承包到期再延长 30 年的调研中，发现在农村大多数农民更加赞成"人随地走，减人减地"。而我国现行的土地政策是提倡"增人不增地，减人不减地"，该政策主要是为了减少承包地频繁出现变动的情况，如老人去世，老人的那部分承包土地不能收回。同样，在承包期内妇女结婚了，在新居住地或者婆家那边没有取得承包地的，发包方也不能收回该妇女的原承包地。只有当家庭成员全部死亡，导致承包方这个主体消亡的，发包方才可以收回承包地，再重新安排分包给其他家庭，以免土地被荒废。当然，这种情况比较少见。因家庭人口增加、缺地少地导致生活困难的，建议农民可以向村里申请承包预留的机动地，有效发挥机动地的调节功能，申请开垦荒地，或者看村里是否有被收回的、村民自愿交回的土地。村里实在没有多余的地，也可以去流转承包其他进城务工农民的土地。现实生活中，多数地方的集体已经没有土地可供新增加的集体成员来分配。解决农民家庭人口增加较多而占有的承包地较少的难题，最主要解决方案是帮助其提高就业技能，提供就业服务，做好社会保障工作，而不是让现有家庭人口较少却占有较多的承包地的农户退出承包地。

3. 如何处理农民与土地的关系

要处理好农民和土地关系，就要坚持农户家庭承包经营，坚持承包关系长久稳定，赋予农民更加充分而有保障的土地权利，巩固和完善农村基本经营制度，为提高农业农村现代化水平、推动乡村全面振兴、保持社会和谐稳定奠定制度基础。关于承包到期后如何延包的问题，中央政策明确规定：坚持延包原则，不得将承包地打乱重分，要确保绝大多数农户原有承包地继续保持稳定。同时延包的起点以各地第二轮土地承包到期开始计算，承包期还是 30 年。因此，一是要稳定基本经营制度。坚持农村土地农民集体所有，确保集体经济组织成员平等享有土地权益，不断探索具体实现形式；坚持家庭承包经营基础性地位，不论经营权如何流转，不论新型农业经营主体如何发展，都不能动摇农民家庭土地承包地位、侵害农民承包权益。二是要尊重农民主体地位。尊重农民意愿，把选择权交给农民，依靠农民解决好自己最关心最现实的利益问题；尊重农民首创精神，充分发挥其主动性和创造性，凝聚广大农民智慧和力量，破解改革创新中的难题；加强示范引导，允许农民集体在法律政策范围内通过民主协商自主调节利益关系。三是要推进农业农村现代化。顺应新形势完善生产关系，立足建设现代农业、实现乡村振兴，引导土地经营权有序流转，提高土地资源利用效率，形成多种形式农业适度规模经营，既解决好农业问题也解决好农民问题，既重视新型农业经营主体也不忽视普通农户，走出一条中国特色社会主义乡村振兴道路。四是要维护农村社会稳定。以农村社会稳定为前提，稳慎有序实施，尊重历史、照顾现实、前后衔接、平稳过渡，不搞强迫命令；从各地实际出发，统筹考虑、综合平衡、因地制宜、分类施策，不搞一刀切；保持历史耐心，循序渐进、步步为营，既解决好当前矛盾又为未来留有空间。

（二）土地延包纠纷的解决方式

为了第二轮土地承包到期后延包的顺利进行，对延包中的纠纷需要做好以下四个方面的工作。

1. 做好承包地确权登记颁证工作

农村承包地确权登记颁证工作是稳定农村土地承包关系的重大举措，也是落实"长久不变"的重要前提和基本依据。经过六年来的努力，这项工作已经基本完成。目前在确权登记颁证的基础上，继续做好收尾工作、化解遗留问题，把证书发到农民手中，把现在农户的承包地明确下来。健全承包合同取得权利、登记记载权利、证书证明权利的确权登记制度，并做好与不动产统一登记工作的衔接，赋予农民更有保障的土地承包权益，为实行"长久不变"奠定坚实基础。

2. 完善落实农村土地"三权"分置政策体系

不断探索农村土地集体所有制的有效实现形式，充分发挥所有权、承包权、经营权的各自功能和整体效用，形成层次分明、结构合理、平等保护的格局。深入研究农民集体和承包农户在承包地上、承包农户和经营主体在土地流转中的权利边界及相互权利关系等问题，充分维护农户承包地的各项权能。完善土地经营权流转市场，健全土地流转规范管理制度，探索更多放活土地经营权的有效途径。

3. 健全农村土地承包相关法律政策

按照党中央确定的政策，抓紧修改相关法律，按照新修订的《农村土地承包法》，抓紧修订完善《土地经营权流转管理办法》等相关配套法律法规和政策措施。建立健全实行"长久不变"、维护农户土地承包权益等方面的制度体系。在第二轮土地承包到期前，中央农办、农业农村部等部门应研究出台配套政策，指导各地明确第二轮土地承包到期后延包的具体办法，确保政策衔接、平稳过渡。

4. 高度重视政策宣传引导工作

各地区各有关部门要加大宣传力度，各新闻媒体要积极发挥作用，做好"长久不变"政策解读和业务培训，及时、充分、有针对性地发布信息，使广大农民和基层干部群众全面准确了解党和国家的农村土地承包政策。密切关注政策落实中出现的新情况新问题，积极应对、妥善处理，重大问题要及时报告。按照党中央、国务院要求，切实加强领导，落实工作责任，保障"长久不变"和第二轮土地承包到期后再延长30年政策在本地顺利实施。要针对具体问题制定工作方案，结合本地实际周密组织实施，确保"长久不变"政策落实、承包延期平稳过渡，保持农村社会和谐稳定。各有关部门要按照职责分工，主动支持配合，形成工作合力，健全齐抓共管的工作机制，维护好、实现好农民承包土地的各项权利，保证农村长治久安。

五、结论

为充分保障农民土地承包权益，进一步完善农村土地承包经营制度，推进实施乡村振兴战略，首先要稳定土地承包关系。第二轮土地承包到期后应坚持延包原则，不得将承包地打乱重分，确保绝大多数农户原有承包地继续保持稳定。对少数存在承包地因自然灾害毁损等特殊情形且群众普遍要求调地的村组，可按照大稳定、小调整的原则，由农民集体民主协商，经本集体经济组织成员的村民会议2/3以上成员或者2/3以上村民代表同意，并报乡（镇）政府和县级政府农业等行政主管部门批准，可在个别农户间作适当调整，但要依法依规从严掌握。其次，第二轮土地承包到期后再延长30年意味着，农村土地承包关系从第一轮承包开始保持稳定长达75年，是实行"长久不变"的重大举措。现有承包地在第二轮土地承包到期后由农户继续承包，承包期再延长30年，以各地第二轮土地承包到期为起点计算。以承包地确权登记颁证为基础，已颁发的土地承包权利证书，在新的承包期继续有效且不变不换，证书记载的承包期限届时作统一变更。对个别调地的，在合同、登记簿和证书上作相应变更处理。当然也要继续提倡"增人不增地、减人不减地"。为避免承包地的频繁变动，防止耕地经营规模不断细分，进入新的承包期后，因承包方家庭人口增加、缺地少地导致生活困难的，要帮助其提高就业技能，提供就业服务，做好社会保障工作。因家庭成员全部死亡而导致承包方消亡的，发包方应当依法收回承包地，另行发包。通过家庭承包取得土地承包权的，承包方应得的承包收益，依照继承法的规定继承。最后，要建立健全土地承包权依法自愿有偿转让机制。维护进城农户土地承包权益，现阶段不得以退出土地承包权作为农户进城落户的条件。对承包农户进城落户的，引导支持其按照自愿有偿原则依法在本集体经济组织内转让土地承包权或将承包地退还集体经济组织，也可鼓励其多种形式流转承包地经营权。对长期弃耕抛荒承包地的，发包方可以依法采取措施防止和纠正弃耕抛荒行为。关于延包，在大面积操作实行之前，中央以及有关部门会出台指导意见。根据指导意见，开展试点工作。在先到期的县开展第二轮土地承包到期后的延包试点中，只有保证有合理且合法的村规民约，完善村庄内部治理，贤人能人治理村庄，切实做好各项基础工作，才能有效推进试点工作，最终指导基层探索出延包的具体办法。

【感 悟】

全面实施乡村振兴战略，其中最为重要且最有必要解决的依旧是农村问题。解决农村问题，首要就是土地问题，这无疑是复杂的。土地资源的充分利用，能够为乡村振兴提供重要的土地资源保障。基于农村经济社会的发展变化，本着一切以农民为中心的原则，第二轮土地承包到期后再延长30年对保持土地承包关系稳定有重大的现实意义。对于农民来说，其拥有的土地上的财产权利是一项重要的权利，要尊重农民的意愿，不损害农民权益，不改变土地用途。土地延包政策的落实，有助于保护和实现进城农民的土地承包权益，促使有条件的农业人口放心落户城镇，推进农业转移人口市民化；也促使居住在农村的人口能成为土地经营真正的参与者与收益者，有效激活农村的生产要素潜能，建立符合市场经济要求的农村集体经济运营新机制，推进中国农业现代化。

参考文献

[1] 李国祥．农民承包的土地第二轮到期后再延 30 年［J］．中国合作经济，2020（1）：12－15．

[2] 本刊记者．定心丸来了：农村土地二轮承包到期后再延长三十年［J］．农村百事通，2020（3）：14－17．

[3] 高国力，王继源．新中国 70 年来我国农业用地制度改革：回顾与展望［J］．经济问题，2019（11）：1－8．

[4] 李国鹏．以城乡融合发展推动乡村振兴的路径探析［J］．农业经济，2019（3）：33－34．

[5] 刘灵辉，向雨瑄．第二轮土地延包中无地少地农户的权益保障策略研究［J］．贵州师范大学学报（社会科学版），2022（2）：90－98．

农村土地延包纠纷及其化解

李金霞[①]

摘　要：土地是农村最基本的生产资料，也是农民最重要的生计来源。土地承包及延包的政策法规，始终致力于保持土地承包关系稳定并长久不变。现阶段土地延包中存在村集体内部土地纠纷、工商资本下乡带来的纠纷、早期土地流转不规范遗留纠纷等问题。通过对试点地区实践经验的总结，建议完善土地承包法律法规、加强土地承包执法检查力度、健全农村土地纠纷预防机制等，从法律层面实现对二轮延包土地纠纷的解决。

关键词：二轮延包　土地纠纷　制度完善　执法检查　预防机制

引言

　　土地问题事关亿万农民的切身利益。改革开放以来，我国进行了两轮农村土地承包，使农村土地承包关系稳定在45年左右。虽然近年来，很多农民不再仅仅依靠土地来获取家庭收入，但是土地对于每个农民家庭来说仍然是非常重要的。因为有了土地，他们就会有一种扎根感、依靠感和底气。这是国家关于农村土地承包政策的一大方向，在各种重大政策法规中均多次强调和表述过。习近平总书记在党的十九大报告中就指出："保持土地承包关系稳定并长久不变，第二轮土地承包到期后再延长三十年。"二轮延长承包期30年，不仅涉及广大农民群众的切身利益，也涉及一些重大土地关系的确定。土地延包总的原则是，仍将坚持土地农民集体所有，坚持土地承包关系长久

---

① 作者简介：李金霞，女，陕西延川人，西安财经大学法学院2021级法学理论硕士研究生。

稳定，尊重农民意愿和主体地位，顺应推进农业现代化，维护农村社会稳定。

S 县 X 镇政府积极响应国家战略要求，开展农村土地第二轮承包到期后再延长 30 年试点。2022 年 6 月 27 日至 30 日，我们前往 S 省 S 县 X 镇开展农村土地第二轮承包到期后再延长 30 年试点评估调研活动。调研地点总共涉及四个村庄，分别为 S 县 X 镇的 W 村、Y 村、J 村以及 N 村。调研对象涉及四个村组在户的全体村民。此次对二轮承包到期再延长 30 年试点工作的调研，旨在对延包试点工作中遇到的困难和问题进行分析，提出解决对策。本次调查采取调查问卷及访谈座谈的方式，对当地二轮延包试点的具体情况进行调研。通过收集和分析受访者的调查数据、分析二轮延包试点的现状、出现的问题以及解决的方案。我们的调研开展地非常顺利。每到一个村庄，我们都会提前分配任务、分成若干小组，在村小组组长的带领下完成调研工作。村民们也在村组长的提前通知下配合我们的工作。

一、土地承包与土地延包

（一）土地承包的制度演进

农村实行以家庭承包经营为基础、统分结合的双层经营体制，是我国农村改革的重大成果，是党的农村政策的基石。我国的农村土地承包目前包括两轮。第一轮农村土地承包从 1984 年开始，承包期不低于 15 年。1993 年 11 月中央提出第一轮承包期到期后再延长 30 年。根据党的十九大报告，保持土地承包关系稳定并长久不变，第二轮土地承包到期后再延长 30 年，第二轮土地承包到期后不得将承包地打乱重分，继续提倡"增人不增地、减人不减地"，防止耕地经营规模不断细分。但这并不意味着土地不能重分，也不意味着无地农民或者少地农民一直无地少地。根据《农村土地承包法》和《中共中央 国务院关于保持土地承包关系稳定并长久不变的意见》的规定，发包方不得调整承包地。对少数存在承包地因自然灾害毁损等特殊情形且群众普遍要求调地的村组，可按照大稳定、小调整的原则，由农民集体民主协商，经本集体经济组织成员的村民会议 2/3 以上成员或者 2/3 以上村民代表同意，并报乡（镇）政府和县级政府农业等行政主管部门批准，可在个别农户间作适当调整，但要依法依规从严掌握。这三次土地承包的时限及其延长只是为了赋予农民长久的土地承包经营权，并且用法律的方式将其固化，大力保障农民的土地权益。

（二）激活土地承包经营权

土地承包经营权系用益物权，不能将集体所有淡化，要强化所有权、保障农民的土地承包经营权。法律也在不断完善，激活土地承包经营权。1982年"中央一号"文件和1982年《宪法》都明确禁止土地流转交易，因为交易会导致家庭占有土地量变得不均。到了1984年，"中央一号"文件鼓励土地逐步向种田能手集中，社员可以在经集体同意后自找对象协商转包。土地作为生产要素的经济价值必须体现在土地经营权上，政策的关注点从承包权转向经营权，最终促使2014年中共中央办公厅、国务院办公厅印发的《关于引导农村土地经营权有序流转发展农业适度规模经营的意见》的出台，中央将土地承包经营权分为承包权和经营权，实行所有权、承包权、经营权分置并行，由此我国农村土地承包经营制度进入新的阶段。2016年中共中央办公厅、国务院办公厅发布的《关于完善农村土地所有权承包权经营权分置办法的意见》充分阐述了"三权"的权利边界以及"三权"之间的相互关系，新增加了所有权、承包权和经营权的权能内容，丰富和完善了承包地的产权体系，加深了承包地市场化配置程度。2018年新修订的《农村土地承包法》对农村土地"三权"分置改革给予了法律保障。

（三）土地延包对农民的意义

到期后再延长承包期30年，有利于形成长期稳定的土地承包关系，激发农民群众增加农业投入、发展生产的积极性；有利于形成农村土地所有权、承包权、经营权"三权"分置格局，促进土地经营权流转，发挥新型经营主体引领作用，把小农户引入现代农业发展轨道，形成多种形式适度规模经营，推进农业现代化；有利于保护和实现进城农民的土地承包权益，促使有条件的农业人口放心落户城镇，推进农业转移人口市民化，加快形成城乡融合发展格局。

二、土地延包纠纷形态

土地作为农民生活的主要来源和基本保障，是农民最基本的生产资料，与农民利益密切相关,农民对土地的渴望基于其生存和发展权利,也是农村经济发展的原始动力。然而,随着改革开放的进一步深入,农村经济的迅速发展,城镇化进程逐渐加快,农村人多地少的矛盾日趋突出,人均承包土地量急剧下降。而与此同时,在中央鼓励农村经济发展的政策激励下,一系列政策法规的颁布实施促使土地的收益显著提高,经济利益进一步激发了农民对土地的渴望,从而引发了大量的纠纷和矛盾。土地二轮承包中仍存在许多纠纷,如果这些纠纷得不到有效解决,将加剧农村的社会矛盾,造成社会的不稳定,从而影响农村的经济社会发展[1]。

(一) 村集体内部的土地纠纷

目前在土地二轮延包的背景下,农村土地纠纷中很大一部分原因来自要求重分土地的农民与村集体之间的矛盾。土地二轮承包时,由于农民负担重、种田收益低下、农产品价格较低等原因,导致许多农民放弃收益较低的土地耕种。同时,随着城镇化进程的不断加快,许多农民外出务工,口头承诺不要土地。村集体也为了不荒废土地、更加合理地利用土地,就将土地分给留村的其他农户。现在,曾口头承诺不要土地的这部分人又向村集体要地,甚至签过书面放弃土地声明的农民也向村集体要土地,而当时被分出去的土地正由其他村民耕种,这些人也不愿意放弃现有土地及其正耕种的经济作物。目前,农民对该问题的看法主要分为三种观点,缺地农民认为目前的"大稳定、小调整"的分地方式不适宜,无法使其获得其户所有人口应得的土地,想要重新大幅度调整土地;不缺地的农民则认为目前的"大稳定、小调整"的原则非常合理,具有可操作性,不应大幅度调整;无地农民以及不种地农民认为无论怎样调整都无所谓,他们始终维护国家的政策。

(二) 工商资本下乡带来的纠纷

随着国家政策的扶持,工商资本的下乡速度也不断加快,与此同时纠纷也蜂拥而至。我国《农村土地经营权流转管理办法》已经规制了工商资本下乡带来的问题,但实践中没有彻底杜绝该类问题的发生。主要体现在两个方面,一是承包商将利益带走,导致村民利益受损,随着村委领导的换届,该遗留问题无人解决[2]。例如,X镇W村就面临这样的问题,目前仍有不少农户的土地流转给外来承包商。承包商在农民土地上种植树林后因收益或者其他问题带走其既有利益,至今没有下落,农民的土地流转费一直被拖欠,更谈不上应分得的利益。坡地上的树苗也因法律保护等相关利益问题,无法被清除换种粮食,从而导致耕地无法收回。虽然大多数农户都签订了流转合同,但流转费用过低、诉讼的成本过高,且村民法律意识淡薄,往往导致该问题无法得到解决。

(三) 早期土地流转不规范遗留的纠纷

由于以前土地承包流转政策不完善、不配套,土地流转行为极不规范,引发了一些土地流转的矛盾纠纷。有的因为合同约定不明,土地流转方式由双方口头约定、未签定正式的流转合同,导致权利义务约定不明确,在合同履行的过程中问题层出不穷[3]。有的是村集体为了促进集体经济的发展,对企业大面积流转土地,并且由村集体带头签订合同,农户不知晓合同内容。有的村集体为了推动土地流转进程,向农户宣讲政策法规和流转合同条款不到位,农户在流转土地后又反悔,引发土地纠纷。还有农户在流转土地时,合同约定流转价格不规范,农户直接以现金的形式约定流转价格,随着物价的变动,农民的流转费相较市场价格更低,导致农民因流转费低而产生不满,引发纠纷。这些矛盾具有长期性、复杂性的特点,新任的村组成员一般不会管往届的遗留问题,因此导致这些问题愈加复杂,无人愿管。

(四) 特殊人群土地保障导致的纠纷

现阶段,我国法律对农村集体经济组织成员资格尚无明确界定。因此,在界定农村集体经济组织成员资格时,很多农村地区并没有一个清晰的标准,导致农民对该问题理解很模糊,仍有不少农民对其家庭成员的增减而导致土地不能均分的问题存在争议。农民认为其家庭成员无论有几口,每个人都应该有土地,但由于自身家庭成员的调整,现在的人口与分耕地时的人口相差甚远。其中,存在争议的分地人员主要包括外嫁女、上门婿、新生子女、违反计划生育出生的人、丧偶和离婚妇女、服刑人员、大中专在校生、服兵役人员等情形。农民认为只要其家中人口有增加,相应地其耕地也要同步进行增加。因而,一些家庭人口增加过快,而土地面积长时间不变,导致其对现有的土地面积不满,请求村集体将土地打乱重新分配。该问题普遍存在于许多农村地区,农民对家庭承包经营以"户"为单位认识模糊,致使他们要求为家庭成员平均分配土地,要求家中人人都应有土地,导致人地矛盾增加。

三、土地延包纠纷的成因

(一)法律原因

由于我国法治社会的起步较晚,对社会事务的法律预测呈现出滞后性的特点。在土地承包方面,虽然《农村土地承包法》对农村土地承包中承包人的权利义务、侵权赔偿等做了详尽的规定,但涉及农民对土地的发展权却未作出具体的规定。同时法律宣传不够广泛、深入[4]。农民甚至基层政府对法律了解的程度不够。法律观念淡薄,致使土地流转合同的规定不够规范。农民的文化知识普遍不高,法律知识较为欠缺,特别是很多村级干部法治意识不强,法律观念淡薄,从而导致土地流转过程侵权问题频发。土地流转合同不够规范,承包主体、权利义务关系以及解决争议的机制不够明确,即使是在《农村土地承包法》颁布实施后,仍普遍存在错误。"口头合同"现象在农村大量存在,使得农民在救济自身时变得非常困难。只有广大农民和广大的执法者全面深入地了解相关政策,法律法规才能在土地二轮延包中更好地维护农民利益。

(二)制度原因

自新中国成立以来,我国便在国内实施适应国家发展的新的户籍制度,该户籍制度因国家强制力而在我国推行。我国社会逐渐形成了城镇与农村两种不同的户籍管理体系,即城乡二元社会结构体系。户籍制度与我国土地承包责任制互相依存、紧密相关,户籍直接决定着一个人是否是集体经济组织成员、能否分得到土地。土地和农民之间的基础纽带就是户籍。无论是我国的家庭联产承包,还是农村土地承包与延包,户籍都是前提。同时,我国农村社会保障体系较为单一、薄弱,土地是农民唯一的保障和生存的基础。农民失去土地,相当于其生存、发展被切断了经济来源,失去了最基本的保障,会导致农村社会的矛盾激增、农村经济面临巨大压力,从而影响到我国农村和谐的生活环境和乡村振兴、共同富裕的推进。

(三) 政策原因

第二轮土地延包坚持以往的承包经验，实行"三十年不变""增人不增地、减人不减地"，这一政策对于巩固土地承包关系、引导农户增加土地投入、促进土地经营成效显著。但是不可避免地导致无地人口越来越多，农村社会"人多地少""人少地多"的现象普遍存在，人地矛盾更加明显。我国始终坚持关注农民的利益与幸福，国家在"三农"问题上持续地给予农民群体支持，为农民群体谋利。国家相关法律法规和政策都不断关注农民，为农民带来利益优惠，从而使得农民的耕种积极性不断提高。已经进城的农民群体也逐渐返乡，要求回去继续耕种土地，引起"逆城镇化"。由于这些因素的加持，耕地资源也变得更加宝贵。另外，国家的土地征用政策对被征地农民的安置补偿在实践中落实得并不完善，部分农民补偿并不到位。随着我国城镇化进程的不断加快，土地征用现象变得越来越普遍，失地农民的数量也会日益增多[5]。

(四) 观念原因

我国政策明确规定了我国农村的基本经济制度——家庭承包经营，并且规定家庭承包经营应当以户为单位分配土地。然而，农民对该制度的概念理解有偏差，他们普遍认为土地分配应以"人"为单位，因此，许多农民认为一些特殊人群即外嫁女、上门婿、新生子女等人也应当分得土地，导致农村人地矛盾增加。实践中，该类现象产生的主要原因有两种。一是由于我国的农村地区的政策宣传不到位。农民的文化知识普遍不高，对专业知识的理解本就较为欠缺。因此，大多数农民想将土地人均化，追求绝对的公平，从而导致人地矛盾的突出。二是基层政府与村干部对政策的理解不到位[6]。很多农民对政策的了解都来源于村干部的宣传与讲解，如果村干部只是一味地分田到户，对政策的理解本就不到位，当其向农民讲解后，更导致错上加错。因此，政府应当从根源解决该类问题，加大对基层工作人员法律法规政策理解的培训，只有让其充分理解，才能让他们更好地向农民传达正确的信息，避免因理解有误而产生人地矛盾。

四、土地延包纠纷的解决

(一) 完善土地承包的法律法规

《农村土地承包法》虽然出台了,但宣传落实不够,相当一部分街镇和村干部还不了解《农村土地承包法》。因此,要将《农村土地承包法》列入普法内容,深入贯彻落实该法。同时,建立健全土地流转的法律机制。土地流转的法律化、规范化不仅仅是为农村土地二轮延包服务,更重要的是在日常的土地流转中建立"以法律为准绳"的流转机制。通过此次延包,运用法律解决延包过程中存在的各种矛盾,更重要的是为以后的流转"减负"。建立严格的耕地保护制度和土地流转日常管理机构。任何单位任何人占农村耕地的,必须根据《土地管理法》和《农村土地承包法》的规定,要与承包农户签订协议,履行合法的手续,提高补偿标准。政府公益性建设占用土地也要依法办事,确定合理的补偿标准。经营性项目建设占用土地,要按市场化操作,大幅提高补偿标准,并办理合法的征占用土地手续。

(二) 加强土地承包执法检查

政府部门要加大对农村土地承包情况进行全面执法检查。一是要坚决纠正农村土地承包工作中侵犯农民权益的违法违规行为。要建立健全土地流转机制,经管部门要加强对土地流转工作的指导,建立土地流转合同的订立、登记制度,根据"依法、自愿、有偿"的原则,探索农村土地流转的新机制,确保农村土地依法有序流转,促进农业结构调整和农业产业化经营。二是要各级党委政府加强对解决农村土地承包纠纷的指导,依据《农村土地承包法》和二轮延包政策,及时提出调解农村土地承包纠纷的具体措施。乡镇人民政府和村组要切实承担起调解农村土地承包纠纷的责任。经管部门要依法加强农村土地承包管理,抓好土地承包纠纷仲裁,加大土地承包纠纷的调处力度。要高度重视土地承包纠纷的上访接待工作,消除对立情绪,及时调解纠纷。同时,各级领导要加强农村土地承包新情况新问题的调查研究,及时采取对策,不断完善农村土地承包关系,调处纠纷,化解矛盾,确保农村社会稳定[7]。

(三) 发挥村组干部调解的关键作用

农村具体纠纷的解决、具体政策的落实不可避免地需要村中的"能人"辅助实施。村小组组长的职责定位非常明确,他们可以帮助村民理解政策以协助政策的具体落实,与村民的频繁接触也可以使他们了解到更多的信息,更好地帮助村民解决纠纷。村小组组长在整个村小组中对基层工作的落实起到重大的作用。在土地纠纷化解这一类的事件中,我们看到一个村组需要村干部协助将政策落实到位,帮忙解决村民之间的人地矛盾。作为由村民直接选举产生的村组组长,生活劳作都跟自己的村民一起,与小组内村民有着共同的利益需求,因而在"当家人"的角色担当上,村小组组长会更具主动性。由村小组组长当"纠纷化解人"是最合适的选择。村小组组长对本村人、地关系的了解,有助于其更好地解决村内村民之间的人地纠纷,可以有效节约调解与诉讼资源,更有利于和谐乡村社会的构建。

(四) 健全农村土地纠纷预防机制

建立健全农村土地纠纷的预防化解的信访仲裁机制,能够及时发现农村土地二轮延包中存在的矛盾的隐患,能够起到及时解决纠纷的作用。在纠纷发生最初,相关部门就要及时使矛盾很好地在基层得到解决,这将有助于和谐乡村社会的构建与稳定社会环境的营造。同时,提前化解纠纷还可以避免农民因诉讼方式过于繁琐与冗杂而放弃维权。对不能预防的矛盾应当由专业的仲裁机构依据国家的相关法律法规政策规定,遵照一定的程序去合法合理地解决。调解制度的充分发挥,可以避免对司法资源造成不必要的浪费。实践中,农村土地纠纷争议都错综复杂。涉及的双方利益且双方主体都较为特殊,稍处理不当就会对社会造成不利影响。因此,在实际的纠纷处理中,相关部门和人员要积极引导,适用调解机制解决争议,节约司法资源[8]。

(五) 有效规制下乡工商资本

工商资本下乡不仅是农村产业发展的重要力量,更是乡村治理的重要力量。他们可以为农村解决资源、资金、人才、技术等生产要素的短缺,这些生产要素依靠农民自身无法解决,而政府资金又有限。因而,工商资本下乡使农业可以实现现代化发展,调动农村经济发展更好地实现乡村振兴。同时,工商资本下乡也可以帮助农民改变固有的观念，为乡村治理增添一份力量。我国现行法律已经规制了工商资本下乡带来的问题，但实践中却没有彻底杜绝该类问题的发生。工商资本的盈利性使得工商资本与农民之间的纠纷不可能被彻底杜绝。因此，要将工商资本下乡纳入法治的轨道。首先，建立严格的工商资本准入制度。由政府严格审核工商资本的具体发展规划，从源头上制止工商资本跑路的情形，防止工商资本下乡做出欺骗农民、侵害农民权益、破坏耕地等事项。其次，严谨审查工商资本的项目。要明确工商资本下乡后具体所做项目、审核其是否符合产业发展方向，对于风险较大的项目，提前让该工商企业缴纳风险保证金，防止农民权益受损。

【感 悟】

我们党始终把解决好"三农"问题作为全党工作重中之重。土地问题事关亿万农民的切身利益。此次在 S 县 X 镇的调研经历感受到了农民对土地的情怀与寄托，让我更加明白了土地对于农民的重要性。在很多家庭中，土地是他们主要的收入来源，甚至全家依靠土地生存、发展。他们渴望稳定的土地关系，想将土地把握在自己手里。

土地牢牢地把握在农民自己的手中，才能保障农民的收入、坚定农民的信心，激发农民增加农业投入、发展生产的积极性，从而促进我国农村经济的发展。土地二轮承包到期后再延长 30 年的政策，正印证了我国始终致力于保持土地承包关系稳定并长久不变的政策。该举措有利于巩固土地"三权"分置格局、引导农业现代化发展，还有利于加快乡村振兴的步伐、实现共同富裕。只有农民富裕了，农村稳定和谐了，农业现代化了，才能实现国家的富裕、和谐、现代化。

参考文献

[1] 郭亮. 乡村振兴背景下的土地纠纷调解及其制度完善 [J]. 华中科技大学学报（社会科学版），2022，36（4）：23-30.

[2] 舒绍茂. 农村土地承包矛盾纠纷与调处初探 [J]. 江苏农村经济，2022（7）：63-65.

［3］王丽丽. 农村经济发展背景下涉地纠纷问题思考［J］. 投资与合作，2022（5）：43-45.

［4］罗冰. 新时代农村纠纷多元解决对策探究［J］. 农村经济与科技，2022，33（9）：158-160.

［5］张升友. 当前农村土地纠纷产生的原因及对策［J］. 农业经济，2007（11）：48-49.

［6］赵苡鑫. 法律视角下的农村土地流转中的问题研究［D］. 西北农林科技大学，2022.

［7］李欢. 乡村多元纠纷解决机制面对的问题及解决路径［D］. 上海师范大学，2022.

［8］翁阳. 依法开展仲裁工作推动乡村振兴和谐发展——奉贤区土地承包纠纷调解仲裁工作的实践［J］. 上海农村经济，2022（9）：37-39.

城镇化进程中农村外嫁女土地权益的保障探讨

牛青青[①]

摘　要：农村是社会的基础，妇女是社会的根本，"居者有其屋，耕者有其田"，新时代更需要关注妇女的土地权益。受传统婚嫁等因素的影响，外嫁女的土地权益没有得到妥善处理，存在"两头落空"的问题。在城镇化进程中应当多方面保障农村外嫁女的土地权益，在宏观方面，以平等为底线，尊重个体差异；在微观方面，坚持法定性与自治性相结合的认定方式，健全集体经济组织成员认定体系，完善成员资格认定程序，通过法定和依申请标准分类认定。

关键词：农村集体经济组织　　成员资格　　妇女土地权益　　权益保护

一、引言

近年来，我国城镇化进程不断加快，多地区持续推进农村集体产权制度改革，各地区暴露出一个严重的问题——农村妇女尤其是外嫁女的土地纠纷。关于农村集体经济成员资格认定的法律没有得到规范，集体成员身份成为一大障碍。为解决上述问题，多地政府相继出台关于集体经济组织成员资格认定的文件，但由于不是规范性文件，并不具有强制力。村集体仍然按照本地区村规民约执行，加上各地政府规定不同，农村妇女尤其是外嫁女的成员纠纷问题长期得不到解决。结合在S县调研的实际情况和农户现实需求，对农村集体经济组织成员认定提出相应对策，以保护特殊群体的合法权益。

---

① 作者简介：牛青青，女，山东菏泽人，西安财经大学法学院2021级法学理论硕士研究生。

二、农村集体经济组织及其成员资格认定

集体经济组织指以农村集体的土地或者其他集体资源、资产为基础形成的经济实体,既不同于企业法人,又不同于社会团体,也不同于行政机关,自有其独特的法律性质。农村集体经济组织是除国家以外对土地拥有所有权的唯一的组织。根据《民法典》规定,农村集体经济组织可以依法取得法人资格。集体经济组织成立是为了集体利益的发展,因此具有公益性的特点。集体经济组织的财产主要来源于集体土地的收益或上级拨付。农村集体经济组织具有公法人的特殊属性,和农村土地或集体收益一样,具有对农民的生活保障作用。从形式上看,户籍信息是确定农村集体经济组织成员的标准;从实质内容上看,集体成员有享受集体经济组织的各项权利,同时需要对集体经济组织承担相应的义务。

三、成员资格由谁认定的争议

我国农村集体经济组织是在20世纪50年代实行农业社会主义改造时期产生的,随后不断发展演变,成为独具特色的经济组织。农村集体经济组织作为具有中国特色的特殊经济组织,与农村集体所有制和农村土地集体所有权都有密切的关系。2020年全国人大制定的《民法典》明确农村集体经济组织为特殊法人,有利于其参与经济活动。但由于农村集体经济组织的特殊性,《民法典》的数条原则规定难以满足规范和发展农村集体经济组织的现实需要,特别是推进农村集体产权制度改革,不可避免地涉及农村集体经济组织的成员确认、组织形式和内部治理等问题,迫切需要立法作出具体规定,为农村集体经济组织健康发展和农村集体产权制度改革稳步推进提供良好的制度框架和法律保障。农村集体经济组织成员身份与农民的切身利益密切相关,是农村集体经济组织成员,就有权承包本集体经济组织发包的土地,有权参与集体收益、集体土地征收征用补偿款的分配等,并有权参与或者监督集体经济组织的管理、决策。[1]确认农村集体经济组织成员身份,从理论上说是农村集体经济组织立法必须明确的基本规范,从实践来看也是保护农民权益迫切需要解决的现实问题。全国人大农业与农村委员会办公室提出:"制定农村

集体经济组织法,可以在总结实践经验的基础上,对确认农村集体经济组织成员做出原则规定,同时授权地方制定更有操作性的具体规范。对于特殊情况下的争议,为避免集体经济组织成员多数决规则损害当事人权益,可以授权人民法院解决争议,确有必要时可对当事人是不是集体经济组织成员做出裁决,依法维护其合法权益。笔者并不完全支持上述观点,由人民法院或是村集体认定成员资格,将会产生认定标准不统一、漠视妇女权利等问题,笔者认为应当由全国人大统一制定。成员资格权是农村集体经济组织成员享有的基本民事权利,是一种身份权。根据《立法法》规定,涉及基本民事制度的事项应由法律规定。我国农村各地区虽情况复杂,各有特点,但是实际上,除经济水平发展不同,其他方面都具有极高的相似度,如养儿防老、重男轻女等传统思想,男娶女嫁的婚恋观念。因此,由全国人大制定成员资格的标准具有现实可行性。只有国家层面的统一标准,地方政府才会真正地依法对村民进行公平管理,法院也可依法对村民自治进行审查,妇女的成员权益才会得到保障。

四、成员资格认定的条件

(一)户籍

我国的户籍制度分为城市户籍和农村户籍两种形式,两种户籍分别对应着不同的就业和社会福利制度。城市户籍登记为城市人口性质,享受非农业职业的相关社会福利,所在地多在城镇;农村户籍登记为农村人口性质,享受所在集体经济组织成员内的待遇,所在地多在农地附近村落。随着我国改革开放和城镇化的发展,户籍对人员的约束力越来越小。如城市户籍人口可以从事农业相关职业,但不能享受集体经济组织成员待遇,农村户口可以从事非农业职业,但不能全部享受非农业的社会福利。尽管户籍和农村集体经济组织成员是两种身份,但户籍是对农村集体经济组织成员的人口管理,基本具有唯一对应性。农村集体经济组织所在地户籍是农村集体经济组织成员的法定登记形式,只要拥有集体经济组织所在地的户籍,就应当认定其身份,从而享有相应的土地权益。[2]然而,我国集体经济组织财产不仅包括土地及附属生产资料,还有从事其他生产活动的集体经济组织所取得的财产。因此具备户籍，才能认定农村集体经济组织集体所有土地对应的农村集体经济组织成员资格。

（二）婚姻关系

婚姻的迁徙是集体经济组织成员流动的主要原因。从农村集体经济组织延续以及其成员作为人存在的角度出发，只要不妨碍农村集体经济组织其他成员生存，就应当允许。依据婚姻和子女关系相关法定证明文件，原为其他农村集体经济组织成员的配偶和子女应可成为该农村集体经济组织成员，并登记集体经济组织所在地户籍。[3]依据农村风俗习惯，原为其他农村集体经济组织成员的非农村集体经济组织成员配偶，可享有同等待遇，与非农村集体经济组织成员直系亲属共同生产生活，成为该农村集体经济组织成员。只是在保障集体经济组织成员婚姻迁徙自由的基础上，应防止迁移户籍的时间基于取得土地征收补偿等农村集体经济组织分配而有意调整。土地征收补偿征收应完善信息保密与公开制度。

（三）实际生产和生活需要

农村集体经济组织外的人实际生产、生活在本集体经济组织的地域范围内，而且参与本集体经济组织成员共同生产和生活，则此人已经成为本集体经济组织成员。因此实际生产生活是接受其为本集体经济组织成员的充分条件，但并非必要条件。实际生产生活在某一农村集体经济组织应当具有唯一性。这就意味着，一旦实际生产生活在此，就只能成为而且必须成为此农村集体经济组织成员。

五、外嫁女成员资格认定的问题思考

传统的乡风民约不同程度地存在漠视妇女权利的问题，加之政策不完善、人口的频繁流动等原因，导致农村出现很多外嫁女集体经济成员身份确权问题。[4]"嫁出去的女儿泼出去的水"的旧观念根深蒂固，女儿一旦嫁到了外村，本村村民往往就会认为这个女儿不再是本村的人了，成了外嫁女；但女儿在夫家眼里也是外人，夫家所在村组认为其不是本村人员，集体组织成员身份也得不到夫家所在村组的承认，由此引发农村外嫁女土地承包经营权和土地补偿费纠纷频发。究其原因主要是父母或男性家庭成员歧视妇女、漠视妇女权利，一些村委会或者村民小组对维护妇女合法权益重视不够等造成的。[5]依据《农村土地承包法》第六条、第十五条以及《中华人民共和国妇女权益保障法》（以下简称《妇女权益保障法》）第三十一、三十二条之规定，农村土地家庭承包的主体是农户，不是个人，其本质特征是以集体经济组织内部的农户家庭为单位实行农村土地承包经营，即：农村土地承包经营权属于农村某个家庭，而不属于某一个家庭成员。尽管在承包经营合同上签字的是农户中的某一家庭成员，但是签字人仅是作为该户家庭的代表，承包集体土地的主体仍然是农户家庭。农户承包土地后，在承包期限届满前，家庭有新生成员不增加土地，有成员去世或离开时不减少土地。承包期内，妇女结婚，在新居住地未取得承包地的，发包方不得收回其原承包地；妇女离婚或者丧偶，仍在原居住地生活或者不在原居住地生活但在新居住地未取得承包地的，发包方亦不得收回其原承包地。因此，只要是农村家庭与村集体签订了土地承包经营合同，签订合同时现存的家庭成员不论男女，均享有家庭承包经营权。任何组织和个人不得以任何形式剥夺外嫁女合法的土地承包经营权和其他有关经济权益。

六、集体经济组织成员资格认定的建议

（一）宏观方面

平等是自由的基础，也是自由的界限。集体经济的收益是成员共同生产经营、共同资产投入的结果，关系到农民的生存利益和生活保障。实践中，外嫁女（入赘婿）、离婚或者丧偶人员等因婚姻关系变动发生户籍变动的人员，其集体成员资格认定的争议较大，权益受侵害的情形屡有发生。《妇女权益保障法》明确规定了平等原则，即妇女在行使集体成员权益等方面与男子享有平等权利。在多数决的程序规则下，集体自治规则频频侵害少数群体权益，平等原则无疑是否定自治规则效力、保障少数群体合法权益的主要法律原则。各地经济结构不同，导致了农业发展方向的差异，也影响了农村的人口结构、行为方式和思想观念。[6]在乡村社会治理方面，集体自治规则日益发挥重要的作用。集体成员通过参与制定规则与解决争议，提高了参与自治的

积极性并提升了结果在成员之间的接受度。《民法典》首次将集体经济组织纳入特别法人的范畴，也体现了对成员意思自治的尊重和保障。对于基于地方经济社会状况、风俗习惯和集体智慧作出的自治管理决定，应当给予充分的尊重。

（二）微观方面

首先，应坚持法定性与自治性相结合的认定方式。由于各地村情村况不同，在全国层面给出统一认定标准目前仍有一定难度。建议先行开展地方性立法，在一定范围内进行规制。但强调成员资格法定化要引导集体经济组织通过规范、合理的运作程序，真实准确地反映全体成员的真正意愿。依法律明确规定，或者依风俗习惯和公平正义原则应明确为集体成员的，不得拒绝或剥夺；除此之外的成员加入或退出，由集体自治决定。其次，建立健全独立的集体经济组织成员认定体系。在主体上，应当明确集体经济组织作为主体认定集体成员资格的权利。在认定标准上，要建立独立于户籍登记制度的集体成员登记制度。再次，建立独立的成员资格认定程序。结合实践，可以采取以下五个步骤：一是确定成员身份认定的基准日，自该时间点起，原则上成员"生不增、死不减、入不增、出不减"。二是召开成员会议，明确成员资格界定办法，并初步审查编制成员名单。三是将成员名册以显著方式进行两至三次公示。在此期间，成员如有异议可以向资格认定的实施小组提出，并审核修正。四是在公示期过后，召开全体成员会议进行表决确认。五是将成员名册等报相关行政部门备案。最后，通过法定和依申请标准分类认定。在获得集体经济组织成员资格时，法定情形主要是针对世居农民，以及因血缘、婚姻、收养等身份关系成为其家庭成员的人员。这一部分人能成为集体成员，主要是出于尊重其早期对农村集体土地所有权的历史性贡献，以及当前部分农民仍然需要集体土地提供生活保障。与法定成员不同，依申请加入人员更加注重的是其经营、管理、壮大集体经济的能力。对于这部分人员的加入，集体经济组织可以自我设定章程规定加入标准，经过一定的民主程序，吸收其为成员。在丧失成员资格时，根据集体经济组织成员身份的唯一性，同一人只能享有一个集体经济组织成员资格。对自主申请退出集体经济组织的，应当在章程中明确退出的申请程序、批准流程等，允许成员通过自主申请退出集体经济组织。

【感 悟】

乡村有蓝图，有远景，乡村更有蓝海，有战略。我国是农业大国，农业问题是国民经济的重要基础。习近平总书记指出，"全党务必充分认识新发展阶段做好'三农'工作的重要性和紧迫性，坚持把解决好'三农'问题作为全党工作重中之重，举全党全社会之力推动乡村振兴，促进农业高质高效、乡村宜居宜业、农民富裕富足"。[7]

农为邦本，本固邦宁。为更深入了解农村、理解农民，我们跟随两位老师，从西安出发奔赴 S 县，开展"农村土地第二轮承包到期后再延长 30 年试点评估"项目调研，深入农村探索土地实际情况。通过实地入户调研，与农户面对面交谈，我们深入了解了当地农民的真实需求和想法，对 S 县土地延包有了较为整体的认知。在这次调研中，我们践行着"博学、明理、立诚、济世"的校训，近距离观察生活，独立思考问题，将理论与实践相结合。我们在田野上奔跑、思考，在乡间留下了我们的欢笑与足迹，农村的土地温暖了我，农民的笑靥感染了我，在我心中埋下了为"三农"事业奉献力量的种子。调研实践结束后，我们结合各自的思考，对于土地二轮承包到期后延包方案提出更多建议，为各地开展土地延包工作贡献自己的力量。

参考文献

[1] 习近平．论"三农"工作［M］．北京：中央文献出版社，2022．

[2] 李慧英．从村民自治到依法治理：集体成员资格认定的路径选择——破解外嫁女成员资格认定的难题［J］．中华女子学院学报，2022（4）．

[3] 李慧英．外嫁女与农村集体经济组织成员资格的认定［J］．山东女子学院学报，2022（3）．

[4] 张笑寒．农村集体产权制度改革中妇女权益保护研究［J］．山西农业大学学报（社会科学版），2020（2）．

[5] 谢根成，吴丹．农村妇女土地权益受侵害的现状、原因及对策［J］．管理学刊，2015（4）．

[6] 何欧. 北京市失地农村妇女就业保障问题研究 [D]. 首都经济贸易大学硕士学位论文, 2008.

[7] 宋月萍, 谭琳, 陶椰. 婚嫁失地会加剧农村妇女遭受家庭暴力的风险吗?——对中国农村地区的考察 [J]. 妇女研究论丛, 2014 (1).

乡村振兴衍生问题的法律思考与解决路径

张慧[①]

摘 要：乡村振兴带来了农村的先进和体系化，带来了农民的富裕和喜悦，带来了农村土地的资源开发和有效利用。但是在欢呼农村发展速度之快时，也应当看到乡村振兴衍生出诸多问题，包括资本下乡的冲击、村委会治理体系不健全、法律实施不畅等。从法律视角出发揭示和分析这些问题，有针对性地提出强化法规执行、规范资本下乡，依法依规健全村委会自治体系，大力推动乡村产业融合发展，为乡村提供常驻法律人员等对策和路径，以保障农民利益，促进乡村全面振兴。

关键词：乡村振兴 村委管理 农村环境 资本下乡 法律路径

一、引言

对于当代中国而言，乡村、土地、农民是一个广泛的存在，更是社会运转不能缺少的重要齿轮。

2022年，S县二轮土地承包接近尾声。为了解该县土地承包情况及当地农民是否愿意继续承包等具体情况，我们组成调研团队，走进了乡村，希望通过问卷调查、访谈以及实地考察的方法，为我们心中的疑惑作一个解答。这次的调研范围，包括S县的W村、J村、Y村、N村。针对这几个村落，我们分小组展开调研。通过在调研过程中的对话、观察以及感受，我了解到并不知道的乡村另一面。整个调研过程是紧凑且充实的，作为队员之一，我深

[①] 作者简介：张慧，女，河南林州人，西安财经大学法学院2021级民商法学硕士研究生。

深地体会到，农村存在的问题还有很多，绝不只是表面可以看得到的，需要国家和政府投入更多到农村。要想解决农村问题，只有下乡亲自去接触去感受，才能找到解决问题的办法。

二、调研发现的问题

（一）工商资本下乡带来的问题

1. 工商资本下乡给农村带来冲击

在我们调研的 S 县几个村子，很多农户把自己种不了或者不想种的坡地转包给了第三方。农户在转包之后，预想的是自己有垣地可以耕种，承包出去的坡地不会荒废掉还能多增加一笔收入来源。但在坡地转包过程中，却并没有像预设的那样顺利，由于不了解法律以及不规范地流转，导致资本下乡虽然带来了利好，但由于没有法律的引导规范，最终也成为农民的心头之痛。

国家为了使乡村富裕起来，引导资本进入乡村。在 20 世纪二三十年代的"乡村建设"运动中，就曾有少数商人携带资本参与其中[1]。改革开放之后，城市化水平越来越高，企业也随之发展地越来越好。现在，城市已经出现资本饱和现象，资本为了加速流转和积累，将目光投向了农村。加之在国家支持乡村发展的政策之下，巨大优惠力度给到了乡村，这也成为吸引企业进入农村的原因。

农村的发展是从土地里挖掘资源，以发挥沉睡资产的优势，因而土地作为当前的稀缺资源被工商资本所重视。但因为资本本身具有逐利性，企业在带去资本、人才以及技术的同时，也给农村带来了冲击。从而出现了一部分问题，具体有：一是部分工商资本看中的并不是开发农村的广大资源，而是国家给出的巨大政策优势，希望借"工商资本下乡"之名达到自己的目的；二是虽有部分工商资本在下乡时有宏图壮志，但由于投资项目在农村见效慢、周期长，企业担心破产，后期只能撂挑子不管；三是部分工商资本下乡时带有天然的优越性，加之农村消息闭塞，土地转包时的价格很多时候都是工商资本一人说了算，让农民丧失了对资本的期待。

2. 农民不守诚信给工商资本下乡带来阻碍

工商资本下乡遇到阻碍，不仅是资本处于优势地位、农民处于弱势地位带来的，有时候工商资本难以下乡或者不愿下乡，也与农民的素质有关。

工商资本下乡，做得最多的是对土地的承包，而土地承包需要与当地农户交涉，因而农户的素质也影响这项交易能否成交。对于市场来说，投入有盈利就会有亏损，若农民只想盈利，当出现亏损的时候不配合、不理解，集体要把土地要回来，就会让企业烦恼。签订好的合同好似一张废纸，并不能够起到约束的作用。从而使来投资的工商资本望而却步。

（二）村委会自治体系不健全

在调研的过程中，我们访谈过的对象曾向我们表达了基层自治体系不健全的情况。

当我们问到类似于承包商跑路如何解决或者对于目前的耕地数量有什么想法时，部分人的回答是领导让怎么做就怎么做，还有一部分人说了自己的想法又被家人制止。这些问题，如何回答确实会影响到一部分人的利益，尤其会涉及村干部的。这些农户生活在村子里，如果回答的对村干部不利，就担心会被"特殊对待"。因此不敢或者不愿意向我们作出真实的意思表达。

我国基层自治组织分别是村委会和居委会，基层自治是通过民主途径来实现的，包括民主选举、民主协商、民主监督、民主管理等。但如我们所见，农村相对于城市居委会自治还存在一定程度的差别。最明显的是农村是熟人社会，在村干部换届选举时会有很多"继承"（但也不排除有才干或者公平选出来的村干部），村干部之间有亲戚关系，家族一家独大。这种情况下，农民很难表达自己的真实意愿，村里一切事务由村干部决定执行，因而很难实现民主。

（三）乡村环境仍然不够美丽

自2018年2月《农村人居环境整治三年行动方案》出台以来，农村人居环境得以改善，居民幸福指数提高[2]，卫生、美丽、整齐、绿色是描述新时代农村最广泛运用的词汇。但在S县这些村落里，调研所经过的地方给我留下的整体外观印象是不美观：路上的泥土、枯朽树叶树枝及垃圾散落在地上，无人打扫。

在调研过程中，还发现能够代表村集体特色或者一致性的事物很少。虽然村委会的基础设施，例如办公室、接待厅、会议厅、厕所、停车场以及健身设施等比较完善，但能够服务于公共事物的基础设施比较少。良好的生活环境能够促进文明，促使人们去营造更好的生活氛围，提高生活质量。农村的厕所革命已开展了很久，但在我们调研的几个村，农户们用的还都是自家建造的旱厕，厕所环境较差，严重影响人居环境。

（四）对法律文本的理解有待提高

法律存在的形式多种多样。英美法系大多是判例法或习惯法的形式，成文法较少，法官裁判过程中，只能参照之前的案例进行裁判，法官的自由裁量权比较大。我国的法律属于大陆法系。大陆法系采用成文法模式，将法条编纂成册。大陆法系国家中的法官裁判案件只能根据成文法进行裁判，这限制了法官的自由裁量权。由于案件背景不一，法官在裁判时会对成文法条进行解释，形成司法解释。法条包括司法解释，即便是部门法，往往会有很多文本需要去研究，加之社会发展迅速，法律条款随着时代在更迭，新法不断出现，民众能否及时接触以及了解到尚存疑问。

在很多情况下是政策先行，政策被人们了解后再转化为法律。在调研过程中，许多农户跟我们反映土地不够分，这家多那家少的现象很普遍，希望打乱重分。但我们了解到的情况是，现在土地已经进行过测绘且已经登记造册了，且土地上的权利束很多，承包关系也很复杂，因此，土地二轮延包到期后再延长30年，只进行局部调整，不再打乱重分，要保证大方向的稳定。很显然，当地农户对这个政策的理解是有偏差的。另外一个问题是很多农户想要打乱重分是为了达到按人平均分配，而我国所倡导的平均分配是以户为单位。由于前者的观念由来已久，农户的这种误解就根深蒂固。特别是对一些有关政策和法律的理解，村干部仅按照文本传达，农户自己理解就不免出现偏差。

三、乡村衍生问题的解决路径

（一）强化法规执行　规范资本下乡

工商资本下乡会给农村、农民带来利好，如提供乡村建设稀缺的生产要素、降低农业发展的综合成本等[3]，但也带来了其他问题。应从法律视角出发,为工商资本下乡提供规范性参考。

合同具有相对性。工商资本下乡后在土地承包方面签订了纸质合同,但是仍然不能防止资本跑路或者农民不信守承诺的事情发生。《农村土地经营权流转管理办法》中的第四章"流转合同"明确规定,在流转合同中要写清楚合同双方的权利、义务以及违约责任等;在第五章流转管理中,有十三条内容在规范承包地在流转中要如何进行管理。笔者认为,仍应当在流转合同中作出流转合同须经公证机关公证的规定,使其具有一定公信力,让双方可以放心地按照合同内容进行执行。在公证时应当聘请专业人员对承包商资质进行核查:是否有足够的资金可以自负盈亏,是否能够接受投资农村周期长、投资成本高的现实条件,也应当聘请专业人员对合同内容进行补充解释,以保障后期不再出现跑路的现象。需要补充的是,对于违约现象应当加大处罚,且不可过多地偏袒农户,以免打击到工商资本。通过对违约现象的严惩,加深人们的契约意识,使合同能够顺利执行下去。

(二) 依法依规健全村委会自治体系

基层民主自治组织是最基层的民主形式,一个集体通过基层民主自治组织表达自己的观点和想法,让地方政府可以听到基层人民的声音。《村民委员会组织法》第一条和第二条中明确规定,村民委员会是农村基层群众性自治组织,村民委员会成员由村民选举产生。在农村基层治理中,村民委员会可以制定本村的自治章程也就是村规民约,并运用职权管理村内部事务,达到自己的事情自己办的目的。该法第五章还用大篇幅的法条规定了民主管理和民主监督事项。但在调研过程中,我们发现还是存在有农户不敢表达真实意愿的情况,究其原因,在于对村委会成员监督的工作没有做到位。

村委会成员代表本村集体存在,是村集体成员对外发声的代言人,由村民选举产生。作为国家治理单元中推动实现乡村振兴的重要一环,面临着"如何正确理解国家政策并从中为村庄发展汲取有效资源"和"如何高质量执行国家政策并切实满足农民的生产生活诉求"这两大核心问题[4]。但由于农村作为封闭性的集体,熟人社会的现象普遍存在,村委会成员之间关系密切,难免出现本家人照顾本家人的局面或者根据关系亲疏来办事,这大大影响了村委会成员在村集体成员中的形象。村委会成员的选举应当严格按照《村民委员会组织法》进行："村民提名候选人，应当从全体村民利益出发，推荐奉公守法、品行良好、公道正派、热心公益、具有一定文化水平和工作能力的村民为候选人。"为防止上述两大核心问题发生，应当健全村委会自治体系，在选举之初，就应当对候选人资格进行审查，保证选举后的结果对村集体成员公平且公正，尽量防止在村集体内部出现一家独大的现象，使村委会成员真正服务于集体成员，服务于公共事项。

（三）大力推动乡村产业融合发展

在完成脱贫攻坚、乡村振兴的背景下，农村的人居环境相应地改善了很多。但细观当下农村社会，无论是生活环境还是生态环境还存在一定问题。当前在城市饱和的状态下，农村正处于快速发展的态势，但发展的快慢与发展质量不一定成正比。如虽然农村现在也开始施行垃圾分类，并且放置了垃圾桶，但街道卫生还是处理不到位。反思其根本原因，应当从经济上找答案。乡村产业兴旺是实现农村富裕、生活幸福、农村美丽的"牛鼻子"，只有经济发展起来，促进村民全面发展，才可以推动乡村变得更好。推动乡村产业发展，应该找准重点。协同促振兴是新发展格局下乡村振兴的实践路径[5]，解决乡村问题也不例外。推动乡村产业发展，应当将一二三产业融合发展起来，首先推动现代农业发展，让科技、数字走进乡村；其次，推动城乡要素流通，打造一体化市场；最后，应当加强农村的地域特色，体现乡村氛围感，以此推动乡村富裕起来，提高农民的生活质量。

（四）为乡村提供常住法律人员

国家建设强调法治。有良法的存在才能帮助一个国家走得更远。但由于法律文本比较抽象，理解起来相对困难。农村作为一个集体经济组织，更应该有法律加持。在调研中，我们发现很多农户对当下政策以及法律条文的理解存在偏差，以至于在农村开展工作时会遇到阻碍。为农村提供常住的法律人才，让农户学法懂法，势必对开展农村工作非常有利。乡村振兴为农村带去了经济支持、技术支持、人才支持，法律人才也不应该被忽略。尤其在资本向农村流入的背景下，农户不懂其中的程序和规定，不利于后续工作的开展。所以，农村需要常住法律人才，尤其现在经济较为发达的农村更需要。

乡村振兴背景下，农村土地二轮承包已接近尾声，随之也衍生出了许多问题，本研究就乡村振兴以及土地二轮承包即将结束为背景，以 S 县调研为契机，经过调研和反思，主要讨论了目前农村发展过程中存在的一些问题，也提出了相应的解决措施，希望这些措施能够服务到广大百姓，也为开展土地二轮承包再延长 30 年的工作提供参考借鉴，减少工作阻力。

【感 悟】

调研走访中感受到了农民的朴实、善良和热情，也看到了家家户户都住进了砖房，出门就是自家耕地，村民们安居乐业。不由得为中华民族骄傲——我们奋力实现了脱贫，终于人人都过上了小康生活。在调研关于承包地延包的时候，农户会积极了解政策，并主动向我们询问有关法律方面的问题，各村组负责人对家家户户的情况以及村组情况了解得很清楚；村民有事找村委会，村委会也能够积极作出回应，这让我感受到了基层民主的活力。当然，深入农村这几天，也意识到在巩固脱贫成果的路上还有很多问题值得我们去探索。实践没有止境，理论也没有止境。青年更应该肩负起这一代的责任，助力乡村振兴，真正服务广大百姓。

参考文献

[1] 冯娟．工商资本参与乡村振兴的内涵与路径 [J]．西北农林科技大学学报（社会科版），2021，21（5）：1-9.

[2] 李荣．农村人居环境整治的问题及对策分析 [J]．农业经济，2022 (7)：44-45.

[3] 曹宗平，黄海阳．工商资本参与乡村振兴的动因、利弊及治理对策研究 [J]．学术论坛，2022，45（1）：124-132.

[4] 罗博文，吕悦，余劲．村干部角色与乡村治理有效性——基于秦甘滇三村的案例分析 [J]．西北农林科技大学学报（社会科学版），2022，22（4）：17-26.

[5] 严宇珺，龚晓莺．新发展格局助推乡村振兴：内涵、依据与路径 [J]．当代经济管理，2022，44（7）：57-63.

乡村振兴背景下新乡贤参与乡村治理的思考

宋文霞[1]

摘 要：全面推进乡村振兴，实现乡村治理现代化，是国家实现伟大复兴的重要任务之一。在国家的重视和呼吁下，参与乡村治理已经成为一大趋势。作为传统乡绅演变而来的新群体，新乡贤难以融入乡村治理的主要原因是其主体角色定位模糊，参与机制不健全，参与的内源式动力匮乏等。应明确新乡贤在乡村治理中的主体地位，创新新乡贤参与机制，优化新乡贤参与环境，增强新乡贤参与乡村治理的内在驱动力，有力促进乡村振兴和农村富裕。

关键词：乡村振兴 新乡贤 乡村治理

全面推进乡村振兴要坚持"农业农村优先发展，坚持城乡融合发展，畅通城乡要素流动"，而人才振兴是乡村振兴的基础。与传统乡贤文化相比，新乡贤文化不仅吸收了其价值内容，又体现了社会主义核心价值观。重视发挥人才的作用，让"懂农业、爱农村、爱农民"的人才助力乡村振兴的发展[1]。为了更深入地了解新乡贤，调研小组于2022年盛夏，在S县X镇进行实地调研，主要采取问卷调查的方式。我们积极探访新乡贤，在交谈过程中探讨他们所面临的实际问题。

一、新乡贤参与乡村治理的现状及困境

我国是农业大国，农村的发展始终是党和国家最重要的工作之一。乡

---

[1] 作者简介：宋文霞，女，山西吕梁人，西安财经大学法学院2021级法学理论硕士研究生。

振兴二十字方针强调，治理有效是实现乡村振兴的基础，而"人"又是促进乡村治理有效的核心。新乡贤作为乡村社会中的"能人""贤人"，因其较好的个人资源禀赋与群众威望，能够在乡村治理之中发挥重要的作用。因此，要充分挖掘乡村当中新乡贤的力量，促进新乡贤参与到乡村治理之中，为乡村治理解"人才之困"。

当前我国乡村随着城镇化的发展，绝大部分青壮年进城务工，导致农村空心化、人口老龄化、劳动力弱化，"能人"极度匮乏。青壮年大幅度外流，给乡村振兴带来人才困难。一方面，当前诸多村干部、村小组长老龄化严重，面对新时代乡村社会中的新问题、乡村治理的新要求，往往无法很好地领会，且缺乏能力去处理愈发复杂的管理事务，有的村庄甚至连能够操作电脑的工作人员都寥寥无几；另一方面，缺少人才的乡村发展呈现出一潭死水的状态，产业发展迟缓，农民的诉求更无法有效传达。在本次 S 县 X 镇调研的过程中，笔者重点关注了乡村治理中人才，尤其是新乡贤群体。虽然 X 镇农村的空心化同样严重，但是由于这些村庄存在农业规模化发展的可能，农村土地具有较高的经济价值，故而也吸引了少量在外村民回村开办家庭农场。这类"新农人"有效地整合了闲置土地资源，将农民作为职业，为乡村发展注入了活力。一般而言，他们都是青壮年，同时作为城里返乡或者具有经商经验的村民，其思想较之一般村民更为开放，也掌握着更多的生产技能。另外，调研所涉及的几个村庄当中都不乏退休的公职人员，部分退休人员拥有较高的文化知识水平，也在村中拥有相当高的威望。基于此，能够发现活跃在乡间潜在的新乡贤群体，村庄中仍然有部分村民拥有较强的能力、较高的素质与较好的威望。但是，事与愿违，这些群体在乡村治理过程之中并未受到重视。在访谈中发现所提到的农场主多被认为是"地多点"的普通农民，既在村中没有任何职务，也基本不参与乡村治理的过程。而退休的公职人员虽然有部分参与治理，能发挥其智力优势，却难以找到参与的机会，加之这类群体往往在城市中有住所，城里村中两头跑也让其时常游离于乡村治理之外。总而言之，通过调研我们发现，当前乡村也许并不缺少新乡贤，而是缺少新乡贤参与到乡村治理中的机制，所以才导致人才资源的虚置与浪费。

新乡贤在乡村治理中的缺位与失语的原因并不单一，既有新乡贤自身的原因，也有其外部的乡村治理环境影响。具体而言，主要包含新乡贤主体角色定位模糊、新乡贤参与机制不健全和新乡贤参与的内源式动力匮乏等。

第一,新乡贤角色定位模糊。相比于村干部等制度性主体,新乡贤因其在我国制度框架之外,是乡村治理当中的非制度性主体。非制度性主体的权威来源于新乡贤个人的威望与村民的认可度,故而容易在乡村治理工作中成为村两委的附庸品或者依赖者。当前,"官本位"的思想在农民的心中根深蒂固,作为乡村治理中的领导者,制度性主体在其行政化的背景下"官味渐浓",也逐渐成为乡村治理过程中绝对的权威。新乡贤等非制度性主体在乡村治理这种"行政意味浓厚"的事务中作用被弱化了,故而被其他治理主体所漠视。

第二,新乡贤参与机制不健全。新乡贤的组成结构复杂、地域分布过于零散,组织机构尚未健全,成员之间缺乏沟通,关联性差,松散性特征极为明显。他们在乡村治理实践中,缺乏参与机制,没有明确的工作目标、行为准则。即便是当前如浙江、江苏等先进地区的新乡贤,其"乡贤理事会"也大量是为了应付上级检查而进行的基层治理"伪创新",实际上没有发挥其应有的作用。在所调研的 X 镇,新乡贤在村内决策的过程中也时常被排除在外,其参与的可能性更小。

第三,新乡贤参与乡村治理的动力不足。新乡贤发挥不了作用的另外一大原因是其自身并没有参与的意愿。首先,当前的政策对新乡贤吸引力有限,甚至阻碍了其返乡参与乡村治理。现实中,因缺乏激励性措施,保障性措施不到位,新乡贤在条件艰苦的乡村环境下,不但住房问题、子女教育问题等得不到保障,而且创业投资需求也无法得到满足,这使得返乡成为其吃力不讨好的选择。其次,当前绝大部分地区并不重视新乡贤的作用。忽视了对新乡贤事迹的报道、传播,新乡贤自我成就感难以在为乡村做贡献的过程中得到满足,积极性大受影响。最后,不同于传统乡土社会中的乡绅,有大量新乡贤是常年在外的青壮年,这部分群体能力强也具有回馈家乡的决心,却不被父老乡亲所认可,一些村民政治素养较低,过分看重个人利益,且喜欢用自己利益得失来衡量新乡贤的价值,这也阻碍了新乡贤在乡村治理中作用的发挥。

城乡融合发展正在推动中国农村社会深度转型。随着资本和人才逐步流入农村,新乡贤等农村治理新参与者、新主体不断涌现,其地位也应受到更多重视。因此,要深入了解新乡贤主体,在了解其参与乡村治理困境的基础上,进一步寻求其参与的路径,重塑当代新乡贤权威,为乡村治理注入源源不断的活力。

二、新乡贤参与乡村治理的路径选择

乡村治理是一项长期的系统工程，是推进国家治理体系和治理能力现代化的重要标志[2]。在 S 县 X 镇调研实践中，我们总结出了当前制约新乡贤参与乡村治理的障碍因素，鉴于这些客观的"障碍点"和"痛点"，我们认为，应当给新乡贤创造良好的发展环境，为新乡贤的生存和发挥作用创造适宜的环境，拓宽他们的发展道路，推动新乡贤成为乡村振兴的重要力量。

1. 加强制度建设，明确新乡贤在乡村治理中的主体地位

提升新乡贤的"合法性"在于构筑新乡贤相关的制度体系。参考浙江省出台的《关于发挥新乡贤在助推乡村振兴战略中积极作用的指导意见》，该意见强调加强新乡贤组织建设，首先明确了新乡贤的标准，结合地区乡村发展需要，制作新乡贤对象清单，明确新乡贤的具体内涵。其次，摸排新乡贤资源，创建新乡贤名录。再次，建立新乡贤联谊组织，将散落的新乡贤通过制度组织起来。同时浙江省通过此意见，明确把新乡贤工作纳入全省各级党委（党组）总体工作部署，构建党委统一领导，统战部门牵头协调，组织、宣传、政法、民政、农业农村等相关部门各司其职的工作格局。基于浙江经验，西部省份也应尽快出台相应的政策，让新乡贤工作制度化、具体化。同时通过制度协调好"新乡贤"与村两委之间的关系，厘清二者之间的权力边界，构建二者共同的乡村主辅治理结构。

2. 创新新乡贤参与机制

新乡贤需要协调各方主体之间的关系，与村民耐心沟通。浙江省绍兴市上虞区是弘扬乡贤文化的典范，"三师三员回归乡村"是上虞探索和推动"能人"参与乡村治理的新模式。上虞区组织教师、医师、律师、公务人员、警务人员、银行职员等与百姓民生密切关联的群体返乡参与社会治理，化解矛盾。返乡的"能人"带头为村社谋事，通过搭建"四方会议""村民说事""品牌工作室"等平台积极参与村级事务。建设"乡贤知书论坛"，拓宽乡贤建言献策渠道、构建乡贤文明礼貌机制，激发乡贤建言献策精神。不仅要实现新乡贤从原子化到组织化参与的转变，还要持续增强新乡贤在乡村治理中的存在感，允许并鼓励新乡贤参与村干部选举，允许部分返乡的公职人员直接进入村两委会组织，聘请有能力的"新乡贤"担任乡村治理顾问等。此外，

让新乡贤走进农民道德讲堂、夜校，发表演讲，弘扬乡土文化和孝道，也不失为参与乡村治理的良策。

3. 优化新乡贤参与环境，增强新乡贤参与乡村治理的内在驱动力

新乡贤参与乡村治理的积极性来源于个人意识的觉醒，所以，为新乡贤构建良好的参与环境对其参与的积极性至关重要。为此，要开展乡贤文化活动，弘扬传统乡贤文化，营造乡村社会对新乡贤的认同。首先，要积极开展评选表彰活动，增强新乡贤的个人使命感。浙江省绍兴市在全市开展"新乡贤助力乡村振兴感人事迹"典型选树宣传活动。根据选树结果，在媒体上推出《新时代 新乡贤 新征程》专题，讲述了入选的20位乡贤在乡村振兴路上的感人事迹。为了让乡贤有归属感、荣誉感，绍兴市通过建设乡贤馆、乡贤榜、乡贤广场等，打造乡贤聚会议事、回乡接待、展示成果的阵地。绍兴市还实施"青蓝工程"培育乡贤，让优秀乡贤文化深入人心，让乡贤文化和美德代代相传。其次，要将乡贤文化刻入地方发展文化基因当中。浙江省泰顺县首创建设"乡贤泰商馆"，以"乡贤文化润民风，贤商同心泽泰顺"为主题，以泰顺县古今历代乡贤、泰商为核心，借助多种艺术展陈手法对泰顺乡土、乡贤文化、泰商精神、乡贤工作等内容进行诠释、演绎，以期通过颂"前贤"遗风，引"新贤"助力，育"尚贤"风气，营造知贤、颂贤、尚贤的社会氛围。吸收绍兴与泰顺经验，笔者认为，既要加强舆论宣传，在广播、电视、报刊上积极传播新乡贤感人的行动，让新乡贤的事迹深入人心，又要关爱乡贤能人，经常走访联系，帮助新乡贤解决发展中的实际问题，鼓励他们在乡村振兴中充分发挥才能智慧。让广大乡贤在文化滋养、群众认同、政策便利下更加积极地参与到乡村治理之中。促进形成一大批有知识、有担当、有声望、愿意扎根乡土的新乡贤、新农民，产生示范带动效应，带动村民共同参与乡村治理、矛盾调解、村庄规划，有力促进乡村振兴和农村富裕。

【感 悟】

为期4天的S县农村调研，我们遇到了许多困难，也学习到了课本以外的知识。调研小组走访4个村子发放问卷，与村民面对面交谈，对我们法学专业学生来说是非常宝贵的学习机会。白天我们行走在村落，晚上老师同学们交流总结经验，每一次都有意想不到的收获。

在调研的过程中，村干部们积极帮助我们探访经济能人和致富能手，带我们倾听乡贤故事、参加乡贤文化活动。立足于乡村的实践，我们要找准新乡贤参与乡村治理、促进乡村振兴的定位。积极探索新乡贤参与农村发展的新途径，促进乡村社会的发展。

感谢此次调研，让我更加了解农村的生活，珍惜我们来之不易的生活。"没有调查，就没有发言权"，没有实践任何一切都是空谈。希望此次调研不仅仅成为停留在纸上的数据，而是能够真正变成改善农村现状的依据。

参考文献

[1] 袁金辉. 推动多元力量参与乡村振兴 [J]. 中国党政干部论坛, 2018（10）：65-68.

[2] 宗成峰, 朱启臻. "互联网+党建"引领乡村治理机制创新——基于新时代"枫桥经验"的探讨 [J]. 西北农林科技大学学报（社会科学版），2020, 20（5）：1-8.

被遗忘的村落

张佳杰[①]

摘 要：当前经济社会发展保持高速增进的态势，而这一增长态势是以城市为中心而展开的。相比于城市，乡村尤其是西部乡村的发展要缓慢一点，不仅面临青壮年人口流失问题，教育问题与环境问题也日益凸显。应多措并举激励青壮年返乡回乡创业，加大网络设施建设缩小教育资源差距，多方筹资建立乡村垃圾回收处理机制，丰富农民精神文化生活，回应城镇化进程中农民的需求，促进乡村全面振兴。

关键词：乡村振兴 乡村治理 垃圾治理 乡村教育

引言

在农村题材的电影里，土地对于主人公都有着非比寻常的意义，因为土地是公平的，每次的耕作总会回馈他们粮食。想到土地，我的思绪也飘回到几个月前，在 S 县调研土地延包的日子。

一、村里消失年轻人

费孝通先生在《乡土中国》里写道，乡村总是带着一股"土气"。初读时虽理解其意，却仅流于表面。此次赴往 S 县的各个村子调研，直到双脚真正踏入了村子，对于"土气"这个词语才有了深切的理解。灼热的阳光下，

[①] 作者简介：张佳杰，男，新疆和田人，西安财经大学法学院 2021 级民商法学硕士研究生。

村民的房子伫立在土路的两旁，走路的动静大一点儿，随着脚步就会带起尘土飘散。在乡村生活处处离不开土地，谋生要靠锄地播种，住所也粘在泥土里。与这"土气"相比，此时的乡村更多地带着一股"暮气"。

尽管我们抵达第一个村子 W 村时，日头还早，但随着每家每户的调研，我却有种"林峦巉绝秋风瘦，楼堞参差暮气昏"的感受。之所以有这一种"暮气"的感觉，是因为村子里罕有年轻人。就我所调研的人家，包括接下来调研的几个村落，我甚至没有见过一位青壮年劳动力的存在。究其原因，只能归结于地不养人，无私的土地在如今已经无法给予村民更好的经济收益。

利用土地谋生并不简单。灌溉、施肥、劳作、当季粮价都决定了农户一年的收益是否可观。譬如 2022 年，天气炎热，土地干旱，田地的灌溉就成了一道难题。调研的村子因为地势原因，农业用水紧缺。在和农户交谈中得知，当地灌溉农田需要缴纳不菲的费用，每次灌溉 1 个小时的农田需要缴纳 70 元，而一亩地需要灌溉 2 个小时，也就是说需要 140 元，10 亩地就是 1400 元。小麦虽耐旱性强也至少要灌溉 3 次，要花费 4200 元，这确实是一个比较高的成本。在调研中，农户不仅谈论到灌溉，还有化肥涨价等问题，这些问题虽然不是土地问题，但也切实地与农户相关。

如果农村还有青壮年，那她或他一定不具备进城打工的条件，至少在这几个村落中呈现出的是这样一种情况。虽然说农村的绝对贫困已经消除，但种地收入与进城打工的收入还是存在差距（这里不包括现代化农业的生产模式）。于是农村的青壮年劳动力毫无疑问地会选择比务农收入更高的务工。现在的乡村往往是年纪大的老人种植着不多的土地，以维持一年所需的口粮。村子里的小学更是寥寥数人。最近的 10 年期间，中国常住人口城镇化率仍然保持快速增长的趋势。2020 年，我国常住人口城镇化率达到 63.9%，相较于 2010 年时的 49.7% 上升了 14.2%，专家估计"十四五"时期的城镇化率会突破到 65%，乡村人口流失严重。这种综合社会功能退化的乡村空心化现象并不只单纯地存在于我们走访的这几个村落，而是一个全国性的问题。"全国人口中，居住在城镇的人口为 901991162 人，占 63.89%（2020 年我国户籍人口城镇化率为 45.4%）；居住在乡村的人口为 509787562 人，占 36.11%。与 2010 年第六次全国人口普查相比，城镇人口增加 236415856 人，乡村人口减少 164361984 人，城镇人口比重上升 14.21 个百分点"[1]。从数据上可以清晰地窥见，在现代，乡村逐渐地在消逝。当农村只剩下老人时，村子里像被抽干了生命力，整个村子都显得寂静无声。

农村空心化的问题并不是独属于我国的特殊问题，而是世界各国快速工业化发展过程中的普遍现象。在工业不断发展的背景之下，农业的生产力远远低于工业，从而导致的城乡收入差距愈发明显，出现人口、资金离开农村流向城市的现象也就不足为奇。世界上大部分国家的解决思路是通过农业的工业化来实现城乡收入的均衡，其中美国的规模化农场最具有代表性。但是这种模式的本质是通过机械设备大规模地实现平坦土地农作物的耕种，前提条件在于，人少地多与高度集约化平坦的土地。

我对于我国农业耕地的总体现状不甚了解，但调研的几个村落并不存在孵化类似美国规模化农场的条件。首先，人多地少的情况在几个村落里是比较严重的现实问题；其次，这几个村落的耕地过于分散，碎片化。当然农村空心化的问题并不是此次调研所注重的方向，甚至说在当今人口老龄化的背景下，城市的建设仍需要从乡村汲取青壮年劳动力。所以农村空心化的问题往后需不需要解决？以什么方式解决？也是个值得思考的问题。

二、教育资源不均衡

教育问题是个老生常谈的问题，之所以还拿出来谈，是因为村落里年轻人的出路比较耐人寻味。消失的年轻人并不是在城市拥有一份稳定的体面工作，就我个人走访的几十家农户来讲，全部是在西安或者当地的镇上从事短暂的体力劳动。其中的缘由无须多想，因为学历的缺失。从前在乡村考大学的成本十分高昂，村里没有高中，想要读高中，就得下山在S县里读，而我们所调研的村落离S县有四十分钟的车程，那么住校就是必要的。但是如果选择了住校，那家里的劳作就少了一个青年劳动力。况且，高中并不包含在义务教育的范围内，村民还需要缴纳学费。在这种情况下，选择不上高中的情况比比皆是。

当然，现在的情况会好很多，大多数村民都有能力让自己的子女读高中，只是愿意与否的问题。如今影响村民子女接受进一步教育的可能是教育观念的因素影响比较大，许多人家盛行读书无用论，这是可以理解的。教育水平或者说教育资源在近些年逐渐与经济水平呈正相关，乡镇中学教学质量明显不如大城市，这样的情况下，能考上本科的学生已经是凤毛麟角。即便大学毕业，普通大学本科生的工资也低到令人惊讶，收入甚至低于初中辍学就去送快递的同学。相比较之下，读书的性价比太低。

据统计，高中阶段的教师90%是大学本科毕业，城市学校中研究生学历的比例略高于镇区学校。在初中阶段，城区、镇区和乡村学校的教师中大学专科毕业生的比例均有一定程度的提高，分别占比10%、20%和24%。在小学阶段，城乡间差异进一步扩大。乡村小学的专任教师中有11%是高中阶段毕业或以下，42%是大学专科毕业，37%是大学本科毕业。镇区小学的这一比例分别为6%、46%和48%[2]；城区小学的这一比例分别为2%、30%和66%。总之，义务教育阶段，尤其是小学阶段，学校专任教师的学历构成城区学校高于镇区学校，镇区学校高于乡村学校这一不均衡的现象还很明显。

再来看看全国的各省市的大学生占比，北京为42.0%、上海33.9%、天津26.9%、江苏18.7%、内蒙古18.7%、陕西18.4%、辽宁18.2%、山西17.4%、宁夏17.3%、浙江17.0%、吉林16.7%、新疆16.5%、广东15.7%、湖北15.5%、重庆15.4%……全国的平均线为15.5%。可以清晰地看出北京、上海的本科率远远高于其他省市。北京、上海是我国的一线城市，所以教育资源要比其他省份更加丰富。北京的42.0%这个数据，放到美国也是非常高的比例。根据美国人口普查局2019发布的数据显示，自2000年以来，美国25岁及以上人口中，最高学位为硕士的人数翻了一番，达到2100万；博士学位持有人数增加了1倍多，达到450万。数据显示，目前美国成年人口中，13.1%的人拥有硕士学位、专业硕士学位或博士学位，而2000年这一比例为8.6%。从2000年至2018年，25岁及以上人口获得学士及更高学位的人数占比从25.6%升至35%。最新数据表明，美国的国民本科率上涨到了42%，这样或许可以更直观地了解到北京本科率相对于发达国家的水平。

教育资源的不均衡是必然的，因为教育资源是固定的，远远少于人口。分配不均衡的问题在现阶段无解，随着基础通信设施的不断完善和通信技术的大幅进步，互联网、云计算等高新技术在教育场景应用的不断深入，已经大幅度减少了教育资源不均衡，起码在知识的获取方面差距不大。

三、乡村垃圾归何处

在某个村落调研时，因为地形的原因出现了峡谷的地貌，峡谷下的绿色就像镶嵌了绿宝石的飘带,轻轻附着在大地上,两岸树木郁郁葱葱,整体宛如秘境。但靠近峡谷才发现,峡谷下堆满了卫生纸、塑料瓶之类的生活垃圾。与其归结于乡村人没有环保意识、素质太低,以致垃圾乱扔乱放,不如归因于乡村里没有环保基础设施,垃圾无法进行清理与处理,只能扔进峡谷里自然堆放。据环境保护部门调查显示,农村垃圾产生量每人每天可达0.86公斤,全国农村年垃圾产生量可达3亿吨,这些垃圾如何处理是个迫在眉睫的问题。其实国内外已经有成熟的经验可以进行借鉴。

  云南洱海将乡村中的垃圾分为可回收垃圾、不可回收垃圾、厨余垃圾和有害垃圾四类。可回收垃圾按照由专门人员上门收取送往垃圾中转站,最后流向废品回收站进行再次利用;不可回收垃圾运送至垃圾中转站后,对其中可燃的部分直接进行焚烧处理,不可燃烧部分统一进行填埋处理;厨余垃圾则是在运送到中转站后在指定地点进行堆肥处理;有害垃圾运送至指定地点进行无害化处理[3]。

  美国农村的垃圾处理由乡村的垃圾处理公司负责。垃圾处理公司会开着垃圾车到乡村的每家每户收费收取垃圾。虽然由于地广人稀,美国的农民住得比较分散,但是收费的垃圾公司不会放过每个赚钱的机会。家家户户都有一个移动的垃圾箱,居民每天早晨送到公路边,由专车带走分类垃圾。可以看出美国农村的基础设施还是相对完善的。

  在欧盟成员国的一些村庄里,张贴着"随意乱倒垃圾是犯罪,此类行为将记录在案"的告示。而且,如果地方政府没有为农村居民提供垃圾处理的基础设施建设,则农村居民有权起诉地方政府。欧盟所有农村的生活垃圾都由市政府来集中收集和处理,垃圾收集处理的基础设施的费用由该地方政府支付。欧盟成员国一般也会要求农民进行垃圾分类。如果相关的政府工作人员在收取垃圾时发现农村的居民没有按照要求对垃圾实施分类,将会拒绝收集处理这些垃圾箱甚至处予该居民罚款。

四、乡间夏日有野趣

  调研的日子正值夏日,阳光正盛放,在调研中,我们踩在狭窄悠长的小路上,入眼望去一片青翠欲滴,杂草野花散在路边,茂密的爬山虎缠绕红墙小屋,耳朵里尽是嗡嗡嘤嘤的蝉鸣鸟叫。一阵微风袭来,在炎热的天气里可以感受到一丝惬意。抬头望去，嫩绿树叶间隙中的天空格外湛蓝，偶尔白云浮动，平添色彩。走在乡间，我才能理解为什么越来越多人向往乡村生活，可能是因为这景色太过宜人，置身于这一方世界，心灵仿佛能得到净化，紧绷的神经也会松弛下来。

乡间景色虽然不错，但是调研的工作才是重点。在调研过程中，最为不便的是交通。在这几个村落里，即使是一个村小组，两户人家也可能距离几公里。

村子里另一个特点是狗多，多到几乎家家有狗，这可让怕狗的同组寸步难行。村里养的狗大多尽职尽责，看到我们这些外来人，必然起身汪汪狂叫几声。村子里的青壮年大多离开家乡踏上了城市的土地，村里的人逐渐变少，因此狗成了农村空巢老人的伙伴。家里冷清时，也是一种慰籍，几声犬吠，家里还显得有些生气，也给沉寂的乡村一点活气。老人上田耕作，带上狗，心里也比较踏实。以前农村养狗是为了看家护院，如今治安稳定，不需要用狗来震慑盗贼，养狗逐渐变成一种心灵寄托。

【感 悟】

马克思主义认识论告诉我们：实践是认识的基础。在调研中，我对这条真理有了清晰的理解。以往关于乡村、农民、土地等问题的认识往往停留在文献或者课堂，受限于实际感知的缺失而无法捕捉到这些问题更深层次的脉络。这次调研，教学场景从窗明几净的教室转化为片片泥泞的农田，在老师的带领下深入乡村的各个角落，或在农户家，或在杨树下与农民进行沟通。简单却又让人受益匪浅。让我对乡村中的实际问题了解颇多，还清楚地弄明白了农民的夙愿，这是文献与课堂所不能给予的，也让我明白课堂不仅仅存在于学校，更存在于社会生活，存在于实际认知当中。亚里士多德曾说"谁不感觉，谁就什么也不认识，什么也不能理解"。同理，对于乡村问题，谁不实际考察，谁就什么也不认识，什么也不能理解。当今，党对于乡村问题的认识始终从实际出发，这是我始终坚信乡村问题必将合理解决的最大底气。

参考文献

[1] 第七次全国人口普查公报（第七号）——城乡人口和流动人口情况.

［2］吴宏超，闫莉蕙．我国小学师资规模变化特征与政策建议［J］．教师教育论坛，2013，26（10）：56-60.

［3］张颖．沈阳市农村生活垃圾分类收集处理研究［D］．沈阳工业大学，2018.

土地二轮延包背景下农村土地问题探讨

刘 帅[①]

摘 要：土地二轮延包相关政策文件的出台与颁布，虽然能有效规范和稳定我国农村土地承包制度，进一步激发农民对土地的耕种热情，但在实践中，土地二轮延包政策在贯彻落实上仍然存在着诸多如土地权利不清晰、土地流转不合规、土地管理不完善、土地纠纷频发等不可忽视的问题。需要从认真贯彻相关法规、切实完善流转手续、加强农村土地管理三个方面着手改进，为解决我国农村土地问题提供参考。

关键词：二轮延包 土地流转 土地管理 村民纠纷

一、引言

所谓农村土地二轮延包，就是农村土地在第二次承包的基础上，在其承包期即将届满或已经届满时，原土地承包人根据国家相关法律政策的规定，在不破坏原有土地承包政策的基础上，可以对之前所承包的土地继续承包和使用，继续承包期限为30年。在土地二轮承包期以及延包期内，土地承包人的合法权益依法受到国家和法律的保护，任何组织和个人不得对承包人的承包经营权加以侵害。我国农村土地二轮承包期限届满后将再顺延30年的政策是我国农村土地制度中一个重大的政策。农村土地二轮延包在各类出台的政策和法规中多次被强调和提及，其主要内容更是被写入了新修订的《土地承包法》。随着土地二轮延包入法以及众多延包试点的相继设立，表明在今后相

---

① 作者简介：刘帅，男，陕西延安人，西安财经大学法学院2021级法学理论硕士研究生。

当长的一段时期内，我国农村土地的基本制度将不会有大的变化，目前农村土地也不会被打乱重分或者重新洗牌，更不会出现承包权彻底发生变更等问题。虽然国家对于农村土地制度以求稳为主，但实际中存在的一系列问题也不容忽视[1]。例如土地承包期限如何顺延、二轮承包与顺延之间如何恰当进行衔接。目前虽有少数地区已经探索出了具体的模式和方法，不少地方政府也在法律法规的指导下进行积极探索，但目前仍然未能探索出一套广泛适用我国农村地区的通用模式。

在对农村地区的实地走访调研过程中发现，当前农村地区对于土地二轮延包时存在的问题还很多，土地产权不清晰、流转不合规、管理不完善、村民纠纷频发等问题成为土地二轮延包政策实际贯彻落实中不可忽略的问题。

二、X镇农村土地延包政策落实情况

（一）S省S县X镇基本情况

S省S县X镇地处关中平原中部，地势西北高、东南低。境内东西区域均为沿河的沟壑地带，全镇耕地主要以坡台地为主。X镇下辖13个行政村，据统计，2018年，X镇户籍人口约为29405人，农业生产总值约为3.24亿元，农业生产总值达到3.24亿，农业增加值占全镇国内生产总值的55%。X镇粮食作物以小麦和玉米为主。2011年，X镇粮食产量约为2.06万吨，其中小麦产量为0.85万吨；油料作物种植总面积为0.64万亩，产量为0.077万吨。全镇的主要经济作物以果业和蔬菜为主。截至2011年末，X镇果树栽植面积为3.2万亩，其中苹果面积为2.1万亩，总产量达6万吨，产值为9500万元。2011年，X镇蔬菜栽植面积为2万余亩，产量为5000吨，主要品种以大葱、西红柿、茄子、西葫芦为主，其中大葱种植面积达1万亩。畜牧业以饲养秦川牛、生猪、羊、家禽为主。截至2011年末，X镇牛存栏6940头，生猪饲养量为51685头，羊存栏4556只，家禽存栏61.7万羽。2011年，X镇生产肉类1700吨；畜牧业总产值为5000万元，占农业总产值的15.4%。工业生产总产值为2000万元，社会商品销售总额为5100万元。X镇大部分村民土地存在流转或出租的情况，土地流转对象主要为本村或外村村民、外来商户或入股当地生产的合作社。

（二）X 镇土地二轮延包政策落实情况

2021 年 2 月 21 日，"中央一号"文件提出，有序开展第二轮土地承包到期后再延长 30 年试点，保持农村土地承包关系稳定并长久不变，健全土地经营权流转服务体系。作为土地二轮延包首批试点地区，X 镇随后在 S 市政府的指示和指导下着手开始落实辖区内农村土地二轮延包政策试点工作。其试点工作主要包括以下几个方面。

1. 二轮延包政策的宣传方式

笔者在走访时了解到，各村村委会在向村民转达土地二轮延包政策前，X 镇政府工作人员通过召开会议对各行政村相关人员进行了土地二轮延包政策的专门培训，随后各村按照要求进行落实。村委会对土地二轮延包政策的宣传采取了线上和线下相结合的模式，线上以微信群以及手机短信通知为主，主要是针对外出打工的村民；线下通知主要是各生产小组召开组员会，由各生产小组组长进行面授。

2. 土地二轮延包的具体实施情况

对于土地二轮延包试点工作的落实，X 镇采取了较为保守的态度，其土地延保政策维持原有土地承包政策基本不变，仅在有特殊情况针对个别村民进行了适度调整。笔者在调研时，绝大部分村民都表示大概清楚承包地要在二次承包的基础上再延长 30 年，对于是否有新的变化以及新的政策，仅有极少数村民表示自己通过各种渠道进行过详细了解。

三、X 镇农村土地承包中的问题审视

（一）土地权利不清晰

土地产权指有关土地财产的一切权利的总和。在我国，农村土地的所有权归集体，村民享有土地的承包权和经营权。为赋予农民长期而有保障的土地使用权，维护农村土地使用人的合法权益，促进农业农村经济发展和农村社会稳定，我国长期坚持和完善农村土地承包经营制度。《农村土地承包法》规定，我国农村土地的承包期一般为三十年。土地二轮延包政策施行以来，X 镇政府和各村委会按照土地相关政策和法规对所有村民的土地承包经营权进

行了确权登记。但笔者在走访和调研过程中发现，村集体和村民对土地的承包经营权依然存在不清晰的问题，其中土地相关权利相互交叉、渗透的现象比较明显[2]。例如涉及集体土地出租时，如因利益分配产生矛盾或纠纷时，权利主体就会模糊，村民和村委会重复出面维权的现象时有发生。

从宏观层面上来看，农村土地的所有权根据规定属于村集体所有，村民对土地仅有承包经营权，并不存在法律上的所有权。但从实际层面上来看，村民对其承包地认为有实际意义上的"处分权"。笔者在走访时发现，绝大多数情况下，出现土地纠纷或者村民权益受损时，村集体所表现出来的土地权利缺位现象普遍存在，也就是说集体仅在理论上享有土地的所有权，但实际上集体对土地所享有的"物权"基本被架空。虽然大面积承包土地流转给企业或个人时，村委会或镇政府会按照规定指派工作人员参与谈判，或者代替村民与第三方企业签订合同，但如果出现合同履行不到位、村民与商户就合同履行出现争议以及商户"携款跑路"等问题时，村民作为土地的实际承包权人，却无法直接维护自身的合法利益。只能申请村委会或镇政府出面解决[3]。然而由于村委会和镇政府在管理基层事务时处于"尴尬境地"，在发生土地纠纷或利益问题时往往会选择不做处理或"延时处理"，这就形成了农民土地经营承包权和集体土地产权之间的矛盾，不仅造成集体权利相对缺位，也会直接损害农民的合法利益。

（二）土地流转不合规

据笔者走访了解，X镇农村的土地流转主要有出租、入股以及互换等几种主要形式。该镇土地流转实际上形成了"五个方向"：一是土地向外地商户集中；二是土地向镇里成立的合作社集中，集中的主要方式为用所承包的土地入股；三是土地向本村种植、养殖大户集中；四是闲置土地向外村村民流转，主要流转形式以出租为主；五是本村村民之间内部相互置换耕地。笔者发现，X镇大部分村在土地流转过程时，主要存在以下几个方面的问题。

1. 大部分村民对土地二轮延包政策缺乏系统认识

镇政府与村委会虽然按照规定对土地二轮延包政策进行了全镇范围内的宣传，并要求各行政村逐步进行了落实，但由于基层工作人员对土地二轮延包政策的理解本身就不够充分，不少基层干部仍然认为土地承包经营权的流转就是村民之间的私人行为，村集体或当地政府无权加以干涉。只有涉及大面积的土地流转，需要政府或村集体出面加以协助时，才能出面进行解决。笔者在走访时了解到，X镇绝大部分村的土地延包政策的落实和执行都简单地流于形式，其宣传方式基本上是以在村委会发布公告或村干部微信群通知的形式向村民转达目前土地继续延包30年。对于具体延包政策，镇政府工作人员都不甚了解，更何况村委会和村民。

在土地二轮延包政策贯彻落实过程中，确权证耕地面积与实际不符、登记错误或者登记遗漏等问题时有出现，如何处理这些问题也成了难题，承包地的实际情况与确权证数据不符合也引发了部分村民的强烈不满。事实证明，如果基层干部自身对土地二轮延包政策认识不到位，在贯彻落实政策时往往会处于被动的不利地位，一旦对政策的灌输和解释不到位，引发大面积纠纷后往往很难解决。这些纠纷不仅会引起村民不满，还会激起群众积压已久的矛盾，甚至会集体上访，进而影响当地社会的稳定。

2. 土地流转合同不规范

笔者在调研时发现，X镇村民在缔结土地流转合同时也存在不少问题。首先，村民之间在进行土地流转时基本不签订相对规范的实体合同，其土地流转大多以口头约定为准，并没有第三方作为土地流转的见证人。其次，涉及多数村民与外地商户或企业订立土地流转合同时，村委会并未召开相关会议进行商讨，镇政府也未指派专人对合同所规定的具体事项对村民进行过解读说明，签订土地流转合同时也只是将书面合同简单发放至村民手中，签字后就算作完成流转协议的签订。这种简单签订流转合同的方式导致村民对合同中未明确规定的事项不甚了解，这为之后合同无法依约履行或者存在难以解决的合同纠纷埋下了很大隐患。

（三）土地管理不完善

农村土地问题是"三农"问题的关健，涉及面很广，政策性也很强。但就单纯的农村土地管理而言，其管理无外乎耕种用地和建设用地两个领域。S县X镇位于山区，辖区山地面积大，人口分布较广。通过实际走访调研，笔者发现该镇农村土地的管理存有较多的问题。

1. 农耕用地管理问题

目前，我国实行农村土地承包长期不变的政策，广大农村目前对于农耕用地的管理基本上都是按照家庭联产承包责任制实施时，按照户数或者人口情况确定承包地面积,然后与之订立承包合同。这种做法在20世纪80年代初确实做到了公平公正,极大促进了我国农业发展,也提高了农民的生产积极性。但随着时间的推移,土地改革的能量已经基本释放完毕,当前仍然沿用的政策已经凸显出了许多弊病。一是随着农村人口长时间的增减变化,农民所占耕地的相对多寡比较明显,这种差距引起的矛盾已经成为影响农村社会稳定的潜在风险;二是随着移民并村等形势的快速变迁,新增人口入户易、种地难问题越发严峻;三是自然环境较差的自然村人口大举迁徙,耕地几乎悉数撂荒;四是较大的村中少数农户由于人口减少,或是家庭成员无法耕种、不愿耕种,会选择仅看重眼前利益,将部分或全部承包地私下外租,甚至将承包地非法转让建房等。以上问题已经严重威胁了农村土地资源的可持续发展,这样下去后果将不堪设想。

2. 建设用地管理问题

建设用地管理问题主要涉及农民宅基地问题、乡镇村集体建设用地问题以及部分国家建设用地问题。农民宅基地问题主要表现为一户多宅以及旧宅新宅"蚕食"农田;乡镇村建设占地问题以公盖占地和养殖园区建设占地为主,基层政府自恃有权,村委会则认为集体是权利主体,这导致乡镇村建设用地被随意占有,部分国家用地更是被肆意占用和处分[4]。这类建设用地在被肆意占用后占有主体想租就租,想卖就卖。究其原因,一是少数地方政府工作人员尤其是少数乡村干部不学习不理解土地法规,二是受国土资源管理体制的局限,地方相关人员对此类事情充耳不闻。上述问题在偏远山区的农村干部乃至极少数县、乡镇干部看来没什么大问题,可身为国土资源部门的执法者,还对这些问题熟视无睹,甚至听之任之,就需要引起国家相关部门的高度重视。

(四) 土地纠纷频发

1. 土地承包经营权权属纠纷

就目前来说,土地承包经营权的分配是一个十分复杂、繁琐且难以做到绝对公平公正的细致性工作,而且因政策变迁引起的各类土地纠纷也较多。其纠纷大致可以分为以下两种。

其一,土地发包过程缺乏规范性和公正性。尽管《农村土地承包法》对农村土地发包程序已经做出了明确规定,在签订土地承包合同时发包方和承包人必须遵循民主议定原则。即坚持土地发包程序合规合法，确保整个土地发包过程做到公平公正。但在实际中，绝大部分农村土地的发包过程没有经村民大会进行监督，也未经 2/3 以上的村民代表同意即开展发包工作。这种不民主不公开的发包程序，就会让个别别有用心的村干部利用手中权力进行暗箱操作，通过各种手段私自发包，或低价发包用以谋取私利。

其二，土地调整过程缺乏合理性和公正性。现行法律规定赋予村集体一定的调整土地的权利，但一旦这种调整被使用不当乃至滥用，就会产生土地纠纷。如违法收回已经发包给农户的承包地；强行收回外出务工农民、进入小城镇落户农民及出嫁女等村民的承包地；在承包期内用行政命令的办法硬性规定在全村范围内几年重新调整一次承包地，借颁发农村土地承包经营权证书之机重新承包土地；强制收回农民承包地搞土地流转，乡（镇）政府或村级组织出面租赁农户的承包地再进行转租或发包，假借少数服从多数强迫承包方放弃或者变更土地承包经营权而进行土地承包经营权流转等。

2. 集体组织成员权资格问题

由于承包经营权本质上是一种成员权，因而成员资格问题颇多，多是由于集体经济组织成员的出生、死亡、婚嫁、农转非、参加工作等变更引起的。这类纠纷尤为突出地表现在妇女土地权益方面。这主要有四种情况。一是妇女土地权益虚置化。由于农村土地分配以户为单位，农村女性在未出嫁时虽然名义上有土地，但户主绝大多数为父辈男性，实质上其土地权属是虚化的。二是因外嫁而丧失土地权益。一些地区妇女出嫁后土地即被收回或由娘家人耕种，由此失去对娘家村土地的实际使用权和收益权。而在"增人不增地，减人不减地"的政策框架下，外嫁女在婆家也难以分得土地。三是因离婚或丧偶而丧失土地权益。离婚后男方村强行收回妇女的责任田并将其户口迁往其娘家，抑或丈夫去世，村里便将该妇女的户口取消并收回土地，这种现象仍不鲜见。四是新迁入村民难以依法获得承包地。

四、农村土地承包问题的原因分析

因国家土地政策在农村基层贯彻执行时的复杂性、多样性，致使农村土地纠纷无法妥善解决，利益双方"公说公有理、婆说婆有理"，各执一词，互不相让。基层党员干部在做调解工作时，也呈现出无奈状态。主要表现在以下几个方面。

（一）土地转租后承包商"跑路"现象普遍存在

经笔者走访调研发现，X镇几乎每个下辖的村都有将难以耕种的"坡地"转租给第三方商户的情况。以W村为例，每户平均有三到四亩的"坡地"出租给了第三方商户，全村至少有两百亩左右的"坡地"出租。根据村民讲述，2012年11月时与第三方商户签订了土地租赁合同，之后商户连续三年都按照合同约定按时将租金支付给村民。但从2016年起，第三方商户因经营不善"跑路"，不仅租金无法获取，商户之前在坡地上种植的树苗也成为了村民的土地无法回收的主要原因。部分村民表示，如果擅自砍树回收土地，害怕商户上门闹事儿。村委会曾尝试过联系商户，但均未达成一致意见。随后随着村委会换届选举，村民所出租的"坡地"也就成了烫手山芋，成为了无法解决、无人解决的难题。

（二）土地调整过程中的复杂性

X镇Y村八组村民是20世纪90年代因洪涝灾害集体搬迁到此的一个特殊生产小组，多年来未选举组长，村委会也未指派人员对其进行管理，该生产小组成员没有承包土地，也没有人来解决无承包地的问题，由此该生产小组成了村里公认的"四无组"。村民A说，当年搬迁过来时，镇里指派了几名干部专门处理生产组没有承包地的问题，当时村委会专门开会讨论过具体实施方案，但是不少村民又对此实施方案表示反对，此事就这样不了了之。直到当前，该生产小组村民种植的土地都是从本村其他生产小组的村民手中转包而来。因此，对土地进行重新分配或者让村民放弃部分土地的承包经营权，关系到绝大部分村民的切身利益，调解难度极大。首先，部分村民固有的"土地私有"观念，很难用政策进行调节。其次，X镇近些年来尽管农村人口逐渐外流，但主动退地或有偿退地的人数仍然较少；部分村民即使销户或举家外迁仍然不愿意退出承包地，此种行为由于未受到处罚，很快就被村民纷纷效仿。在土地总数不变的情况下，符合添地的人数有所增加，这使得土地调整工作举步维艰。最后，该组在土地确权调整时，由于老户们不同意将全村土地打乱重分，因此只能分到一些土质较差、偏远地段的耕地作为承包地。这就造成了一种奇特的现象：种地的人没地种，不种地的人土地多到种不完。

（三）集体组织成员的土地资格权问题

笔者在走访时发现，对于出嫁或户口迁出时是否丧失土地权益的问题，不同类型的村民对此的态度明显不同。

类型一：坚定的反对派。持坚决反对意见的多为村上的老户，此类村民分到的耕地多为土质肥沃、地势平坦、方便灌溉的"良田"。笔者在谈论起是否同意将出嫁或户口迁出的土地收回集体时，遭到了他们的强烈反对。他们的普遍态度是，如果家中有女出嫁后将土地收回，儿子娶了媳妇生了娃却不给分地，就会得不偿失。

类型二：绝对的拥护者。支持将土地全部收回的村民多为新迁入户，在本村没有耕地或者仅有少部分土质不好的耕地，因此迫切希望得到耕地。这些村民以种地为主要经济收入来源，他们对承包地的诉求比较强烈。但由于各村长久以来已经形成了一种惯有的土地划分规则，放弃原有土地或者出让部分土地承包权会牵扯到实际利益，因此这类诉求基本上很难得到妥善解决。集体组织成员的土地资格问题是我国实现乡村振兴所面临的重要问题。

（四）农村土地承包纠纷的复杂因素

1. 历史原因

新中国成立以来，由于国内形势的变化，我国的土地政策几经调整，直接导致 X 镇土地政策一直处于不稳定的频繁变动阶段。这一时期该地的土地政策处于一种不明确的状态。直到施行了家庭联产承包责任制之后，才逐步确立了农民土地承包权和经营权相分离的基本土地制度，这与国内绝大多数农村地区所面临的问题基本一致。笔者了解到，1978 年家庭联产承包责任制施行之前，村里开始形成惯有的土地分配规则，基本上没有大变动，只是对其中少部分有争议的农户土地进行了调整。因此形成了相当一部分由于历史原因形成的老户，1978 年土地改革后，基本上沿用了之前的土地分配格局。然而，之后迁居至此的村民就很难再获得土地，或者说即使能够获得承包地，也是老户主动愿意放弃的"坡地"或者无人愿意耕种的荒地。从这个意义上说，是由于历史原因造成了 X 镇农村土地分配的混乱局面。

2. 法律和政策原因

2013 年《农村土地承包法》颁布，很大程度上扩大了农民对所承包土地的处分权，这一举措受到了广大农民群体的广泛欢迎。但不可回避的是，土地承包期限在二轮承包的基础上又顺延了 30 年，导致因为历史原因形成的原本就不太合理的土地分配格局进一步混乱。大量土地争议问题的出现使得现有法律和实际情况脱节，从而导致良好的土地政策在实际中无法得到很好地贯彻，进而流于形式。[5]此外，随着我国经济和社会的快速发展以及农村经济结构的变化，法律法规的滞后性已经不能完全适应当今农村经济和社会发展的现实需要，农村社会的快速发展变化导致的法规出台的滞后性不可避免地引起了农村土地纠纷的大量产生。

3. 农民群体的利益分化严重

随着互联网技术的快速发展以及数字乡村建设的持续推进，我国农村地区的经济体制改革已经进入改革深水区，国家鼓励社会资本下乡，支持电商进入农产品领域等新发展模式迅速壮大，并且不少下乡企业、商户已经形成了相当的规模。与此同时，国家和政府也在加大对各种农村产业的投资力度，惠农惠商政策向农村地区倾斜。因此，在今后相当长的一段时期内，农村地区的土地增值、农民利益持续扩大将成为普遍现象[6]。反观当下，农村地区人地矛盾问题仍然十分突出。可以预见，随着农村土地增值，各类村民的利益分化将会越来越大。

4. 地方政府管理职能的相对缺位

笔者在走访时发现，村民在谈及地方政府的治理问题时，最多表现出的是一种认为政府可有可无的态度，甚至更有部分村民认为地方政府不管理更好——不仅不能帮助农民脱贫致富，反而起到反作用。新时期，我国经济也迎来了转型，各级政府也在不遗余力地进行着管理职能转型改革，虽然服务型政府切实为村民带来了便利，起到了较好的效果，但其中也不乏一些政府职能缺位的问题。比如对土地流转纠纷没有形成系统的解决方案。土地流转损害了农民民主权利和财产权利，村民就会抱怨地方政府管理职能存在缺位。如此，一旦发生了因土地流转产生的利益受损事件，村民和地方政府的矛盾就会进一步加剧。

五、完善农村土地承包的对策与建议

(一) 认真贯彻相关法律法规

地方政府以及村委会要切实加强对《农村土地承包法》和《农村土地承包经营权流转管理办法》(农业部第47号令)的贯彻落实,要让各级党员干部充分认识到加强相关法律法规学习的重要性和必要性。在政策普及宣传过程中通过各类灵活的方式,开展各类群众喜闻乐见的培训活动。尤其要对基层干部定期组织开展专门知识的培训,坚决克服部分基层干部自身知识不过硬、不熟练的困境。提高其开展或协助农村土地承包经营权流转时的把关能力,进而在根源上防止有些干部利用村民对土地流转政策不了解的漏洞肆意侵害农民利益、利用土地流转敛财等不法行为的发生。

(二) 切实完善土地流转手续

地方政府应当尽快出台一套完整统一的土地流转操作规范。首先,针对村民之间的土地租赁行为逐步进行完善,引导农户之间进行土地流转时签订相关合同或者协议,防止口头约定导致的纠纷频发。对于需要向本村或外村村民出租土地的,指导村民按照统一的《农村土地承包经营权流转合同书》签订农村土地流转合同,而且所签订的各种流转合同的期限不得超过承包人承包期的剩余期限。其次,自愿放弃或有偿放弃土地承包经营权的农户,必须亲自签订放弃承包经营权的《申请书》或与集体经济组织签订协议,否则不允许将其承包地另交予他人承包。最后,村民土地流转与外来商户或企业签订合同前,当地政府应当派专人考察该企业或商户的相关资质以及经营情况,防止不法商户或企业假借土地流转侵害农民权益[7]。

(三) 加强农村土地过程管理

1. 加强农用地管理

(1) 农用地管理必须坚持责任到户,保证质量。按土地承包合同,逐户核准承包土地面积,明确土地质量。对少数广种薄收粗放经营户给予适当调整,使农户真正明确使用权与所有权的关系,解决少数农户"在合同外耕种土地"和"空有合同实际无地"的问题。

（2）对于农村建设用地要合理规划，严格管理。要以科学合理的态度，按照土地管理要控制总量、合理布局、节约用地、保护耕地的原则，重新对乡村土地利用规划进行修订完善[8]。

2. 规范建设用地管理

（1）规范建设用地审批。严格按照《土地管理法》的规定，做到该批的依法审批，不该批的坚决不批。改变现在的村、乡镇和国土资源部门三级审批体制，改为用地单位或个人申请，村、乡出具依法用地证明，国土部门独家批准，使审批更加专业。

（2）盘活建设用地资源。一是要按照一户一宅的原则，妥善解决好农户住新房、闲旧屋的问题，盘活空心村闲置土地。二是要处理好国家、集体单位在农村闲置的土地。三是要搞好无人村旧宅基地复垦和撂荒土地的复耕、利用工作。

（3）加强执法监督力度，严惩越权批地、非法占地的问题。主要是乡镇村违法行为比重较大，基层所对乡镇村干部的违法行为的查处深感力不从心。加强执法监督力度不仅是一线执法者要提高"敢于"和"勇于"的精神，更重要的是应该在规范执法程序和提高执法具体操作依据上、提高执法操作手段上有一个根本的创新。

六、结语

农村土地二轮承包到期后再延长30年的政策能够进一步维持我国农村地区土地的稳定性，从而进一步为我国农村地区的长久发展奠定基础。农村土地存在的诸如权属、流转、管理等突出问题始终是解决农村土地改革的一大难题。今后如能切实完善土地管理制度、加强土地流转管理，相信农村地区的生产力将进一步得到解放，建设美丽乡村的美好愿景也必然得以实现。

【感 悟】

观沧海巨变，叹民生唯艰。土地承载了中华民族五千年的梦想与希望，也见证了中华儿女永恒的发展和未来，农村土地政策的重要性不言而喻。作为新时代的研究生，对于农村土地的认识和了解不应仅仅停留在理论阶段，要真正了解农民需要什么、农民存在的问题是什么，就要主动走入地里乡间，多听听村民们怎么说，多看看村民们怎么做，多问问村民怎么想。

2022 年暑期，我积极参加了学院组织的深入 S 市 X 镇开展土地二轮延包到期后再延长 30 年调研活动。一周的走访和调研工作，让我对目前农村地区有了更深的了解。

新形势下要了解农村土地的实际情况，就必须深入群众，了解群众，熟悉群众。作为高校研究生，不能因为农村条件艰苦，就不愿下乡、不敢下乡。通过此次调研，我发现绝大多数村民对党的政策方针是拥护的，意见较大的是政策不落实、执行不到位等问题。群众欢迎并期望有人能够走到他们中间，和他们一起解决困难和问题。高校开展学生深入农村定期进行走访和调研是非常必要的。高校学生深入农村调研走访，了解农村土地现状，体验农村生活艰辛，是对所有莘莘学子最生动、最形象、最直接的教育，不仅能更加直观地了解农村问题，更有助于我们形成正确的世界观、人生观。同时，多去农村实地走访和调研还有助于进一步读懂基层，读懂农村，为我国农村地区取得长期稳定发展贡献自己的力量。

参考文献

［1］刘灵辉，张迎新．二轮延包中的公平与效率问题研究［J］．湖南农业大学学报（社会科学版），2022（5）：84－93.

［2］耿鹏鹏，罗必良．农地确权是否推进了乡村治理的现代化？［J］．管理世界，2022（12）：59－76.

［3］纪月清，杨宗耀，方晨亮，王亚楠．从预期到落地：承包地确权如何影响农户土地转出决策？［J］．中国农村经济，2021（7）：24－43.

［4］杨雅婷．《民法典》背景下放活宅基地"使用权"之法律实现［J］．当代法学，2022（03）：79－90.

［5］廉志杰，易明．中国共产党农村土地政策变迁的历史考察［J］．中共银川市委党校学报，2022（4）：44－54.

［6］尹广文，姚正．从"文字下乡"实验到"数字乡村"建设：中国百年乡村建设行动研究［J］．青海社会科学，2022（2）：112－121.

[7] 李英伟. "三权分置"背景下农村集体土地入市流转收益分配改革[J]. 湖北经济学院学报, 2022 (6): 91-97.

[8] 徐聪. 农村集体产权制度改革的实践考察与现实思考——基于上海市松江区的实地调研[J]. 上海经济, 2022 (5): 36-56.

调研掠影

第一幕：动员大会

第二幕：调研序曲

第三幕：访谈剪影

第四幕：满载而归

后　记

　　西安财经大学法学院一直坚持以"课题式、调研式"组织研究生、本科生走进乡村，奔向田野，以社会调查为载体，将理论与实践相结合，用脚步丈量祖国大地，用眼睛观察社会现实。紧张而充实的走访调研不仅仅是一次训练和学习，同时也是对同学们综合素质的全面检视：体力的、能力的、智力的、知识的、经验的，一个接一个的考验扑面而来。可喜的是同学们个个都经受住了考验，完成得非常出色。

　　此次评估调研的顺利完成，充分彰显了西安财经大学法学实践教学的特色，展现了法学学生良好的能力和水平。学子们勤勤恳恳的工作态度，吃苦耐劳的工作精神，求真务实的责任担当，热情友善的工作作风，礼貌待人的处事方式给当地干部群众留下深刻印象！展现了西安财经大学法律人深入基层、服务奉献的青春风采和扎根田野、心系人民的使命担当。

　　调研归来，学院领导、老师和同学们热烈交流调研心得、分享调研收获。同学们纷纷表示，乡土之路青春行虽苦犹乐，感触颇多，受益匪浅；对农业、农村、农民有了新认识、新感情，对学习有了新态度、新方式。按照调研要求，同学们紧扣乡村振兴战略、切实关注"三农"问题、倾力乡村法治建设，结合调研所见所闻所思，在老师精心指导下，凝练调研报告题目，整理调研数据资料，妥善进行结构安排，深入分析存在问题，提出具体完善建议，完成了调研报告初稿。在指导老师的分别指导下，进行了三次修改。阅读这些调研报告，透过质朴的文字、平实的叙述，可以感受到法学院学生"解民生之多艰"的努力。调研报告分别由史卫民、陈晓莉、白呈明、王宏选审阅修改，最终由史卫民修改定稿，呈现为我们眼前的这本调研报告结集。

　　特别感谢法学院2020级研究生翁迎港和2021级研究生辛柯蒙，他们既是本次社会调查的领队和组织者，也是学院领导和老师的得力助手，还兼任老师和学生之间的联系与后勤保障，不管是在前期活动筹划、队员选拔、调研培训、中期入户调查、自我管理、后勤保障，还是后期数据整理、宣传报道、报告撰写等方面都做了大量工作，吃苦耐劳，踏实认真，承担了老师们学术助手和工作助手的职责，展现了新时代优秀研究生的风采。感谢中国财政经济出版社编辑团队辛苦工作和鼎力相助。感谢西安财经大学法学学科建设经费的支持与资助。

2023 年 1 月